Ultraleichtfliegen

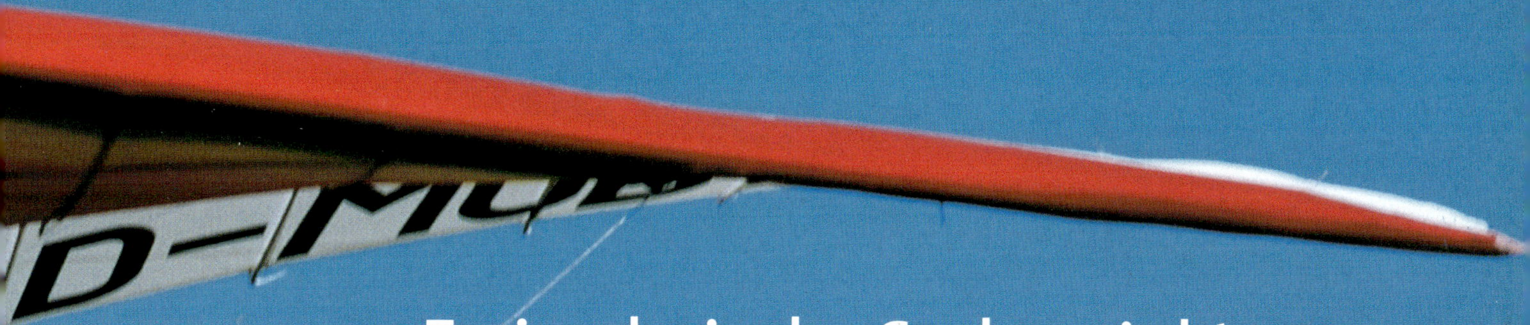

Friedrich Schmidt

Ultraleicht fliegen

Mit 155 Fotos und Zeichnungen

Nach dem offiziellen Lehrplan
des DULV und DAeC

Technische Beratung: Bernd Schmidtler

nymphenburger

Die in den Abbildungen gezeigte Auswahl an Fluggerät und Zubehör dient ausschließlich zu Demonstrationszwecken und stellt keine Empfehlung dar. Ebenso wenig darf davon ausgegangen werden, dass für sämtliches abgebildetes Gerät eine Verkehrszulassung für die Bundesrepublik Deutschland vorliegt.

In den Abbildungen dieses Buches soll auch die annähernd 25-jährige Entwicklungsgeschichte des Ultraleichtflugs angemessen gewürdigt werden. Daher werden in Fotos und Grafiken zum Teil Fluggeräte abgebildet, die mittlerweile als historisch bezeichnet werden können.

Mein Dank gilt all jenen, die durch ihre Unterstützung zum Gelingen dieses Buches beigetragen haben.

Liste der Flugschulen (Stand 1/2007 nach Angaben des DULV und DAeC) ist nach bestem Wissen und Gewissen zusammengestellt. Irrtümer vorbehalten.

Bezugsquelle für GPS-Software FUGAWI:
GPS GmbH, Lochhamer Schlag 5a, D-82166 München-Gräfelfing, Tel. 089/280 24 56, Fax 089/280 24 57, www.GPS-NAV.de

Bildnachweis:
Alle Fotos: Friedrich Schmidt, Autor, außer:
Frank Herzog: Umschlag r.u., S.9, 14 oben, 41 – Fresh-Breeze, Thomas Keller: S. 13 oben, 45, 140 – W.D. Flugzeugbau: S. 41 links, 46, 58, 108 – Ikarus Comco: S. 49, 53, 61 – Bernd Schmidtler: S. 38, 56 rechts, 79, 153, 161 links unten – Junkers: S. 158 – Take-off, Bleidiesel: S. 10, 11, 16 links oben, 56 links – Dewald/Adventure: S. 13 unten links, 158, 161 rechts unten – Roll Flight, Rüter: S. 12, 13 unten rechts, 164 – Garmin: S. 71 – Flight Team: S. 143 – Göbler-Hirth: S. 14 unten, 161 oben rechts – Rotax: S. 161 links oben – Cris Gossmann: S. 8 oben – A. Rauch: S. 15 unten

Zeichnungen:
Grafiken S. 26, 29: Werkbild, Flight Design; Grafik S. 149: Berndt Schmidtler; Archiv Nymphenburger Verlag und Verfasser.
Ausführung Corinna Veit und Elisabeth Weinberg
Grafik S. 25: Anneli Nau

Besuchen Sie uns im Internet unter:
www.nymphenburger-verlag.de

8., durchgesehene Auflage 2007

Umschlaggestaltung: Wolfgang Heinzel
Layout/Satz/Herstellung: VerlagsService Dr. Helmut Neuberger & Karl Schaumann GmbH, Heimstetten
Druck und Binden: Offizin Andersen Nexö Leipzig
Printed in Germany
ISBN 978-3-485-01112-9

MNBH

So begann es ...

... vor 25 Jahren. Ein 25-PS-Motor, 100 kg Rohre, Tuch und Seile, fertig war das UL. Es gab keine Doppelsitzer, keinen Funk. Learning by doing hieß die Devise.

Rechte Seite oben:
Die Übereinstimmung von Theorie (S. 44) und Praxis.

Rechte Seite unten:
Erika erzählt von ihrem ersten Flugerlebnis.

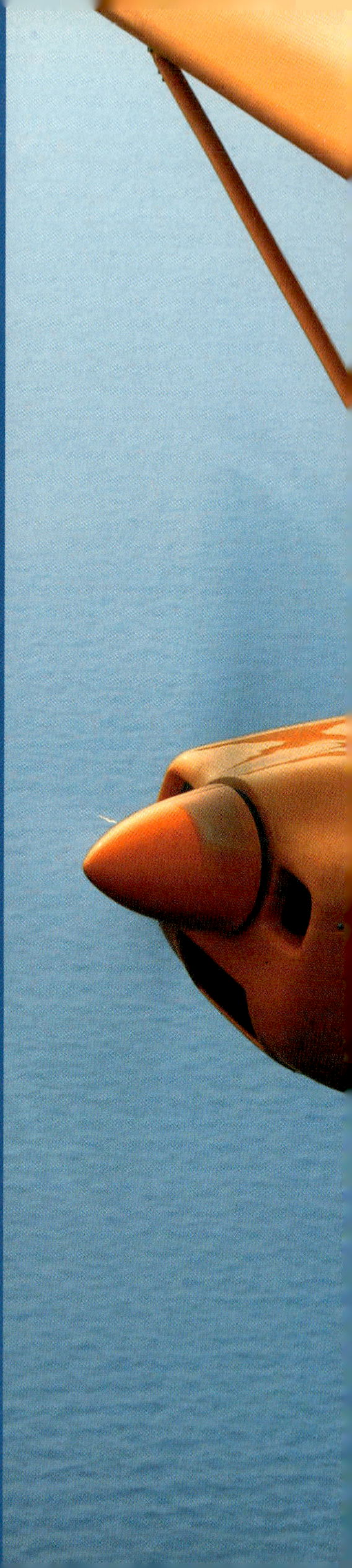

Linke Seite oben: Beim Tragschrauber von Thomas Kiggen treibt der Fahrtwind den Rotor.

Unten: Ungewöhnlich, aber bewährt: »Nurflügel«-Doppeldecker

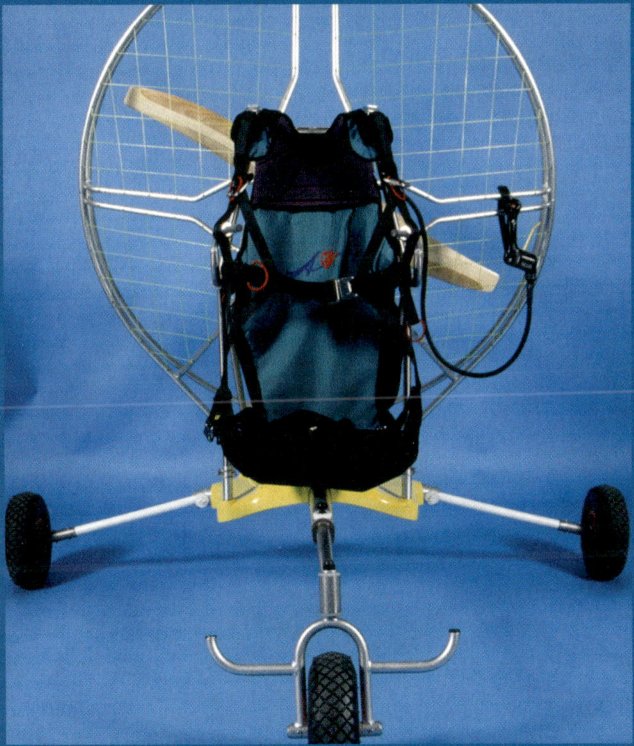

Viel Fliegerspaß mit wenig Aufwand. Für Erleichterung bei Start und Landung sorgen einfache Trikes.

Einen perfekten Flieger kaufen oder selbst bauen – in der UL-Klasse ist es möglich.

Nur mit einem langsamen Trike möglich: Begleitung von Wildgänsen in den Süden.

UL-Feeling über den Sanddünen der Namib

TAKE OFF

Top Tech
Semiconductors
Siemens

uvex

Linke Seite oben: Kein Start ohne Vorflugcheck (links)

Pioniere unter sich: Erika hat als erste Frau in der BRD von der Fußgängerin zur UL-Pilotin umgeschult. Der UL-Weltmeister Richard Meredith Hardy ist über den Mount Everest geflogen (rechts).

Zum Träumen ...

Rechte Seite:
ICAO-Karte
zum Navigationsbeispiel

Mainburg
Pfeffenhausen
Landau
BUCHHOFEN
Eichendorf
WILLING
Mamming
Dingolfing
1565
Haunersdorf
Rossbach
C FL 100 FL 65
WALCHZELL
2094
Essenbach
1766
1696
GAMMELSDORF 129.975
MOOSBURG 117.15 MBG 118/Y
2089
LANDSHUT
1700
18
Nandlstadt
Bruckberg
Simbach
Arnstorf
Johannis-kirchen
Frontenhausen
Gerzen
Unterzeitlarn
Baumgarten
EDML LANDSHUT 129.800 900m 2.5 N
BIRKEN
FOXTROT-1
2133
Geisenhausen
Vilsbiburg
1709
F(HX) 2500 GND 1500 GND
Falkenberg
1581
Langenbach
MOOSBURG AUF DER KIPPE 690m
Altfraunhofen
1696
C FL 100 FL 65
Aich
TAUFKIRCHEN
Gangkofen
F(HX) 2500 GND GND
Pfarrkirchen
EDNP PFARRKIRCHEN 119.975 700m 2.2 N
FREISING
EDDM MÜNCHEN 118.700 4000m
338 MNW
Berglern
400 MSW
C FL 100 3500 MSL
EDMP VILSBIBURG 123.000 450m 2.0 NW
Eggen-felden
2058
EDME EGGENFELDEN 393 EGG 120.300 1100m 2.5 S
Unterdietfurt
Triftern
ZOGLAUER WIESE
Taufkirchen
Velden
MÜNCHEN RADAR 131.225
Neumarkt-St. Veit
Wurmannsquick
D 3500 MSL (HX)
1718
Buchbach
EDMY MÜHLDORF 119.775 723m 2.5 N
1650
Tann
MÜNCHEN INFORMATION 126.950
Reischach
MÜNCHEN INFO
1801
Erding
ETSE ERDING 122.100 2521m
1526
WASENTEGERNBACH
Dorfen
EDNA AMPFING-WALDKRAIBURG 123.600 735m 2.3 S
1322
EDNK KIRCHDORF/INN 118.625 670m 2.1 SE
Simbach
Braunau
WIEN INFO
2141
Mopsinning
27
HOTEL 1
Lengdorf
28
Ampfing
24
Neuötting
1191
MÜNCHEN 112.30 MUN 70 X
C FL 100 4500 MSL
St. Wolfgang
MILLDORF 117.00 MDF 11 X
Waldkraiburg
Mühldorf
ALTÖTTING
Emmerting
1690
Kirchdorf
Speichersee
Pliening
Markt Schwaben
STRASSHAM
Hohenlinden
2100
Reichertsheim
18
ALTÖTTING
1935
Unterneukirchen
Burghausen
Neukirchen
C FL 12 7000 M
D 7000 M 3500 M
E 3500 M 1000 G
Haag
Kraiburg
BURGKIRCHEN
Anzing
1739
18
C FL 100 FL 65
Soyen
Garching
Hochburg-Ach
Mattighofen
EBERSBERG
Steinhöring
2650
Peterskirchen
1686
1828
Zorneding
2142
Tacherting
Kirch-weidach
Tittmoning
Eggelsberg
OTTOBRUNN
1829
Grafing
SCHAURAIN
Wasserburg
EDPK SCHÖNBERG 118.550 450m 2.6 N
Trostberg
SALZBURG RADAR 123.725
1890
SALZBURG 113.80 SBG 85 X
GRABEN
Egmating
Attel
Obing
1956
Palling
Ostermiething
D FL 100 7000 MSL
Lamprechts-hausen
Glonn
48°
12°
Assling
Rott am Inn
EDNV VOGTAREUTH 121.025 400m 3.0 SE
Altenmarkt
TACHINGER SEE
Tachinger See
Fridolfing
SALZBURG 382 SBG
Obertrumer See
Peiss
ANTERSBERG
Halfing
Traunreut
D FL 100 4500 MSL
Oberndorf
Ober-trum
Seeon-Seebruck
Trau-walchen
Waging
Waginger See
LAUFEN
D 7000 MSL
LAINDERER FELD
Feldkirchen-Westerham
Bad Endorf
2733
Bruckmühl
D FL 130 4500 MSL
D FL 130 7000 MSL
2622
Simssee
2257
Chieming
Chiemsee
LEITZACHTAL-ESTERNDORF
Bad Aibling
ROSENHEIM
Prien
Traunstein
356 SU
BERBLING
Kolbermoor
Stephans-kirchen
TEISENDORF
FREILASSING
2940
Taubenberg
Bernau
Übersee
Siegsdorf
4374
410 SI
4537
Miesbach
Raubling
Frasdorf
Aschau
1969
3120
LOWS SALZBURG 118.100 2510m
2884
Hausham
Bad Feilnbach
3003
Grassau
5476
5719
5479
RAUSCHBERG
Inzell
WHISKEY
UNTERSBERG
76
Gmund
Tegernsee
Schliersee
2035
4794
Kampenwand
Ruhpolding
HOCHFELLN
31
93
5847
1556
SALZB
Degerndorf
HOCHRIES
5086
UNTERWÖSSEN
Unterwössen
2340
Bad Reichenhall
6778
Tegern-see
2601
5657
BRANNENBURG
5365
2450
5236
4462
5303
Rottach-Egern
6030
GEITAU
Wendelstein
2920
3773
6434
2151
SIERRA
Bayrischzell
Sonntags-
5706
Bischofs
HALLEIN
6470

Inhalt

Bauformen der Ultraleichten

Ultraleichtflugzeuge, kurz UL genannt, sind ein- oder zweisitzige Luftfahrzeuge, die gegenüber der konventionellen Luftfahrt vereinfachten Bau- und Zulassungsvorschriften genügen.

Für als Einsitzer zugelassene UL ist die maximale Abflugmasse mit Pilot und Treibstoff auf 300 kg begrenzt. Für Doppelsitzer gelten 472,5 kg als Limit. Ein UL muss auch bei einer Mindestgeschwindigkeit von 65 km/h noch flugfähig sein, und nicht zu vergessen, UL sind besonders leise.

Vom Gesetzgeber werden UL als Luftsportgeräte behandelt und sind daher gegenüber konventionellen Luftfahrzeugen manchen Einschränkungen unterworfen.

Zugelassen sind in Deutschland zurzeit die Gerätekategorien

- aerodynamisch gesteuerte UL,
- Trike, gewichtskraftgesteuerte UL,
- fußstartfähiger motorisierter Hängegleiter,
- motorisierter Gleitschirm und
- Tragschrauber.

Die Einführung anderer Kategorien, wie ultraleichter Hubschrauber, wird diskutiert.

Aerodynamisch gesteuerte Ultraleichtflugzeuge sind wie leichte Sportflugzeuge aufgebaut. Die Reisegeschwindigkeit liegt bei über 100 km/h, der Treibstoffverbrauch bei etwa 14 bis 25 Liter pro Stunde.

Die aerodynamisch gesteuerten UL haben sich in den letzten Jahren immer mehr in Richtung auf herkömmliche Flugzeuge entwickelt. Vollverkleidung und Motoren mit hohen PS-Zahlen sind Stand der Technik. Die Folge sind sehr gute Flugleistungen, aber auch hohe

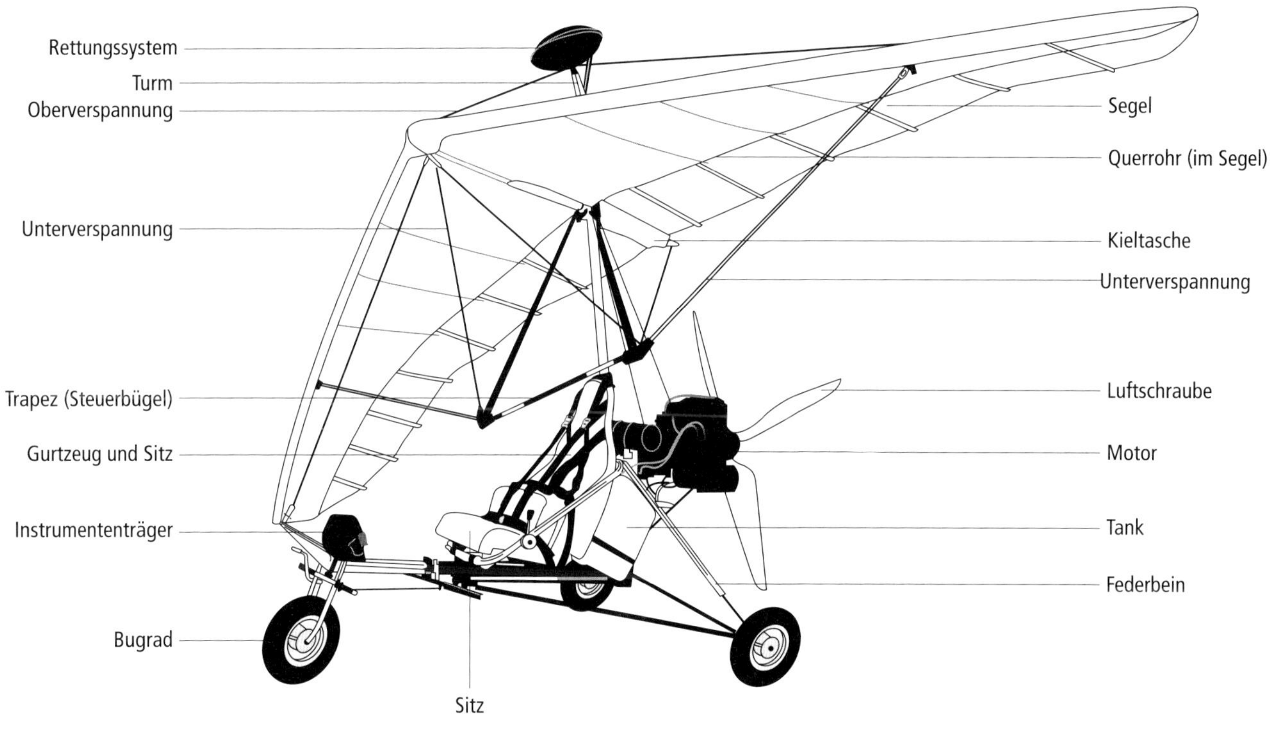

Bezeichnungen am Trike-System, gewichtskraftgesteuert

Kosten, hoher Spritverbrauch und wartungsintensive Maschinen.

Trikes, auch »gewichtskraftgesteuerte Ultraleichtflugzeuge herkömmlicher Bauart« oder Motordrachen genannt, haben eine Reisegeschwindigkeit von etwa 80 km/h und einen Treibstoffverbrauch zwischen 6 und 14 Liter pro Stunde.
Trikes verwenden die gesamte Tragfläche zum Steuern. Durch diese Bauart benötigen sie nur wenig bewegliche Teile. Seile, Hebel, Bowdenzüge, Rollen, Schub- und Zugstangen entfallen. Dies schlägt sich nicht nur im Preis, sondern auch in der Betriebssicherheit nieder.
Trike-Fliegen ist durch die einfache Steuerung leicht erlernbar. Flugschüler erfassen die Bedienung der Trikes schneller als die Steuerung anderer Fluggeräte. Der Unterschied zwischen aerodynamisch gesteuerten Ultraleichtflugzeugen und Trikes lässt sich den verschiedenartigen Fahrerlebnissen im Auto und auf dem Motorrad vergleichen.

Tragschrauber
Im Gegensatz zum Hubschrauber wird der Rotor nicht mit Motorkraft, sondern vom Fahrtwind angetrieben. Der Motor treibt meist wie beim Trike eine Heckluftschraube.

Fußstartfähige motorisierte Hängegleiter
Drachen mit Motor, auch »Minimum« genannt
Reisegeschwindigkeit 40–60 km/h
Für besonders sportliche Naturen, denn das Gewicht von meist deutlich über 40 kg muss zum Start erst einmal auf den Schultern getragen werden.

Motorisierte Gleitschirme, fußstartfähig oder mit Trike
Fußstartfähige motorisierte Hängegleiter, motorisierte Hängegleiter und einige motorisierte Gleitschirme mit Trike sind von der Musterzulassung befreit (u. a. Gewichtslimit < 120 kg). Sie werden auch als »leichte ULs« bezeichnet.

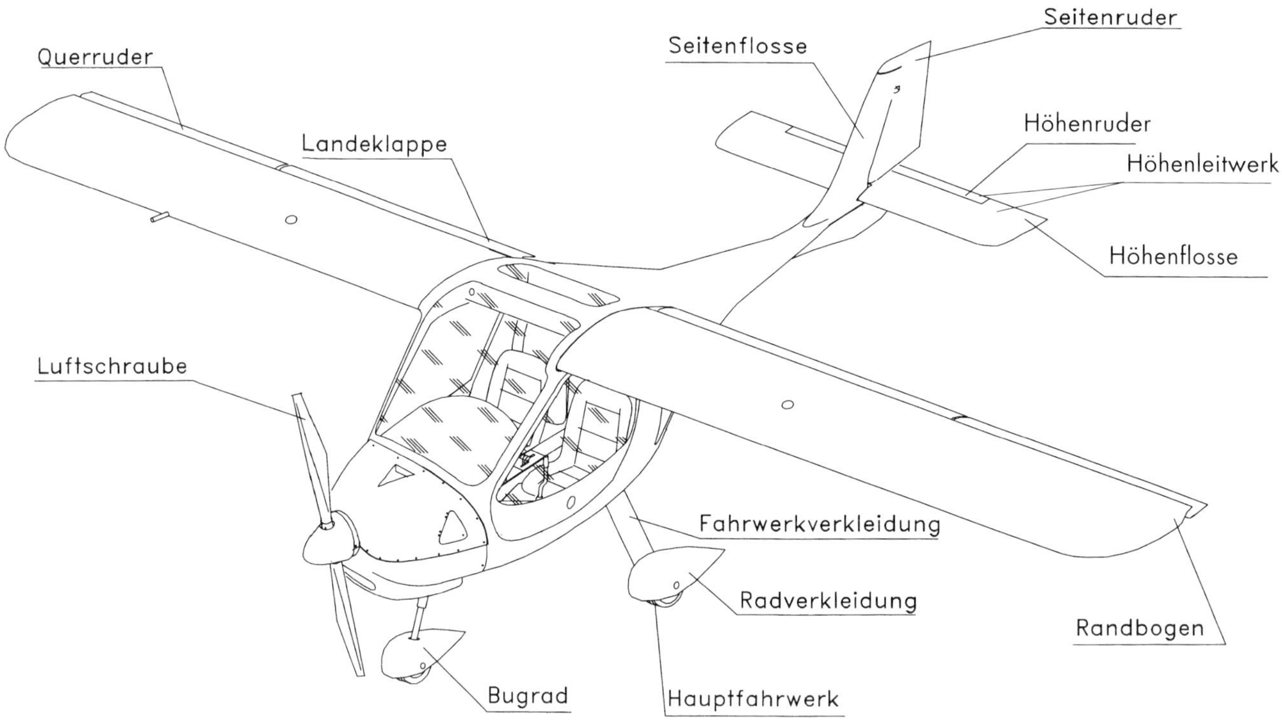

Bezeichnungen an einem quasistarren UL – aerodynamisch gesteuert

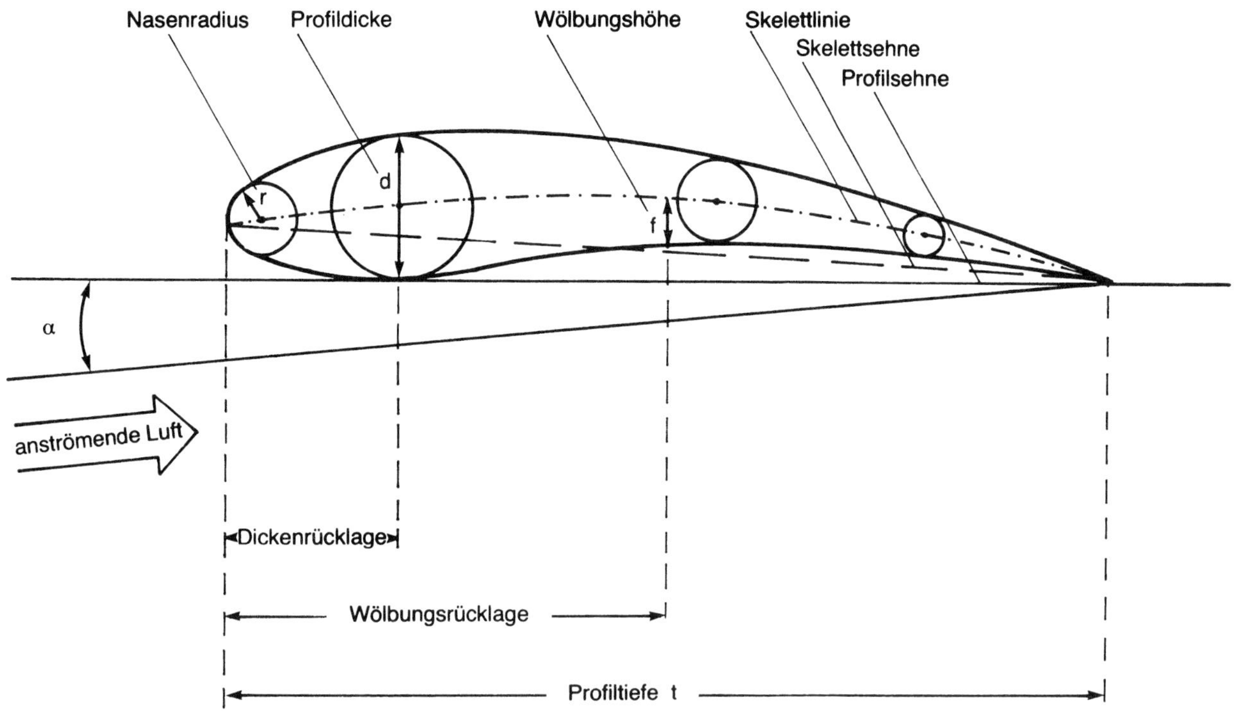

Bezeichnungen am Flügelprofil

Definition zur Aerodynamik

Bevor wir uns mit der Aerodynamik der UL befassen, sollten wir uns aber die wichtigsten Definitionen am Profil und Flugzeug ansehen.
Skelettlinie nennt man die Verbindungslinie der Mittelpunkte aller eingeschriebenen Kreise.

Profildicke ist der Durchmesser des größten der eingeschriebenen Kreise.

Skelettsehne ist die Verbindungsgerade zwischen dem vordersten und dem hintersten Punkt der Skelettlinie.

Profiltiefe t ist der Abstand zwischen dem vordersten und dem hintersten Punkt des Profils.

Profilsehne ist die Verbindungslinie zwischen den beiden tiefsten Punkten des Profils. Es ist die **wichtigste Linie am Profil** und wird auch als **Profilbezugslinie** bezeichnet und als solche verwendet (bei Winkelangaben).

Nasenradius r ist der Radius des durch die Profilvorderkante gehenden Innenkreises.

Anstellwinkel α (Alpha) – Winkel zwischen mittlerer Profilsehne und der anströmenden Luft. Bei Flugdrachen der Winkel zwischen Kielrohr und anströmender Luft.

Noch einige Definitionen:

Die Streckung bzw. der Kehrwert – das **Seitenverhältnis** Λ (Lambda) sagen etwas darüber aus, wie schlank ein Flügel gebaut ist
Die Streckung ist das Verhältnis von Spannweite (b) zu Flügeltiefe (t).
Das Seitenverhältnis ist das Verhältnis von Flügeltiefe (t) zu Spannweite (b).

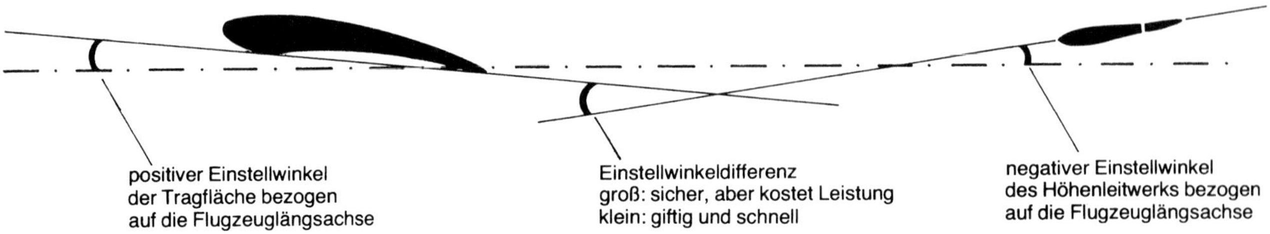

Winkel von Tragfläche und Leitwerk

Nur bei rechteckigen Tragflächen bekommt man so die richtigen Werte, sonst rechnet man besser mit:

$$\frac{\text{Spannweite}^2}{\text{Fläche}} = \frac{b^2}{F} = \Lambda$$

Zur Beurteilung **der Pfeilung** von Tragflächen wird die t-$^1/_4$-Linie herangezogen, im Gegensatz zum Drachen, wo die Nasenwinkel angegeben werden.

Nach der Tragflächenform unterscheidet man Rechteckflächen, Trapezflächen, elliptische Flächen sowie eine ganze Reihe von Mischformen.

Während man zum Erkennen der Pfeilung von oben auf das Flugzeug sieht, muss es zum Erkennen der **V-Stellung** genau von vorne betrachtet werden. Wir sehen dann auch, ob wir einen Hochdecker, Schulterdecker oder Tiefdecker vor uns haben.

Unter **Flächenbelastung** versteht man das Gewicht, mit dem 1 m² des Tragflügels im Flug belastet ist. Die Flächenbelastung erhält man, wenn man das Startgewicht (G) durch dieTragflügelfläche (F) teilt.

Ein **Luftfahrzeug hat 6 Freiheitsgrade.** Dieser Satz hat nichts mit der Freiheit zu tun, die wir beim UL-Fliegen suchen, sondern er bedeutet, dass unser UL 3 Dreh- oder Rotationsbewegungen um 3 Achsen und 3 Translationsbewegungen entlang der 3 Achsen ausführen kann.

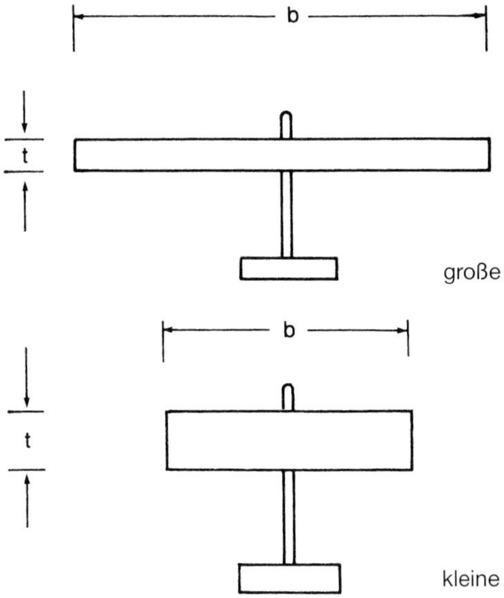

große Streckung (14)

kleine Streckung (4)

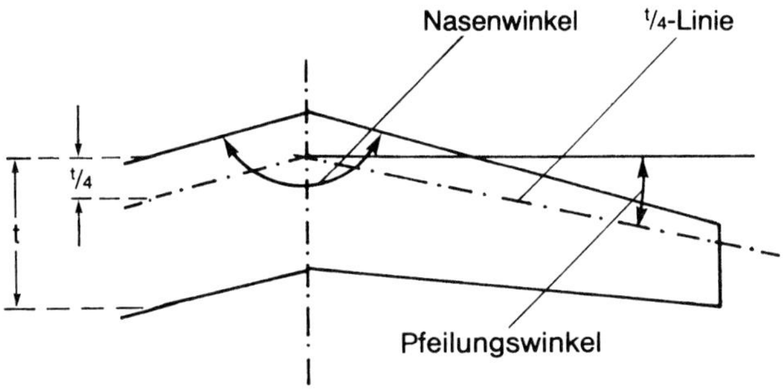

Alle, auch die kompliziertesten Bewegungen setzen sich aus diesen 6 Bewegungen zusammen. Der Pilot kann jedoch nicht alle Bewegungen direkt steuern. Bei unseren motorgetriebenen und um 3 Achsen aerodynamisch gesteuerten UL kann er 3 Drehbewegungen über aerodynamische Ruder und eine Translationsbewegung – die Vorwärtsbewegung entlang der Längsachse – mit Hilfe des Motors beeinflussen. Der Segelflugzeugpilot kann seine Vorwärtsbewegung auch beeinflussen, aber nur indirekt über eine Drehbewegung um die Querachse. Senken der Flugzeugnase ergibt Zunahme der Geschwindigkeit. Man spricht von einer **Kopplung** von Nickbewegung und Geschwindigkeit.

Positive Kopplungen unterstützen die gewollte Bewegung, während eine negative Kopplung der gewünschten Bewegungsrichtung entgegenwirkt.

Auf das Flugzeug wirken in der Luft verschiedene Kräfte, die beim gleichmäßigen Geradeausflug im Gleichgewicht sind.

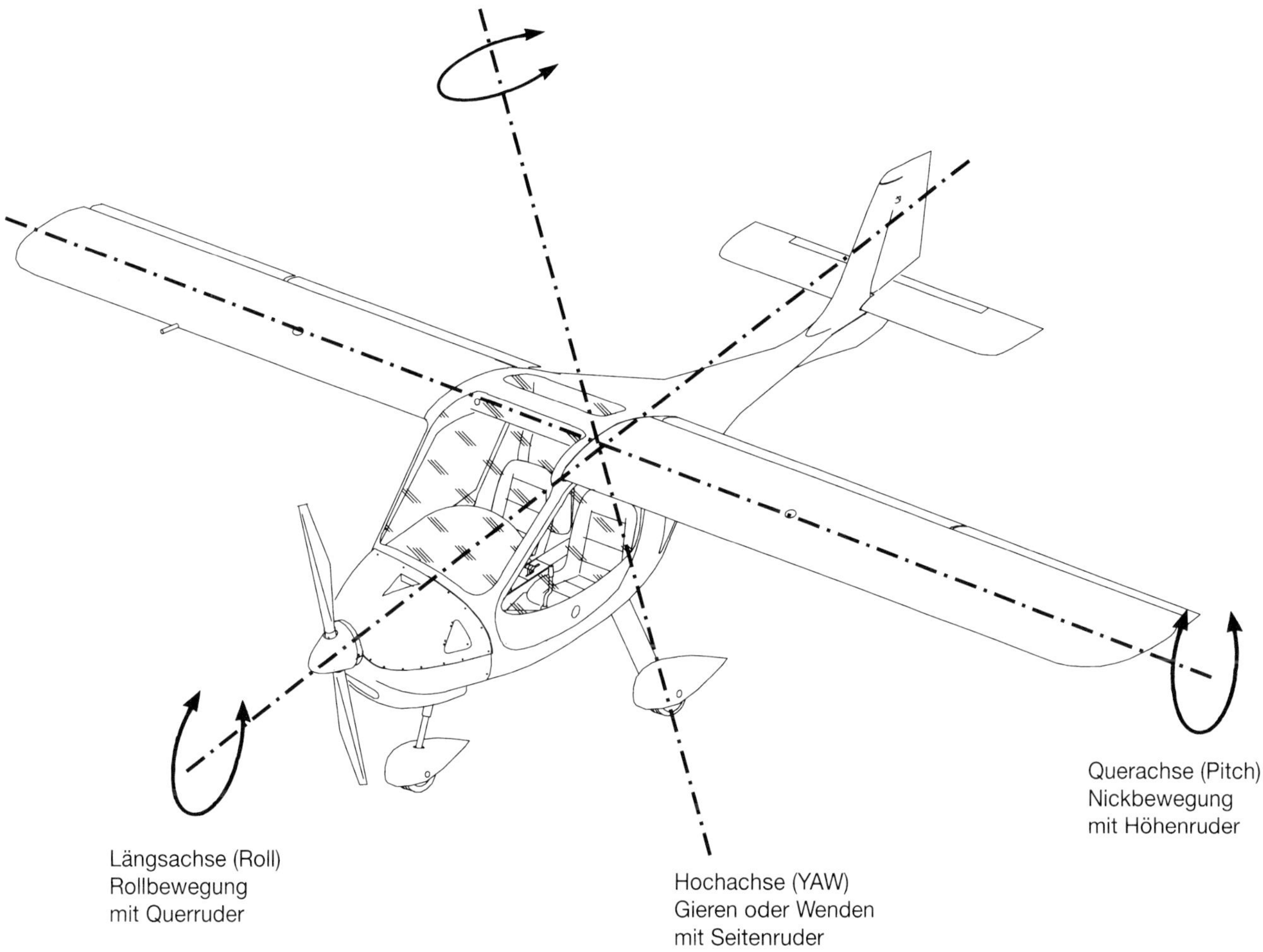

Die **Schwerkraft G** wirkt nach unten. Sie greift in Form des Flugzeug- und Pilotengewichts im Schwerpunkt an und wirkt immer senkrecht zum Erdmittelpunkt hin.
Die **Auftriebskraft A** wird vom Tragflügel erzeugt und wirkt immer senkrecht zur anströmenden Luft. Zusammen mit dem **Luftwiderstand W** bildet sie die **Luftkraftresultierende L**, die im Druckpunkt angreift und mit der Gewichtskraft im Gleichgewicht ist, solange nicht durch ein Triebwerk eine zusätzliche Kraft – der **Schub S** – erzeugt wird.

Die im antriebslosen Gleitflug wirkenden Kräfte

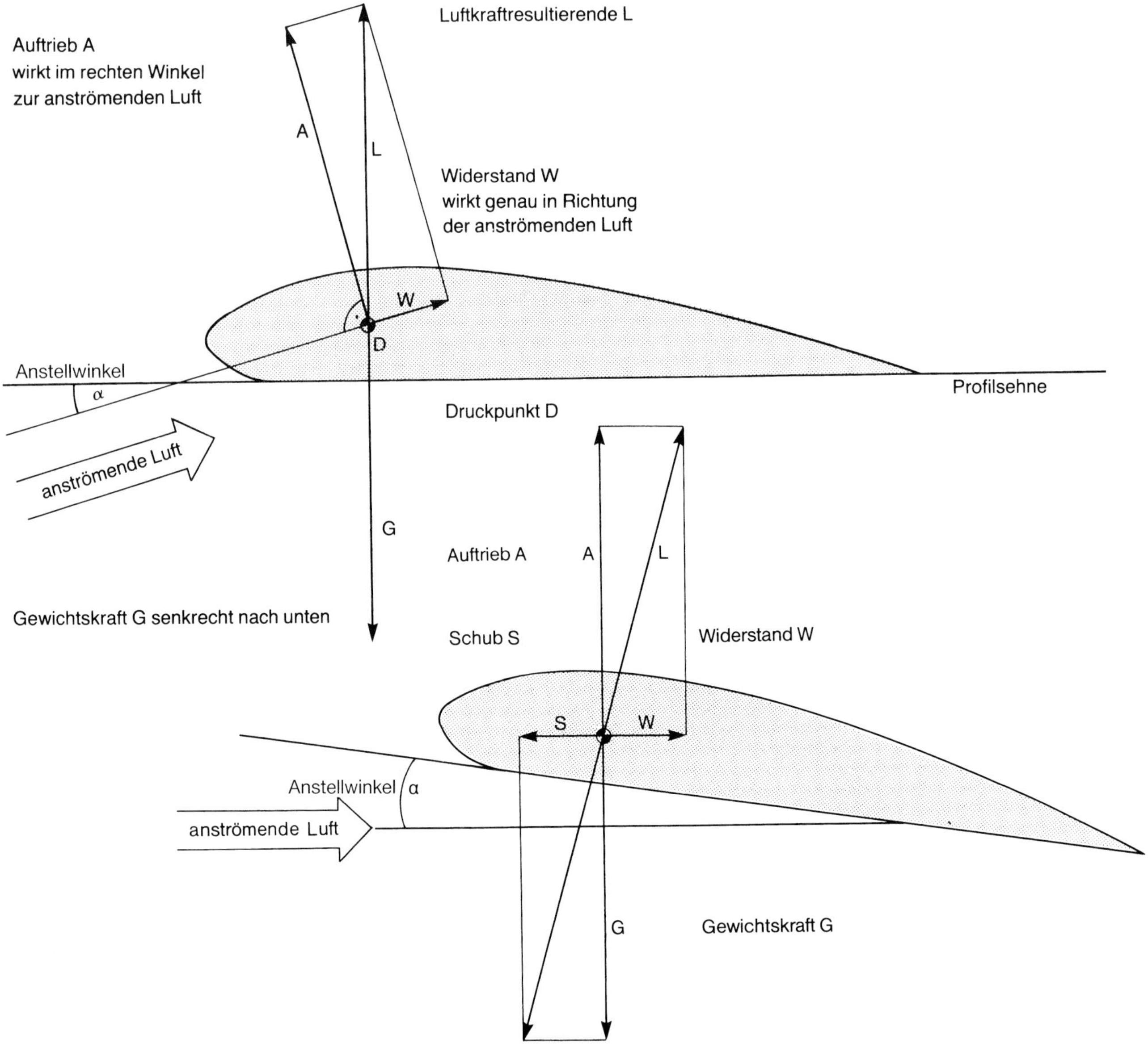

Die im Motorflug (Reiseflug) wirkenden Kräfte

Aerodynamik

Der Widerstand

Jeder Körper, der sich in der Luft bewegt oder der von Luft umflossen wird, verursacht einen Luftwiderstand. Dieser setzt sich beim Flugzeug zusammen aus dem Flügelwiderstand und dem schädlichen Widerstand. Der **Flügelwiderstand** beinhaltet den Formwiderstand, den Reibungswiderstand und den induzierten Widerstand.

Die **Stirnfläche F** ist die Fläche, die ein Körper dem Luftstrom entgegenstellt. Eine dünne Platte wird einen kleinen Widerstand haben, wenn die schmale Kante angeströmt wird, und einen großen Widerstand, wenn die Fläche quer zum Luftstrom steht (z. B. ein Segel vor dem Wind).
Bei den cw- und ca-Wert-Angaben von Tragflächenprofilen wird die projizierte Fläche des Flügels zugrunde gelegt.

Der **Widerstandsbeiwert cw** ist ein Maß für aerodynamische Güte der Körperform, er wird kurz cw-Wert genannt.
Auch im Zeitalter der Computertechnik ist es nicht möglich, den cw-Wert eines komplexen Körpers mathematisch exakt zu ermitteln, dies ist nur im Windkanal durch genaue Messungen möglich. Die Ursache für diesen Luftwiderstand liegt in der Verwirbelung – die Aerodynamiker sagen dazu Turbulenz – der umströmenden und vor allem der abströmenden Luft. Meist passiert das an Ecken oder Kanten, aber auch ein Tragflächenprofil mit zu großem Ausstellwinkel kann, wie wir später noch sehen werden, zum Abriss der Strömung führen. Der Idealfall wäre, dass die Strömung vor dem Körper geteilt wird, die Luftteilchen wohlgeordnet an der Oberfläche entlanggleiten und sich dann wieder ohne bremsende und energieverzehrende Wirbel vereinigen.

Die **Geschwindigkeit v**, mit welcher die Luft den Körper umströmt, geht quadratisch in die Formel ein. Eine Ver-

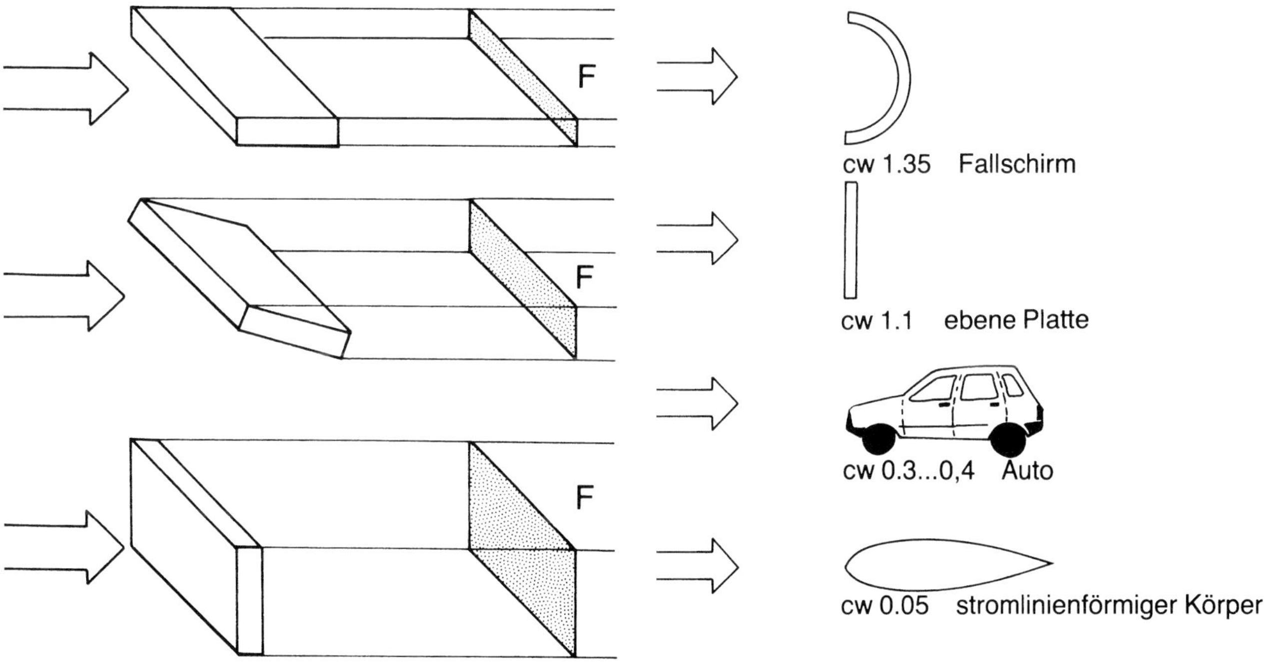

oben Unterdruck,
Luft strömt zum Tragflügel

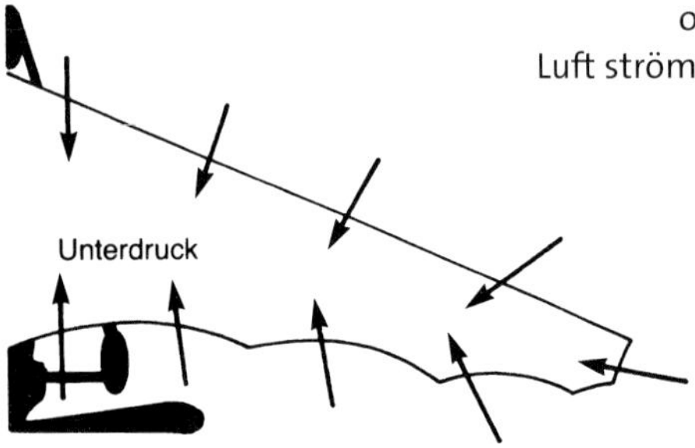

unten Überdruck,
Luft strömt weg vom Tragflügel

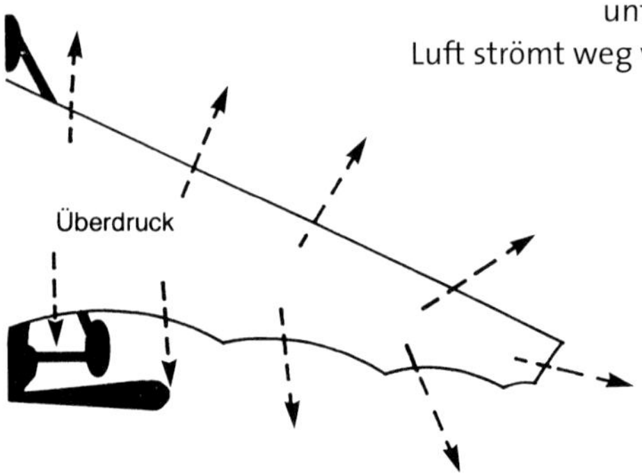

Überlagerung von stationärer Strömung
und Vorwärtsbewegung des Tragflügels

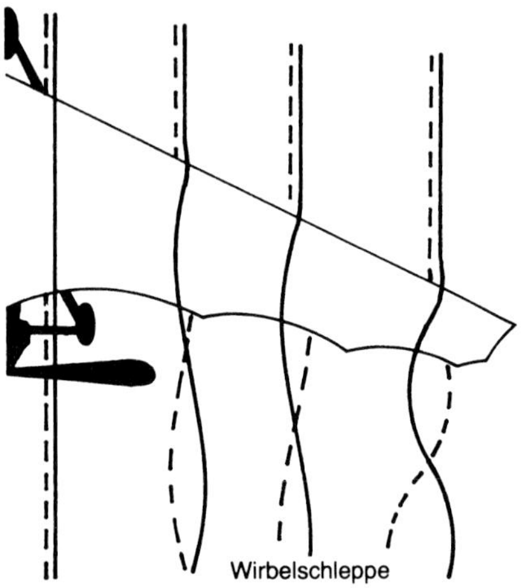

So entsteht der reduzierte Widerstand

doppelung der Geschwindigkeit verursacht den vierfachen Widerstand Der Widerstand eines Körpers kann damit nach der Formel

$$W = cw \times \frac{\rho}{2} \times v^2 \times F$$

berechnet werden.

Während der cw-Wert, die Fläche und die Fluggeschwindigkeit in gewissen Grenzen variiert werden können, ist die Luftdichte ρ (Rho) naturgegeben und beträgt in MSL 0,125 (= 1/8).
Die Dichte wird mit zunehmender Höhe oder Temperatur in der dünneren Luft kleiner.
Moderne Düsenklipper fliegen deswegen energiesparend in 10 bis 12 km Höhe, einem Bereich, der uns mit dem UL mit Sicherheit verschlossen bleibt.

Der **Reibungswiderstand** wird auch als Grenzschichtwiderstand bezeichnet und hängt neben der Form auch von der Oberflächengüte des umströmten Körpers ab.
An einer spiegelglatten Oberfläche fließen die Luftteilchen wohlgeordnet und kaum gebremst entlang, die Grenzschicht ist laminar. Schon kleinste Unebenheiten an der Oberflache genügen aber, die direkt über die Oberfläche fließenden Luftteilchen so weit zu bremsen, dass kleine Wirbel entstehen. Die Oberflächenströmung schlägt von laminar in turbulent um. Je rauer die Oberfläche, desto früher schlägt die Strömung um und desto dicker und intensiver ist diese turbulente Grenzschicht. Bei konventionellen Profilen beginnt der Umschlag der Strömung auch bei bester Oberflächengüte bereits im 1. Drittel der Profiltiefe. Bei Laminarprofilen erfolgt dieser Umschlag sehr viel später.
Die Mylarsegel von Hochleistungsdrachen mit ihrer spiegelglatten dichten Oberfläche sollen den Reibungswiderstand verringern und damit die Flugleistungen verbessern. Dieser Aufwand ist beim UL jedoch nicht unbedingt erforderlich.

Der induzierte Widerstand ist untrennbar mit dem Auftrieb verbunden. Er ist von Druckdifferenzen am Tragflügel abhängig. Am Tragflügel herrscht während des Fluges an der Oberseite Unterdruck und unter dem Flügel Überdruck. Die Luft versucht nun über dem gesam-

ten Flügel den Druck auszugleichen. An der Profiloberseite entsteht so eine nach innen gerichtete Strömung. Die Luft strömt in das Gebiet geringen Druckes ein. An der Profilunterseite entsteht eine nach außen gerichtete Strömung. – Die Luft strömt weg vom Gebiet hohen Druckes. Durch die Überlagerung mit der Vorwärtsbewegung des Tragflügels entsteht so hinter der Fläche ein förmlicher Wirbelteppich. Der induzierte Widerstand nimmt, elliptische Auftriebsverteilung vorausgesetzt, von der Flügelwurzel mit null beginnend nach außen stetig zu. Verbesserung bringen Tragflügel großer Streckung. Bei vorgegebener Streckung ist der induzierte Widerstand am kleinsten bei elliptischer Auftriebsverteilung. Früher wurde die elliptische Auftriebsverteilung vor allem durch eine elliptische Grundform der Tragfläche erzielt. Heute rechnet man das Profil eines Rechteck- oder Trapezflügels so, dass elliptische Auftriebsverteilung entsteht. Endplatten oder Winglets können den induzierten Widerstand nur in bestimmten Flugzuständen, z. B. im Steigflug, verbessern.
Bei kleineren Geschwindigkeiten hat der induzierte Widerstand den größten Anteil am Gesamtwiderstand. Bei höheren Geschwindigkeiten nimmt der Anteil des induzierten Widerstands immer mehr ab. Warum Drachen deshalb bei höheren Geschwindigkeiten zum Gieren und Schieben neigen, werden wir später noch hören.
Am UL kostet der induzierte Widerstand lediglich Energie. Ein startender oder landender Jumbo aber zieht kilometerlange Wirbelschleppen hinter sich her, die einen UL durchaus »zerlegen« können. Deshalb daran denken: Nie die Flugbahn eines Flugzeuges kreuzen.

Der **schädliche Widerstand** setzt sich zusammen aus dem Interferenzwiderstand und dem Restwiderstand.

Der **Interferenzwiderstand** entsteht durch die gegenseitige Störung von Wirbelfeldern. In der Regel ist der Gesamtwiderstand größer als die Summe der Einzelwiderstände von einzelnen Bauteilen. Durch geschickte Formgebung und weiche Übergänge kann der Interferenzwiderstand jedoch auch negativ werden.

Der **Restwiderstand** ist der Luftwiderstand aller UL-Teile, die nicht der Auftriebserzeugung dienen. Dazu gehören:

der Pilot,
die Gondel,
das Fahrwerk,
der Motor,
Abspannungen und Verstrebungen.

Der **Gesamtwiderstand** von UL beträgt etwa 20–50 kg.

All diese Widerstände bedeuten Energieverluste, die beim Gleiten durch Verlust an Höhe ausgeglichen werden. Beim Fliegen mit Motorkraft muss der Antrieb diese Energieverluste decken. Doch um oben zu bleiben, braucht das Flugzeug nicht nur den Antrieb, sondern vor allem auch Auftrieb.

Der Auftrieb

Der französische Physiker Daniel Bernoulli hat bereits vor 200 Jahren das Gesetz formuliert, nach dem der Auftrieb am Tragflügel entsteht und so dem Flugzeug ermöglicht, oben zu bleiben.

Es lautet:

Der Energieinhalt eines strömenden Stoffes ist konstant. Er setzt sich zusammen aus statischer (Druck) und dynamischer (Geschwindigkeit) Energie. Da die Summe konstant bleibt, muss mit Zunahme der Geschwindigkeit der statische Druck abnehmen. – Diesen Effekt haben schon die Flugpioniere wie Otto Lilienthal weiter untersucht und sich durch Entwicklung eines entsprechenden Tragflächenprofils zunutze gemacht.
Die Überlegung war: Man müsste ein Flügelprofil bauen, bei dem die Luft an der Oberseite mit hoher Geschwindigkeit fließt (= geringer Druck) und an der Unterseite mit niedriger Geschwindigkeit (= hoher Druck).
Mit einem Seitenblick auf den Vogelflügel entstand ein Profil, dessen Grundform noch heute, jedenfalls für die Anwendung im niedrigen Geschwindigkeitsbereich des UL-Fluges, unverändert Gültigkeit hat.

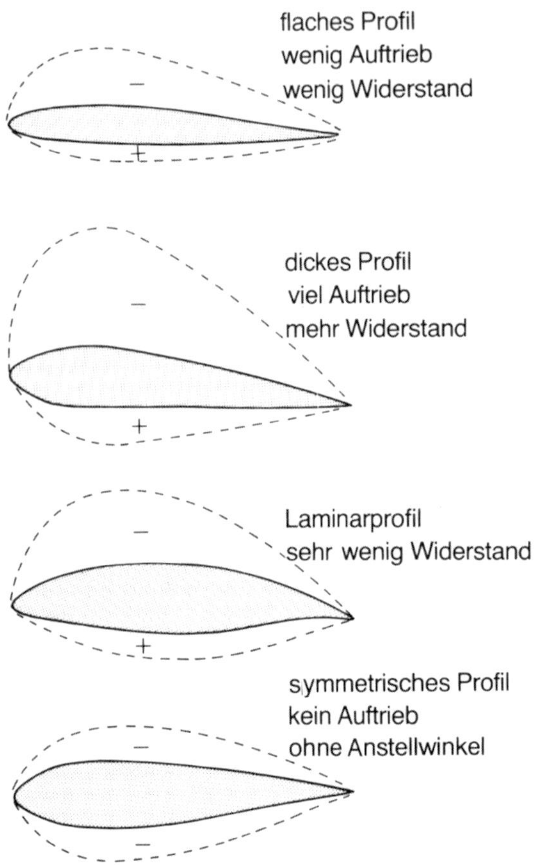

Druckverteilung am angeströmten Profil

Der Gesamtauftrieb setzt sich aus etwa $^2/_3$ Unterdruck und etwa $^1/_3$ Überdruck zusammen.
Flache Profile erzeugen wegen der geringen Geschwindigkeitsdifferenzen der umströmenden Luft nur wenig Auftrieb. Stark gewölbte Profile, bei denen die Luftteilchen auf der Profiloberseite einen wesentlich längeren Weg bis zum Profilende zurückzulegen haben, liefern gute Auftriebswerte schon bei geringen Geschwindigkeiten.

Der **Auftriebsbeiwert ca** ist eine Maßzahl für die Größe des Auftriebes eines Profiles. Mit der in ähnlicher Form für die Widerstandsberechnung bekannten Formel kann der Auftrieb eines Tragflügels bestimmt werden.

$$A = ca \times \frac{\rho}{2} \times v^2 \times F$$

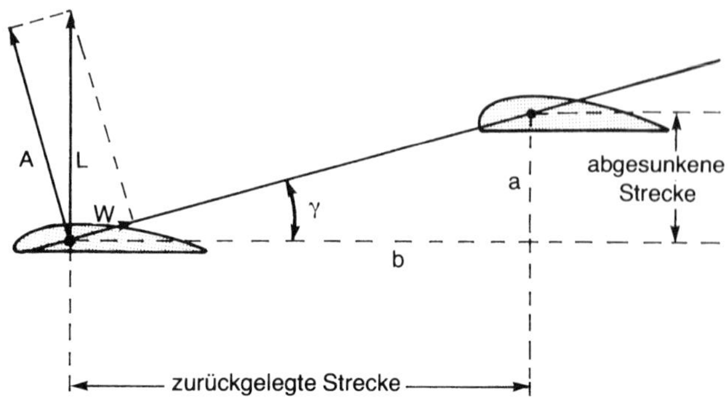

Der **Gleitwinkel** γ (Gamma) wird meist angegeben als Tangens des Winkels. Er ist das Verhältnis von abgesunkener Strecke zu zurückgelegter Strecke:

$$\gamma = a : b$$

Der Gleitwinkel ist aber auch gleich dem Verhältnis von Widerstand zu Auftrieb:

$$W : A = cw : ca = \gamma$$

Da der Auftrieb sich mit dem Flugzeuggewicht annähernd die Waage halten muss (genau genommen muss es heißen $G = L = \sqrt{W^2 + A^2}$), ist leicht einzusehen, dass bessere Gleitwinkel nur durch einen kleineren Luftwiderstand zu erreichen sind. Die **Gleitzahl** ε (Epsilon) ist der Kehrwert des Gleitwinkels.

Das Polardiagramm

Beim Verändern des Anstellwinkels ändert sich nicht nur der Auftrieb eines Profils, sondern auch der Widerstand. Wieder erinnern wir uns an Otto Lilienthal, der das Polardiagramm zur Darstellung der Eigenschaften eines Profils entwickelt hat. Mit steigendem Anstellwinkel nimmt der Widerstand zuerst nur wenig zu. In der Polartangente liegt dann der Bereich des besten Gleitens. Hier ist das Verhältnis von Auftrieb zu Widerstand am größten. Leistungsdrachen erreichen heute Gleitzahlen von über 10, d. h. bei 1 m Höhenverlust legen sie eine Strecke von 10 m zurück. (Zum Vergleich: Ein Leistungssegelflugzeug erreicht Gleitzahlen von über 50.) Weiter oben erreicht das Profil dann ein Maximum

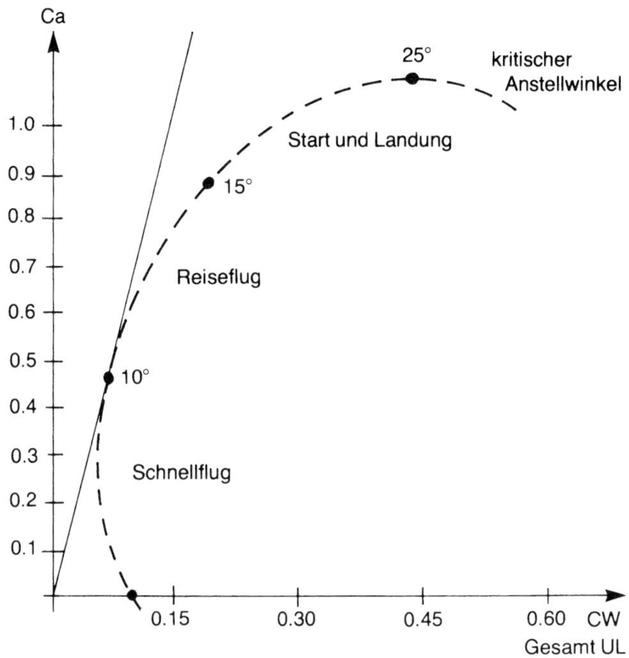

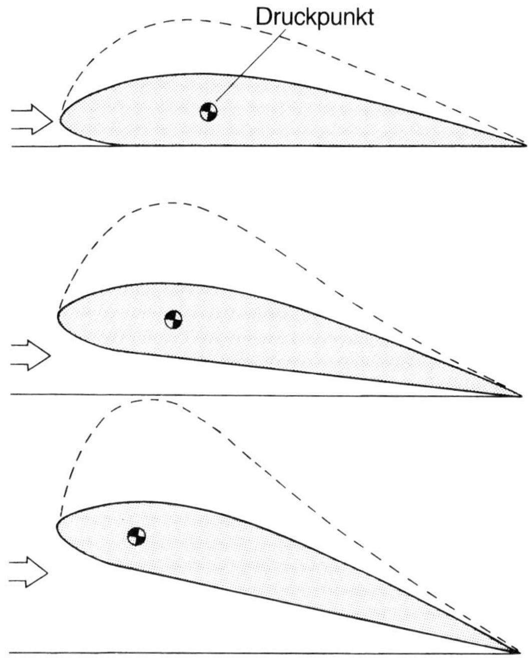

Druckpunktwanderung am angeströmten Tragflügel

an Auftrieb, das UL damit geringstes Sinken, während der Widerstand schon stark zunimmt. Wird der Anstellwinkel weiter vergrößert, so sinkt der Auftrieb wieder und die Strömung reißt schließlich ganz ab.
Wir sehen jetzt, dass im Bereich der Polartangente das Verhältnis ca/cw (1:0,15) bei ca. 6,5 liegt, ein Wert, wie er für ein UL im Gleitflug tatsächlich realistisch ist.

Stabilität

Schon Otto Lilienthal hat formuliert: Grundlage jeder Fliegekunst ist die Stabilität.
Gemeint ist hier nicht die mechanische Festigkeit, sondern das Verhalten unseres UL im Flug.
Man unterscheidet die statische und dynamische Stabilität. Unter **statischer Stabilität** versteht man das Beharrungsvermögen eines Körpers in einer Lage. Sie ist Voraussetzung für dynamische Stabilität. Beim UL ist der jederzeit fühlbare Steuerdruck ein Maß für die statische Stabilität des Fluggerätes.

Längsstabilität um die Querachse

Für Betrachtungen am normalen Profil ohne Leitwerk gilt: Der **Druckpunkt** hat keine feste Lage, er hängt vielmehr ab vom Anstellwinkel. Bei großem Anstellwinkel wandert der Druckpunkt nach vorne, hebt also die Flächennase noch zusätzlich an.
Beim Verkleinern des Anstellwinkels wandert der Druckpunkt nach hinten und drückt damit die Flächennase zusätzlich nach unten.
Diese Bewegungen setzen sich so lange fort, bis die Fläche umschlägt. Die Wanderung des Druckpunktes muss deshalb durch eine Hilfsfläche an einem langen Hebelarm kompensiert werden. Die stabilisierende Hilfsfläche hat zum Tragflügel einen konstruktiv vorgegebenen **Einstellwinkel** von 3–8°. Damit sind wir beim **Höhen-Leitwerk** eines Flugzeuges.
Beim klassischen UL sitzt es hinter der Tragfläche. Es sind jedoch auch Konstruktionen bekannt, bei denen das Höhenleitwerk vor der Tragfläche in der unge-

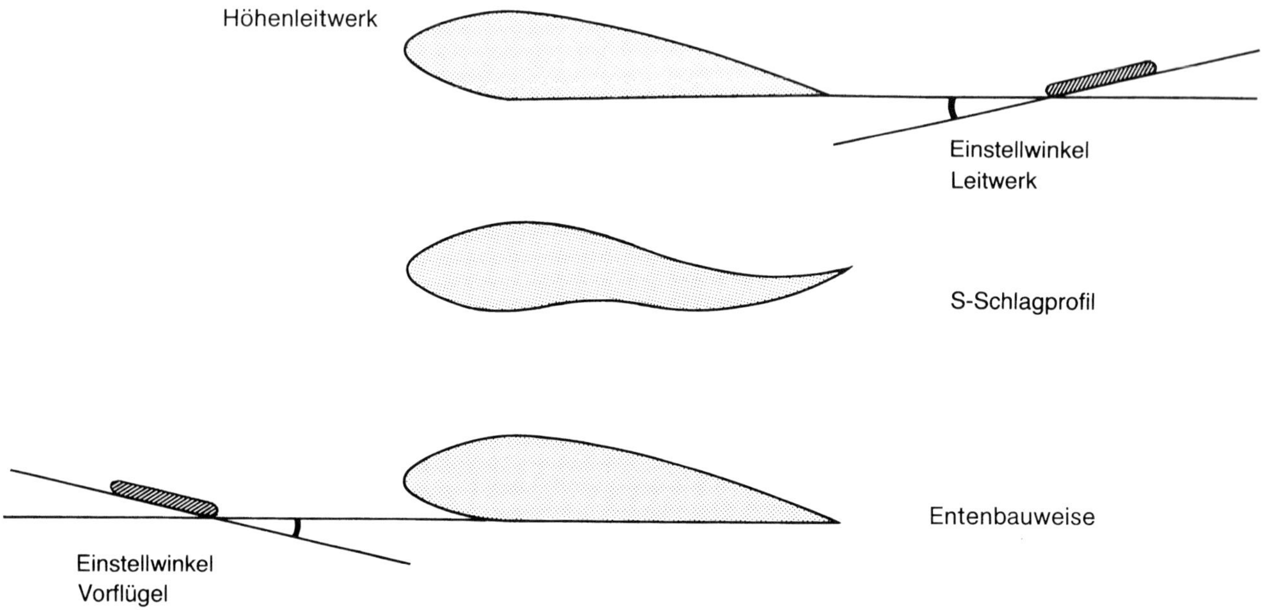

störten Luftströmung angeordnet ist. Man spricht dann von Enten- oder Canardbauweise. Eines jedoch haben die Hilfsflächen vor oder hinter der Tragfläche gemeinsam: Sie erzeugen im stabilen Normalflug ein Moment, das die Nase des UL aufrichtet. Das Leitwerk wirkt in neutraler Stellung so, dass das UL von selbst einen sicheren stabilen Flugzustand einnimmt. Neigt sich die Nase nach unten, so wird das UL schneller – der Druckpunkt der reinen Tragfläche wandert nach hinten.
Die Wirkung des Leitwerks überwiegt jedoch, die Hilfsfläche dreht die Nase wieder nach oben. Gleiches mit umgekehrten Vorzeichen passiert, wenn unser UL die Nase zu hoch nimmt, der Druckpunkt der Tragfläche wandert zwar nach vorne, die Hilfsfläche dreht die Nase wieder nach unten.
Doch was machen die Nurflügler wie z. B. der Drachen? Sie fliegen stabil und sensibel steuerbar – und dies trotz aller Schwierigkeiten mit dem wandernden Druckpunkt.
Ohne Höhenleitwerk ist dies auf den ersten Blick nicht ganz verständlich.
Doch die Aerodynamiker wussten Rat und griffen in die Trickkiste.
Als erste Möglichkeit nahmen sie die stabilisierende Hilfsfläche – das Höhenleitwerk – und bauten es direkt an das herkömmliche Tragflächenprofil an. Mit diesem so entstandenen S-förmigen Profil können auch Nurflügelgeräte stabil fliegen. Der Auftriebsbeiwert eines Nurflügelprofils kann jedoch nicht ganz die guten Werte eines herkömmlichen Profiles erreichen. Nur etwa die ersten $3/4$ des Profiles stehen für die Auftriebserzeugung zur Verfügung. Das letzte $1/4$ dient zur Stabilisierung des Druckpunktes.
Die Drachenbauer benutzen noch eine zweite Möglichkeit, die richtig angewendet ähnlich wirkt wie ein S-Schlagprofil. Durch die Pfeilung liegen die Flächenenden weit hinter der Tragflächenmitte, wo bei modernen Hochleistungsdrachen Profile ohne S-Schlag für maximalen Auftrieb sorgen. Diesen Flächenenden gibt man durch Verdrehen gegenüber der Profilsehne am Kielrohr den zur Stabilisierung notwendigen negativen Einstellwinkel. Wir erhalten dann das, was die UL-Flieger mit gutem **Pitch-up-Verhalten** ihres Vogels bezeichnen. Verändert sich gegenüber der Flügelwurzel das Profil, spricht man von **aerodynamischer Schränkung**. Verändert sich nur der Einstellwinkel, spricht man von **geometrischer Schränkung**.

Die Schränkung in Verbindung mit der Pfeilung verbessert auch das Überziehverhalten. Drachenflächen, wie sie auch für UL eingesetzt werden, sind heute so konzipiert, dass im Schnellflug das Flügelmittelteil trägt, während im Normalflug die Strömung hier schon beginnt abzureißen. Wird die Geschwindigkeit weiter vermindert, d. h. der Anstellwinkel vergrößert, so wandert der tragende Bereich, an dem die Strömung noch anliegt, immer mehr nach außen. Ein eindeutiger Strömungsabriss ist hier nicht mehr feststellbar. Der Drachen wird »teigig« und nimmt über die Nase wieder Fahrt auf.

Nachweis der Längsstabilität

Es sind nicht so sehr Probleme der mechanischen Stabilität, die den Konstrukteuren Kopfzerbrechen machen, sondern die Elastizität der verwendeten Werkstoffe. Bereits kleine Verformungen am Tragflächenprofil oder an der Geometrie des mechanischen Aufbaus des UL können drastische Änderungen des aerodynamischen Verhaltens nach sich ziehen. Besonders kleine und negative Anströmwinkel, wie sie im normal beflogenen Bereich nicht auftreten, können bei

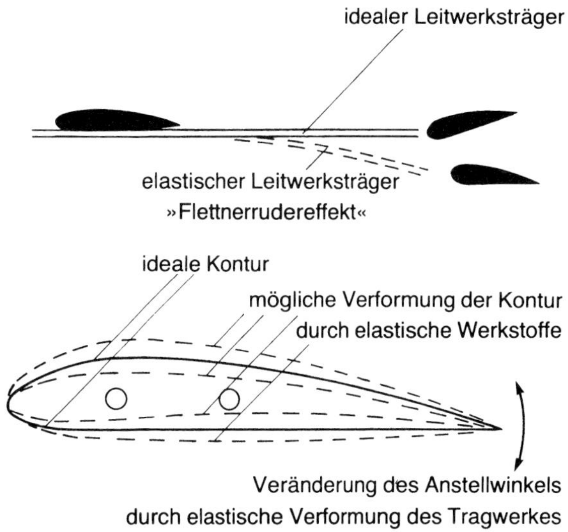

Deformation am elastischen Tragflügel und Gerät

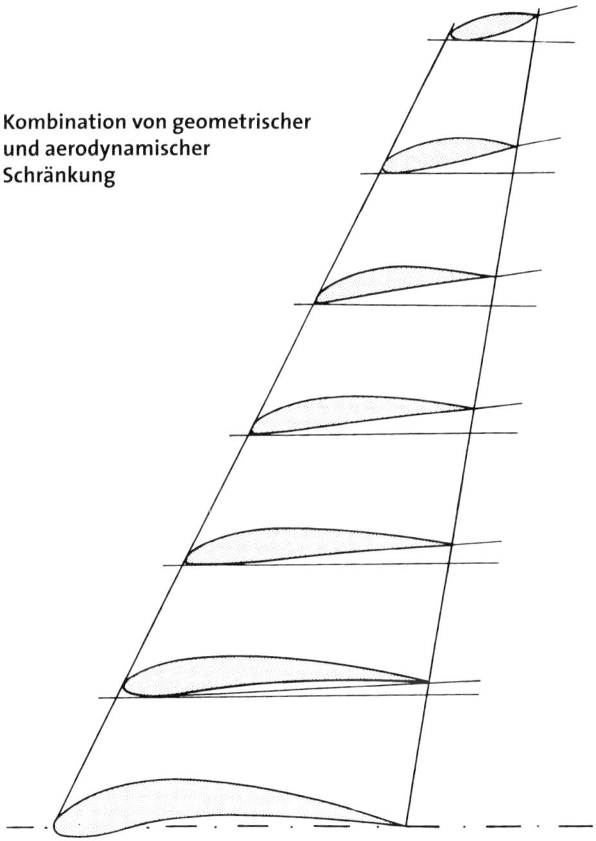

Kombination von geometrischer und aerodynamischer Schränkung

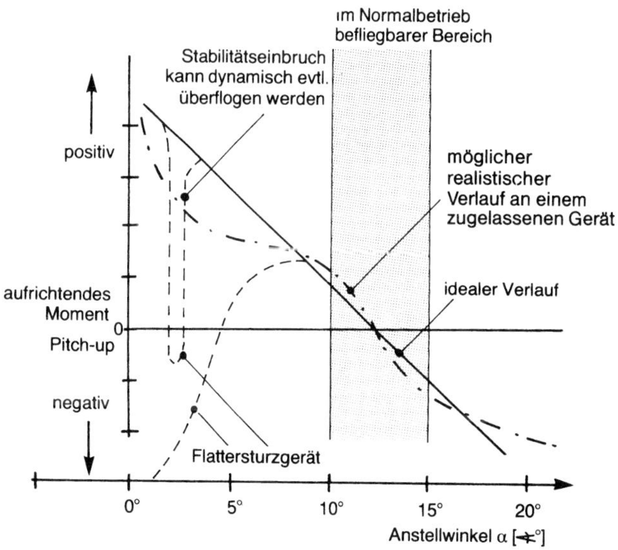

Pitch-up-Diagramm

Aerodynamik-Messwagen

Böen kurzzeitig entstehen und dann aufgrund geometrischer Veränderungen zu unerwarteten Instabilitäten führen. Wir sind noch weit davon entfernt, hier über brauchbare Rechenverfahren zu verfügen. Mit dem Messwagen können in relativ kurzer Zeit die interessierenden Anströmwinkel und Geschwindigkeiten gefahren werden. Die erhaltenen Diagramme liefern eine sichere Aussage über das zu erwartende Flugverhalten. Man könnte diese Diagramme zwar auch im Windkanal aufnehmen, doch Windkanäle dieser Größe sind dünn gesät und, wenn verfügbar, für solche Versuche einfach zu teuer.

Die Kursstabilität um die Hochachse

UL mit einem konventionellen Leitwerk haben hier wenig Probleme. Die Seitenflosse mit dem angelenkten Seitenruder wirkt wie eine Windfahne und hält das UL sicher auf dem gewünschten Kurs. Beim gepfeilten Drachen dagegen bringen verschiedene Effekte die gewünschte Kursstabilität. Die Kieltasche, die bei manchen neuen Geräten ganz wegfällt, bringt hier sicher den kleinsten Anteil. Stimmt die Flugrichtung nicht mehr mit der Längsachse des UL überein (man bezeichnet diesen Flugzustand mit »Schieben«), dann hat die voreilende Tragfläche einen größeren Querschnitt und einen längeren Hebelarm, sodass allein schon durch den Formwiderstand ein zurückdrehendes Moment erzeugt wird. Den größten Anteil aber hat der induzierte Widerstand. Der voreilende Flügel erzeugt mehr Auftrieb, der im Moment der Gierbewegung durch die höhere Anströmgeschwindigkeit am voreilenden Flügel noch verstärkt wird. Auftrieb hat aber induzierten Widerstand zur Folge und dieser dreht die Tragfläche wieder zurück in die Normallage bzw. wirkt dämpfend auf Gierbewegungen.

Wenn wir uns jetzt erinnern, dass der Anteil des induzierten Widerstandes mit steigender Fluggeschwindigkeit abnimmt, so haben wir auch die Erklärung, warum schnelle Hochleistungsdrachen so gerne gieren und schieben. Das stabilisierende Moment des induzierten Widerstandes wird mit steigender Geschwindigkeit immer kleiner und kann den Drachen nicht mehr sauber auf Kurs halten.

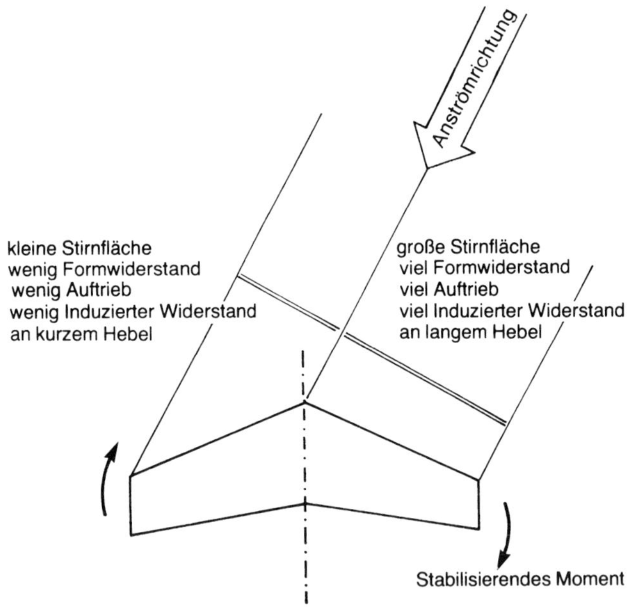

Kursstabilität durch Pfeilung

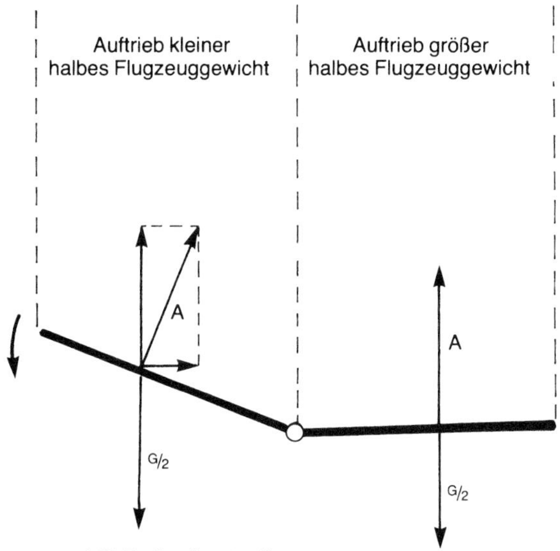

Querstabilität durch V-Stellung

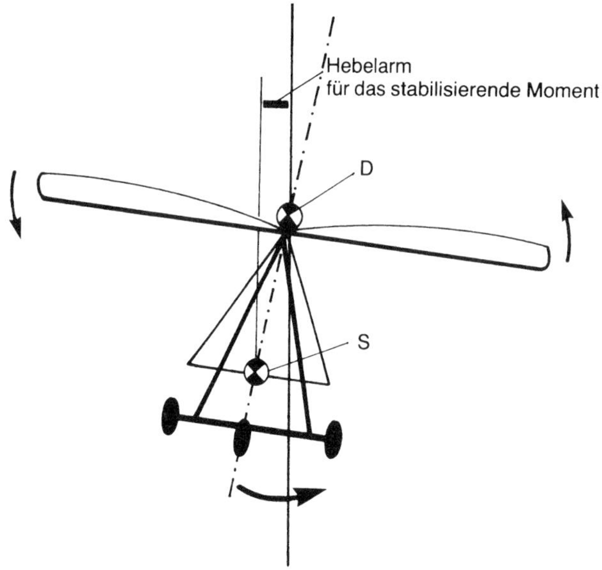

Querstabilität durch tiefe Schwerpunktlage

Querstabilität um die Längsachse

Die Querstabilität ist relativ leicht durch V-Stellung der Tragfläche oder die besonders bei Drachen tiefe Lage des Schwerpunktes unter dem Druckpunkt zu erreichen – vorausgesetzt natürlich, das UL befindet sich in normaler Fluglage. Durch die V-Stellung ändert sich bei Schräglage – die man mit **Bank** bezeichnet und in Grad angibt – die am Flügel sonst symmetrische Auftriebsverteilung. Am abgesenkten Flügel wirkt der Auftrieb, der ja immer senkrecht zur Fläche wirkt, jetzt mehr nach oben, während er an der angehobenen Fläche nur mit einer Teilkomponente der Schwerkraft entgegenwirkt. Das dadurch entstehende Moment dreht unser UL wieder in die Normallage zurück.
Genauso zurückdrehend wirkt ein tief liegender Schwerpunkt. Das Moment entsteht, wenn Druckpunkt und Schwerpunkt nicht mehr im Lot sind. Durch tiefe Schwerpunktlage kann die statische Querstabilität so ansteigen, dass unser UL kaum noch in eine Kurve zu steuern ist. Die Steuerbarkeit wird wieder verbessert, indem man der Fläche negative V-Form gibt, eine Praxis, die im Drachenbau gerne angewendet wird.
Neben der vorstehend betrachteten statischen Stabilität ist auch das dynamische Verhalten um die 3 Achsen ausschlaggebend für die Flugeigenschaften eines Flugzeuges.

Die **dynamische Stabilität** beschreibt das Verhalten eines Körpers, der zu Schwingungen um seine Nulllage

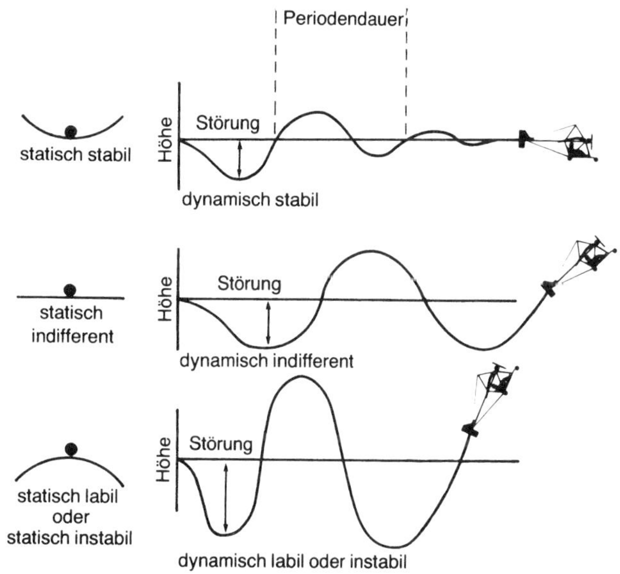

Die Gleichgewichtszustände

angeregt wird. Das klassische Beispiel ist das Pendel. Je besser die Dämpfung, desto schneller klingt die Schwingung wieder ab. Das System ist dynamisch stabil. Eine ungedämpfte Schwingung ist dynamisch indifferent. Vergrößert sich die Amplitude (Ausschlag), so ist das System dynamisch labil.
Ein weiteres wichtiges Kriterium ist die Periodendauer der Schwingung. Bei Zeiten von kleiner als 3–5 Sekunden wird das Reaktionsvermögen auch des besten Piloten überfordert. Das UL wird dann »giftig« und ist kaum noch zu fliegen, auch wenn die dynamische Dämpfung gut ist. Ziel der Konstrukteure muss es also sein, dass das UL nach einer Böe weich und gut gedämpft in seine Normallage zurückkehrt.

Steuerung

Eine Drehbewegung am UL entsteht immer dann, wenn zwischen der Luftkraft L und der Gewichtskraft G ein Hebelarm entsteht. Dies kann unbeabsichtigt z. B. durch seitliche Böen passieren. Der Pilot hat aber auch die Möglichkeit, durch bewusste Veränderung des Angriffspunktes der Luftkraft L (aerodynamische Steuerung) oder durch Verschieben des Schwerpunktes (Gewichtskraftsteuerung) zu steuern.
Zur Beantwortung der Frage »Welche Steuerung ist besser?« hilft uns ein Blick in die Natur, die dieses Problem perfekt gelöst hat. Betrachten wir, wie eine Dohle zur Ziellandung einen Pfahl ansteuert, dann sehen wir, wie im schnellen Anflug minimale Bewegungen von Flügelspitzen und Schwanz ausreichen, die Flugbahn zu korrigieren. Die Dohle steuert aerodynamisch im hohen Geschwindigkeitsbereich. Erst kurz vor der Landung mit niedriger Geschwindigkeit beginnt sie dann mit dem ganzen Körper zu balancieren. Sie steuert das Aufsetzen durch Gewichtsverlagerung.
Die **aerodynamische Steuerung** ist gebunden an die Fluggeschwindigkeit, jedoch nicht an die Fluglage. Mit steigender Geschwindigkeit steigt die Wirkung der Ruder im Quadrat. Entsprechend fällt die Ruderwirksamkeit mit sinkender Geschwindigkeit rapide ab, bei Strömungsabriss ist das entsprechende Ruder unwirksam.
Im langsamen Flug kann sich die Ruderwirkung im ungünstigsten Fall dann sogar umkehren. Nehmen wir z. B. an, der Flügel bewegt sich schon mit großem Anstellwinkel und die Strömung ist kurz vor dem Abreißen. Wird jetzt noch das Querruder betätigt, um die hängende Fläche zu heben, so reißt die Strömung ganz ab. Der Auftrieb bricht zusammen, der Flügel sackt durch und das Flugzeug schmiert ab.
Die kritische Situation beim aerodynamisch gesteuerten Flugzeug ist also der Langsamflug.
Die **Gewichtskraftsteuerung** durch Verlagerung des Schwerpunktes funktioniert immer, auch beim Landestall, wenn der Drachen aus 2–3 m Höhe nahezu senk-

Aerodynamische Steuerung

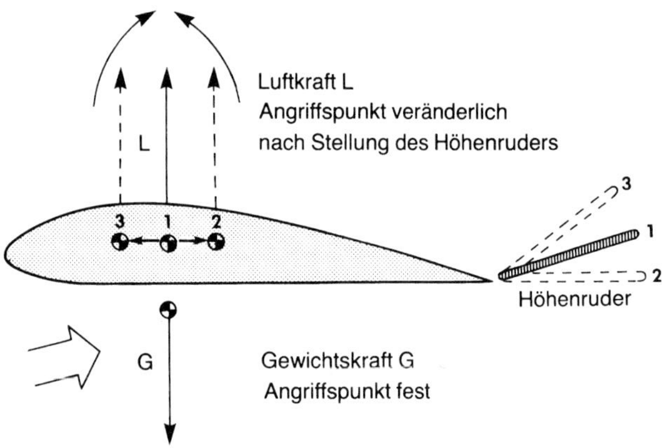

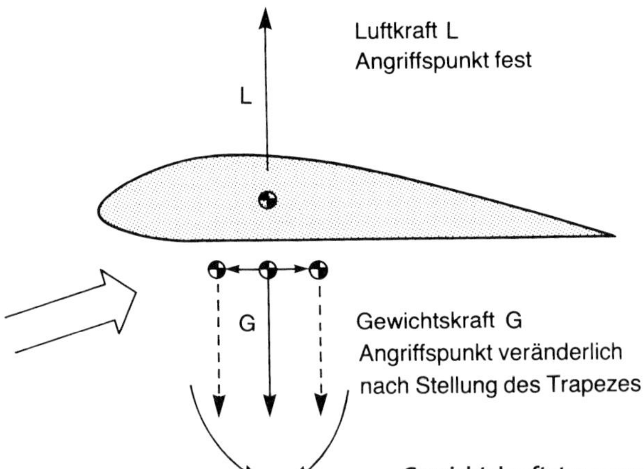

Gewichtskraftsteuerung

recht absinkt. Die Strömung liegt zwar nicht mehr an, die Luftkraft wirkt in Form des Widerstandes trotzdem am Druckpunkt. Beim Verschieben der Gewichtskraft entsteht so ein Drehmoment, mit dem der Pilot steuern kann.

Doch auch die Gewichtskraftsteuerung hat ihre Tücken. Sie wirkt grundsätzlich nur rechtwinklig zur Schwerkraft.

Wenn der Pilot in normaler Fluglage sein Gewicht entlang der Längsachse oder der Querachse verlagert, so kann er damit die Fluglage seines Gerätes beeinflussen.

Auch wenn er jetzt die Möglichkeit hätte, sein Gewicht entlang der 3. Achse, der Hochachse, zu verlagern, so würde sich am Momentengleichgewicht seines Drachens nichts ändern. Druckpunkt und Schwerpunkt sind nach wie vor im Lot. Prinzipiell kann deshalb der Pilot durch Gewichtsverlagerung nur um 2 Achsen steuern.

Die Rollbewegung wird durch seitliche Gewichtsverlagerung gesteuert. Die für den Kurvenflug so wichtige **Gierbewegung** um die 3. Achse, die Hochachse, kann vom Piloten nur über positive Kopplung zwischen Roll- und Gierbewegung beeinflusst werden.

Es ist deshalb mit Schwerkraftsteuerung nicht möglich, einen Slip (Schiebeflugzustand) herbeizuführen.

Die Nickbewegung ist steuerbar, indem der Pilot sein Gewicht nach vorne oder hinten verlagert. Dies funktioniert aber auch nur, solange er unter dem Druckpunkt hängt. Bei einer senkrechten Flugbahn, wie sie z. B. bei Looping oder Wingover erreicht wird, ist der Drachen nicht mehr steuerbar. Der Pilot ist hier mehr oder weniger hilflos der Eigendynamik des Gerätes ausgeliefert.

Kurvenflug beim gewichtskraftgesteuerten UL

Was hier im Einzelnen geschieht, wollen wir uns wieder an einem Beispiel veranschaulichen. Was geschieht, wenn der Pilot sein Gewicht nach links verlagert und damit eine Linkskurve einleitet? Durch die Rollbewegung nach links vergrößert sich der Anströmwinkel der Luft an der linken Fläche genauso, wie er sich an der rechten verringert. Der Auftrieb und der damit untrennbar verbundene induzierte Widerstand steigt links und fällt rechts. Die Folge ist, dass unser Vogel links mehr gebremst wird als rechts. Er dreht sich um die Hochachse nach links.

Gewichtskraftgesteuerte Geräte fliegen aufgrund dieser Kopplung von Natur aus (fast) saubere Kurven.

Kurven bei normalen 3-achs-gesteuerten UL

Diese müssen mit Querruder und Seitenruder eingeleitet werden. Die Gierbewegung um die Hochachse wird mit dem Seitenruder und die Rollbewegung um die Längsachse mit dem Querruder getrennt gesteuert. Bei sauber geflogenen Kurven harmoniert die Bank mit dem Kurvenradius. Eine gute Hilfe, die auch im Gerade-

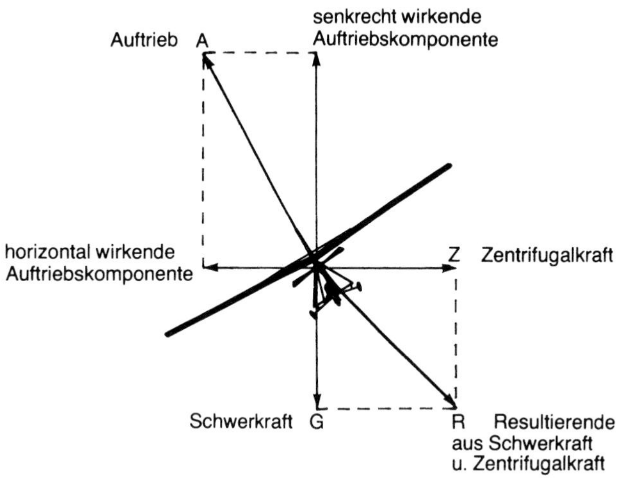

Die Luftkräfte im zu flachen Kurvenflug (Schiebekurve)

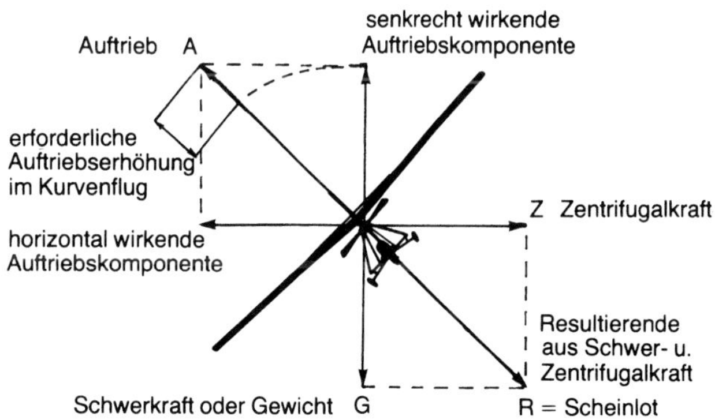

Die Luftkräfte im sauberen Kurvenflug

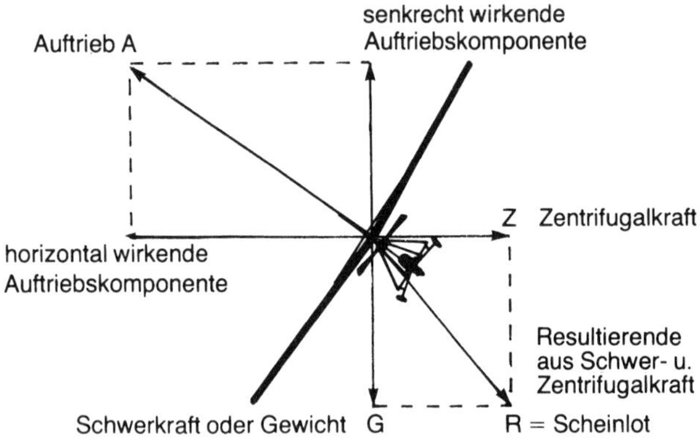

Die Luftkräfte im zu steilen Kurvenflug (Rutschkurve)

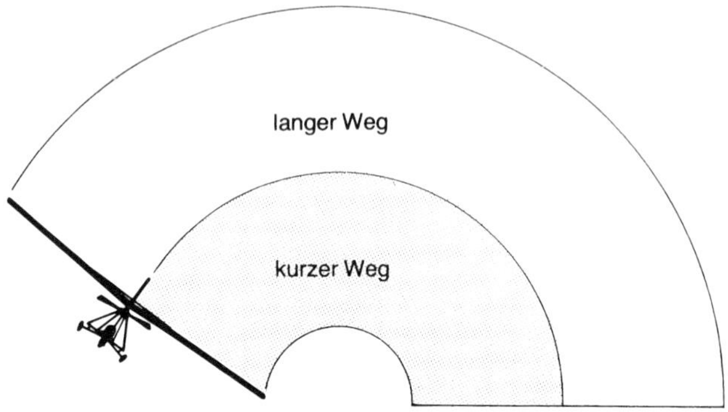

Die Flugbahnen der beiden Tragflächen im Kurvenflug

ausflug nützlich ist, besteht aus einem einfachen Wollfaden (10 cm genügen). Der Faden wird z. B. vorne am Instrumententräger angebracht. Solange er über eine mittige Marke weht, ist alles in Ordnung. Auch kleine Schiebewinkel lassen sich so leicht erkennen und korrigieren.

Eine Reihe von UL haben jedoch keine echten Querruder. Sie verwenden vielmehr Störklappen an der Tragflächenoberseite. Durch Aufstellen der Störklappen in der Kurve wird der Tragflügel abgebremst und der Auftrieb vermindert. UL dieser Bauart neigen eher zu Schiebekurven. Wieder andere UL verzichten ganz auf ein konventionelles Seitenleitwerk. Sie bremsen den kurveninneren Flügel durch senkrechte Endscheiben an den Tragflächen.

Die Kräfte beim Kurvenflug

Der Auftrieb muss in der Kurve neben der normalen Gewichtskraft auch die Zentrifugalkraft kompensieren. Man bezeichnet diese Summe als Kurvengewicht. Dieses Kurvengewicht wird im Vielfachen vom Normalgewicht ausgedrückt und als Lastvielfaches g bezeichnet. Ein Lastvielfaches von 2 g bedeutet also, dass auf dem Festigkeitsverband unseres UL das Doppelte des Normalgewichts wirkt.

Von 0–60° Bank (hier beginnt der Kunstflug) steigt das Lastvielfache von 1 auf 2 g,
von 60–90° steigt das Lastvielfache von 2 auf ∞ g.

Sauber geflogene Kurven mit 90° Bank sind deshalb unmöglich, vielmehr muss beim Kunstflug hier der Rumpf eine tragende Funktion übernehmen.

Es gibt zwei Gründe, warum mit jedem Flugzeug in der Kurve schneller geflogen werden muss als im Geradeausflug.

1. Der kurveninnere Flügel hat den kürzeren Weg und damit auch die geringere Luftgeschwindigkeit, die Strömung wird also hier zuerst abreißen.
2. Durch die Vervielfachung des Gewichtes beim Kurvenflug muss die Geschwindigkeit erhöht werden, damit sich der Auftrieb wieder im Gleichgewicht mit dem um das Lastvielfache erhöhten Kurvengewicht des UL befindet.

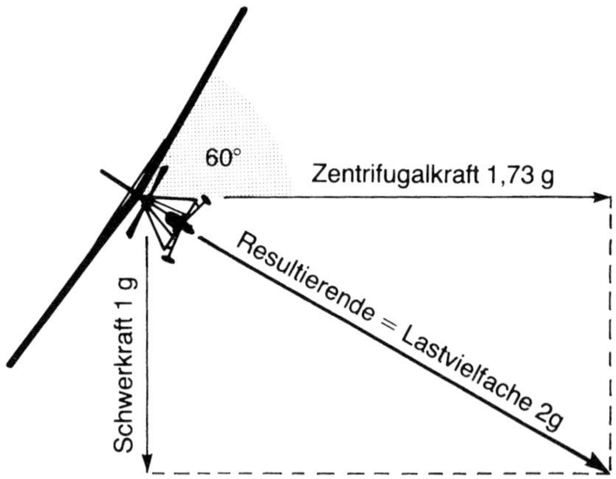

Bank	10°	20°	30°	40°	50°	60°	70°	80°	90°
Lastvielfaches	1,02	1,06	11,15	1,31	1,56	2,0	2,92	5,76	∞
Erhöhung der Überziehungsgeschwindigkeit	1,01	1,03	1,07	1,14	1,25	1,41	1,70	2,36	–

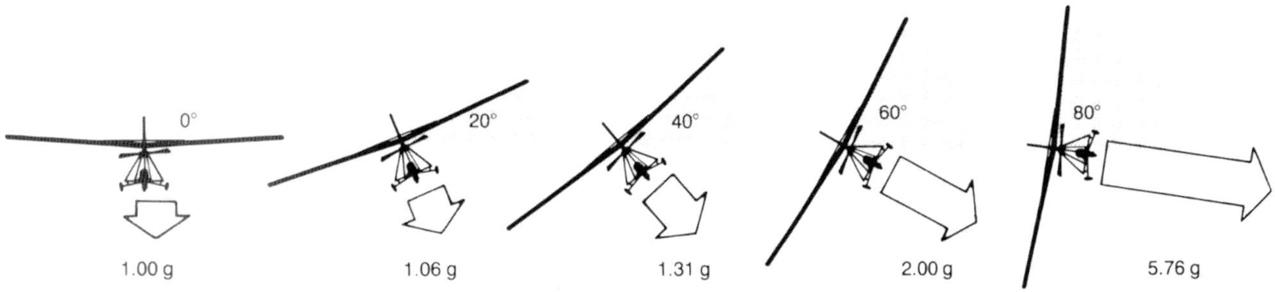

Nehmen wir ein Beispiel: Bei einer Bank von 60° tritt ein Lastvielfaches von 2 g auf. Hat unser UL eine Überziehgeschwindigkeit von 40 km/h, dann muss diese Kurve mindestens mit

$$40 \text{ km/h} \times \sqrt{2} = 56{,}4 \text{ km/h}$$

geflogen werden. Dazu kommt dann noch ein Faktor für den langsameren Kurveninnenflügel.

»Geschwindigkeit ist das halbe Leben.«

Der Merksatz – so alt wie die Fliegerei – gilt vor allem im Kurvenflug.
Diese Erfahrung ist auch Deutschlands vielleicht bekanntestem Flieger, Ernst Udet, in seiner Jugendzeit nicht erspart geblieben. Er musste mit einigen Tagen Bau büßen, als seine Maschine beim Kurven nach dem Start abgeschmiert ist.

Gefährliche Flugzustände

Trotz ihrem filigranen Aussehen sind die UL recht stabil gebaut. Konzipiert sind sie jedoch für gemütliche Ausflüge in die Luft, nicht für spektakuläre Flugmanöver. Denken wir nur an die Steuerung über Störklappen oder an die Einschränkungen, die uns die Gewichtskraftsteuerung auferlegt. Eines jedoch haben alle zugelassenen UL gemeinsam: Sie fliegen sicher und stabil, wenn sich der Pilot an die Betriebsgrenzen hält.
Wir fliegen mit unserem UL in Höhen, in denen es nicht sinnvoll ist zu versuchen, einen nicht gewollten Flugzustand durch Steuerversuche zu beenden. Wenn wirklich ein unbeabsichtigter, nicht kontrollierbarer Flugzustand auftritt – sofort Schirm ziehen! Trotzdem müssen wir einiges über solche Flugzustände wissen.
Das **Trudeln** ist eine Drehbewegung, die meist durch einen einseitigen Strömungsabriss eingeleitet wird. Entsprechend den Zulassungsvorschriften sind UL heute trudelsicher, d. h. das Trudeln endet von selbst, wenn alle Steuer losgelassen werden. Dies gilt jedenfalls, solange der Schwerpunkt der ganzen Maschine stimmt. Liegt der Schwerpunkt durch falsche Beladung zu weit hinten, kann die Trudelneigung stark zunehmen.
Eine trudelnde Maschine wird durch Gegensteuerung mit dem Seitenruder bei neutralem Querruder aus dem Trudeln gesteuert.
Mit dem Trudeln haben die Flugdrachen keine Probleme, für sie war der **Flattersturz** lange Zeit das Schreckensgespenst. Heute weiß man vor allem auch durch die Untersuchungen von Michael Schönherr um die Zusammenhänge. Beim Drachen ist das Pitch-up-Verhalten weitgehend abhängig von der Pfeilung und Schränkung. Das notwendige stabilisierende Moment wird von den Flügelenden erzeugt. Im normal befliegbaren

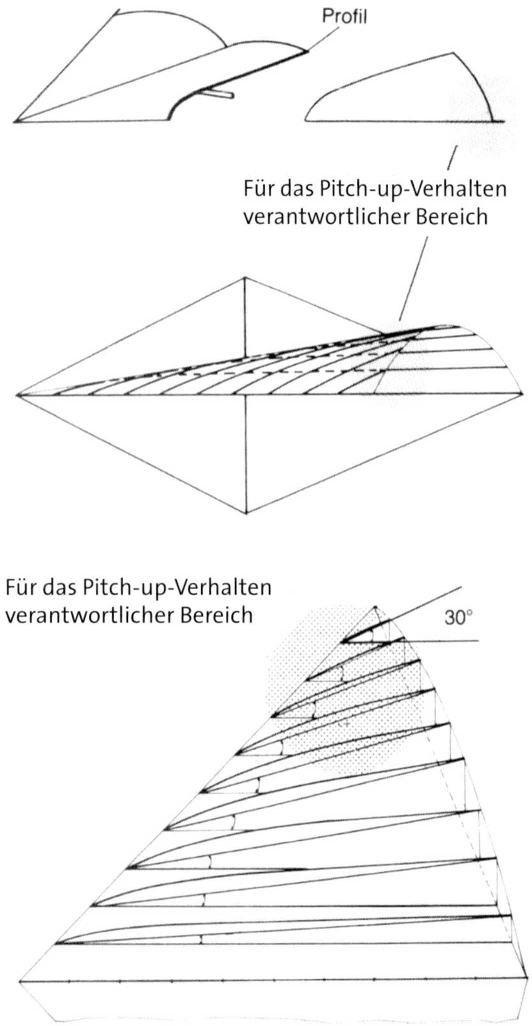

Prinzipieller Profilverlauf am Rogallodrachen, wie er bereits im Februar 1976 von Michael Schönherr veröffentlicht wurde. Er empfahl damals schon den Swiveltip, um das Einfallen des Segels im Schnellflug zu verhindern.

Geschwindigkeitsbereich ist der Druck unter dem Segel immer so groß, dass die Segelform erhalten bleibt. Wird das Segel jedoch durch eine Böe eingedrückt, so fehlt dem Drachen ohne schränkungserhaltende Maßnahmen das aufrichtende Moment. Er senkt seine Nase 45° nach unten, das Segel fällt ein und flattert. Der Drachen ist im stabilen Flugzustand des Flattersturzes. Der Pilot kann zwar noch Kurven fliegen, aber die Bahnneigung von etwa 45° bei einer Geschwindigkeit von etwa 100 km/h nicht verlassen. Durch den Einbau von schränkungsstabilisierenden Bauteilen wie Swiveltips oder Wingtips gehört diese Art von Unfällen aber, wie gesagt, der Vergangenheit an.

Der **Tuck** bei Nurflügelgeräten ist ein sehr schneller Überschlag nach vorne.
Die Belastungen am Gerät sind dann so groß, dass das Gerät brechen kann.
Eine typische tuckauslösende Situation ist eine hohe positive g-Belastung bei gleichzeitig großem Anstellwinkel.
Wann passiert das nun? Wenn der Pilot einen Looping versucht oder einen Wingover, den Scheitelpunkt nicht erreicht und zurückrutscht, bis sich die Hinterkante des Segels fängt. Aber auch beim Einflug in eine extreme Thermik, wie sie über Wüstengebieten möglich ist, sind Tuckunfälle bekannt geworden. Die Tuckgefahr reduzierende Maßnahmen sind nach heutigem Wissensstand gute Pitch-up-Werte und große Kiellänge im Segel.

Der Antrieb

Auf den ersten Blick hat sich nicht viel geändert. Antrieb des Eindeckers von Hans Grade 1909: 2-Takt-Motor 24 PS. Antrieb eines modernen UL: 2-Takt-Motor 24 PS (z. B. bei einfachen Einsitzern).
Doch es liegen Generationen zwischen den lärmenden, launischen Krachmachern früherer Zeiten (der Pilot brauchte damals noch eine Mechanikerausbildung) und den zuverlässig schnurrenden Maschinen unserer Tage. Rufen wir uns nur den Startvorgang von damals ins Gedächtnis, so wird der Fortschritt schon deutlicher. Unser Flugpionier kontrolliert die Frischölschmierung, stellt die Zündung auf spät, gibt noch einige Tropfen Äther in den Ansaugstutzen, sucht mit dem Propeller den Druckpunkt und wirft den Motor dann mit kräftigem Armschwung an. Außer einem müden »Plop« war der Erfolg meist gering.
Zu »mager« oder »ersoffen« war jetzt die Frage, vielleicht aber auch kein »Feuer«. Piloten mit guter Kondition hatten so natürlich die besseren Chancen, ihren Motor fauchend und knatternd zum Leben zu erwecken. Auch wenn der UL-Flieger heute lässig auf seinen

Elektrostarter drückt, sollte er sein Triebwerk nicht ganz vergessen. Nur durch regelmäßige Wartung und ein klein wenig Wissen um die Funktion wird der Pilot Freude mit einem zuverlässigen Triebwerk haben.

Motorbauarten

Der **Elektroantrieb** befindet sich noch im Versuchsstadium. Mit den heute verfügbaren Batterien sind bei einer für den Steigflug notwendigen Motorleistung von rund 6 kW Laufzeiten von ca. 10 Minuten realisierbar. Im Versuch laufen aber schon schnellladefähige Batterien neuer Technologie mit gegenüber heutigen Akkus verfünffachter Speicherkapazität – man rechnet dann mit etwa 180 Wh/kg.
Die reicht bei ca. 30 kg Batteriegewicht schon für einen ein- bis zweistündigen Elektroflug. Noch sind Segelflugzeuge mit Elektroantrieb für den Eigenstart seltene Exoten. Doch die UL-Piloten träumen von flüsterleisen ausdauernden Elektrofliegern.
Vor allem Günter Rochelt und Karl Friedl leisteten hier Pionierarbeit.
Ein Blick über den Zaun lohnt aber auch heute schon für die Anwender von Verbrennungsmotoren – die Elektroflieger verwenden aerodynamisch hervorragende und auch leise Luftschrauben, ein Prädikat, das für konventionelle Bauformen nicht immer gilt.

Verbrennungsmotoren: Im UL werden heute vorwiegend 2-Takt-Motoren eingesetzt. Doch die 4-Takter gewinnen immer mehr Anteile. UL-Diesel sind in Erprobung.
Nachstehend sollen deshalb die wichtigsten Kriterien von 2- und 4-Takt-Motor gegenübergestellt werden:

2-Takter: Billig, leicht, einfacher Aufbau, wenige mechanisch bewegte Teile, gutes Leistungsgewicht, Richtwert 1 kg/kW, jedoch laut mit schwieriger Auspuffanpassung, optimal nur in Resonanz für eine Drehzahl möglich. Die Verbrennungsgase expandieren nach jeder Zündung sofort in den Auspuff. Hoher Verbrauch. Richtwert 0,5 ... 0,8 l/h/kW, Normal- oder Superbenzin mit hochwertigem synthetischen 2-Takt-Ölgemisch 1:30 bis 100.

4-Takter: Schwer, relativ aufwändiger Ventiltrieb, teuer, Öl im Kurbelgehäuse, Leistungsgewicht zurzeit bei 1,5 kg/kW, jedoch leiser, gut zu dämpfen, da die Verbrennungsgase erst über einen eigenen Arbeitstakt in den Auspuff gedrückt werden. Geringer Verbrauch, Richtwert 0,3 ... 0,4 l/h/kW, Normal- oder Superbenzin.

Kühlung: Die einfachste Lösung ist die Luftkühlung durch den Fahrtwind oder den Luftschraubenstrahl. Aber auch die Zwangskühlung mit Gebläse ist üblich. Wassergekühlten Motoren – das Prinzip kennen wir

Rucksackmotor für Gleitschirme

Fascination

von unserem Pkw – wird bedingt durch den quasi doppelwandigen und damit steiferen Zylinder eine etwas geringere Körperschallabstrahlung nachgesagt.
Manche Motorstörung lässt sich erkennen, bevor sie Unheil anrichtet, wenn die Betriebstemperatur an der richtigen Stelle gemessen wird.
Bei luftgekühlten Motoren ist es die Zylinderkopftemperatur an einer Kühlrippe oder am Zündkerzensitz. Üblich sind hier bis etwa 250 °C. Bei wassergekühlten Motoren ist es die Kühlmitteltemperatur wie beim Pkw. Üblich sind bei UL-Motoren etwa 80 °C.
Unabhängig vom Motorentyp liefert die Abgastemperaturmessung – üblich sind bis ca. 650 °C – zuverlässige Werte.
Verbindlich sind jedoch die Angaben aus dem Betriebshandbuch des Herstellers.
Bevor ein Motor mit voller Drehzahl belastet wird, sollte er einige Minuten warmlaufen. Durch Handauflegen am Zylinderkopf spüren wir am besten, wann der Motor die Betriebstemperatur erreicht.

Motor und Leistung

Die Leistung eines Motors ist das Produkt aus Drehmoment und Drehzahl. Das Drehmoment ergibt sich aus dem mittleren Verbrennungsdruck und dieser hängt ab von der zugeführten Luftmenge. Die Leistung des Motors lässt sich deshalb durch Drosseln der Luftmenge verringern. Man muss nur noch dafür sorgen, dass auch die jeweils zur Verbrennung notwendige Menge Benzin mit angesaugt wird. Diese Aufgabe übernimmt der Vergaser. Im einfachsten Fall wird über den Schieber die Luftmenge reguliert und die daranhängende konische Düsennadel übernimmt die Kraftstoffdosierung. In der Mischkammer verdampft ein Teil des Kraftstoffes, sodass vom Motor ein Benzin-Luft-Gemisch angesaugt wird. Ideal wäre eine stöchiometrische Verbrennung, wenn der angesaugte Luftsauerstoff durch die verbrennende Benzinmenge gerade verbraucht wird. In der Praxis wird der Motor aber etwas fetter eingestellt.
Er enthält dann mehr Sprit, läuft kühler und dies ist der Zuverlässigkeit und Lebensdauer sicher dienlich, während ein mager, d. h. möglichst sparsam eingestellter Motor zum Überhitzen neigt. Das Gemisch abzumagern ist nur sinnvoll, wenn unser UL über 2000 m MSL eingesetzt werden soll. Da die Motorleistung eine Funktion der angesaugten Luftmenge ist (dass genügend Sprit da ist, setzen wir voraus), wirken sich atmosphärische Veränderungen ganz drastisch auf die Leistung aus.

Leistungsmindernde Faktoren sind:

Höhe:	Verlust etwa 10% pro 1000 m Höhe, bedingt durch die abnehmende Luftdichte.
Temperatur:	etwa 1% pro 5 °C Temperatursteigerung, bedingt durch abnehmende Luftdichte.
Feuchtigkeit:	Verlust, bedingt durch den in der Luft enthaltenen Wasserdampf mit geringem spezifischen Gewicht.

Der Leistungsverlust durch atmosphärischen Einfluss wirkt neben dem Motor gleichermaßen auf Luftschraube und Tragfläche.
Er ist im praktischen Flugbetrieb deshalb ganz drastisch spürbar.

Vergaservereisung

Durch den Unterdruck im Saugrohr hinter der Drosselstelle sowie durch das verdunstende Benzin kühlt sich das Luft-Benzin-Gemisch ab. Unterschreitet die Luft in der Mischkammer den Taupunkt und die Nullgradgrenze, kann der kondensierende Wasserdampf im Saugrohr gefrieren. Vergaservereisung tritt in der Regel bei hohen Luftfeuchtigkeiten zwischen –5 und +15 °C auf. Bei tieferer Temperatur ist die absolute Feuchte zu gering. Bei höheren Temperaturen reicht die Temperaturabsenkung in der Mischkammer nicht aus. Vorwärmen der Ansaugluft z. B. durch den Auspuffkrümmer ist deshalb auch das beste Gegenmittel, jedoch immer verbunden mit einem Leistungsabfall durch die verminderte Füllung. Jede Vorwärmung muss deshalb abschaltbar sein. Versuche werden auch mit elektrischer Saugrohrheizung gemacht. Ansaugstutzen mit Vaseline einreiben oder dem Kraftstoff Additive beigeben werden als Geheimtipp gehandelt.
Additive gibt es beim Autozubehörhandel, vor dem Beimischen sollten wir jedoch die Freigabe durch den Motorhersteller einholen.

Die Aerodynamik der Luftschraube

Die Luftschraube hat die Aufgabe, die drehende Kraft des Triebwerks in eine gradlinige Kraft, den Schub, zu verwandeln. Dazu wird die Luft angesaugt, beschleunigt und mit hoher Geschwindigkeit nach hinten ausgestoßen. Am besten ist der Wirkungsgrad einer frei laufenden Luftschraube. Wenn die Luftschraube jedoch bereits turbulente Luft ansaugt, wie es in der Regel bei den Trikes der Fall ist, kann der Wirkungsgrad stark zurückgehen und die Lautstärke steigen. Bei 3-Blatt-Luftschrauben kann die gleiche Leistung mit niedrigerer Drehzahl umgesetzt werden. Dadurch sind 3-Blatt-Luftschrauben leiser als 2-Blatt-Luftschrauben.
Hohe Drehzahlen wirken sich negativ auf Wirkungsgrad und Geräuschentwicklung aus. Eine typische UL-Luftschraube mit 1,5 m Durchmesser erreicht bei 1600 U/min an den Blattspitzen eine Umlaufgeschwindigkeit von 450 km/h.
Ein Luftschraubenblatt besitzt ein Profil ähnlich einer Flugzeugfläche und ist so geschränkt, dass die Steigung über die gesamte Blattlänge konstant ist. Man bezeichnet dies mit **geometrischer Steigung** (G), vergleichbar mit der Ganghöhe einer Holzschraube. Der **Einstellwinkel**, der sich aus der geometrischen Steigung ergibt, wird in 0,7 r Abstand von der Nabe gemessen.
Bei einstellbaren Luftschraubenblättern sind spezielle Einstelllehren zu verwenden – die Markierungen an der Nabe sind unbrauchbar, weil viel zu ungenau.

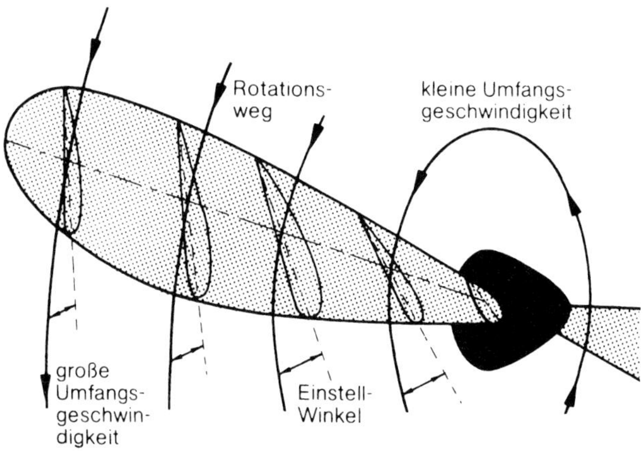

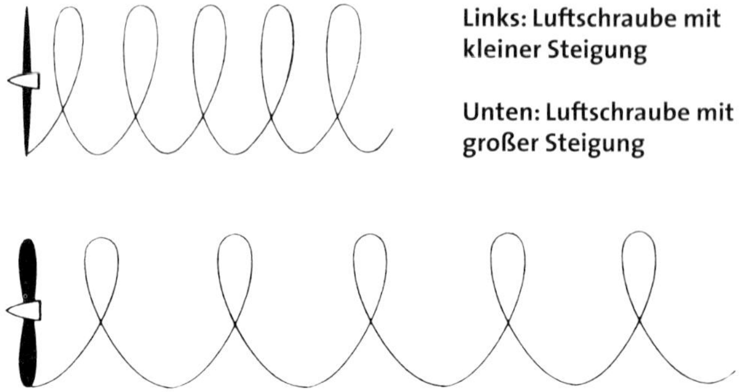

Links: Luftschraube mit kleiner Steigung

Unten: Luftschraube mit großer Steigung

Gebräuchlich sind Winkel von 10° (für hohe Drehzahl) bis 25° (für niedrige Drehzahl).
Die Geschwindigkeit der abströmenden Luft ist jedoch geringer, als man aufgrund einer Rechnung aus Steigung und Drehzahl erwarten könnte. Die bei einer Umdrehung aufgrund der Geschwindigkeit des Luftschraubenstrahls erhaltene Steigung bezeichnet man mit **aerodynamischer Steigung** (A). Zwischen geometrischer und aerodynamischer Steigung liegt der **Schlupf,** ausgedrückt in

$$S = \frac{G - A}{G} \times 100\ (\%)$$

Der **Schub** nimmt mit steigender Fluggeschwindigkeit ab und geht gegen null, wenn die TAS die Strahlgeschwindigkeit erreicht.
Für den **Standschub** können wir bei UL mit untersetzter Luftschraube als Richtwert die PS-Zahl des Motors mal 30 nehmen. Ein 20-PS-Motor wird uns also etwa 600 N Standschub liefern.

Material und Pflege der Luftschraube

Die Luftschraube ist eines der am härtesten beanspruchten Bauteile am UL. Nicht die Fliehkraft, sondern in erster Linie die durch Schwingung verursachten Torsions- und Biegemomente sind besonders kritisch.

Holz ist hier noch ein unerreicht robustes Baumaterial. Es ist leicht, kerbwirkungs- und schwingungsunempfindlich und erfordert nur ein Mindestmaß an Pflege. Die Oberfläche sollte immer spiegelblank poliert sein

(Autowachs). Oberflächenverletzungen sollten wir sofort ausschleifen und nachlackieren (Spraydose).
Unwuchten nach Reparaturen testet man mit Tesafilm bei voller Drehzahl aus und behebt sie mit Lack aus der Spraydose. Aerodynamische Unwuchten, d. h. unterschiedlicher Zug der Blätter, kann bei Verstellblättern in Grenzen behoben werden, sonst bleibt nur die Anschaffung einer neuen Schraube. Der Schutz der Anströmkante mit Tesaband oder Alufolie muss mit Leistungseinbuße und mit mehr Lärm bezahlt werden.

Verbundwerkstoffe wie Glasfaser, Carbon oder Aramid setzen sich auch bei UL-Luftschrauben immer mehr durch. Bei Beschädigungen ist grundsätzlich ein Fachmann zu Rate zu ziehen.

Vorsicht: Ein abgerissenes Blatt fliegt in der Luftschraubenebene nach außen wie ein Geschoß weg, genau wie Steine oder Schrauben, die von der Luftschraube getroffen werden. Leichte Teile werden vom Schraubenstrahl nach hinten gewirbelt. Eine Grundregel sollte eisern eingehalten werden:
Nie darf sich die laufende Luftschraube zwischen einem Helfer und dem Piloten befinden – zu leicht kann das rotierende Blatt übersehen werden – und die Verletzungsfolgen sind fürchterlich.

Große Luftschraubendurchmesser für niedrige Drehzahlen

Nützliches aus der Theorie

Ohne nun auf die Theorie der Luftschraube näher einzugehen, ist es so, dass sich bei einem Prop, der im Stand betrieben wird, die Antriebsleistung mit der 3. Potenz der Drehzahl ändert.
Der Durchmesser der Luftschraube geht sogar mit der 5. Potenz und die Luftdichte nur linear ein. Die komplette Formel lautet:

$$Po = Dp^5 \times \rho L \times cp \times n^3$$

Dabei bedeuten
Po = im Stand aufgenommene Leistung in Watt
Dp = Propdurchmesser in Meter
ρL = Luftdichte (1,223 kg/m³)
n = Drehzahl in Umdrehungen pro Minute
cp = Leistungsbeiwert des Props

Dieser Leistungsbeiwert muss für jede Luftschraube individuell ermittelt werden. Er ist abhängig von der effektiven Blattbreite, von der Steigung und der Stei-

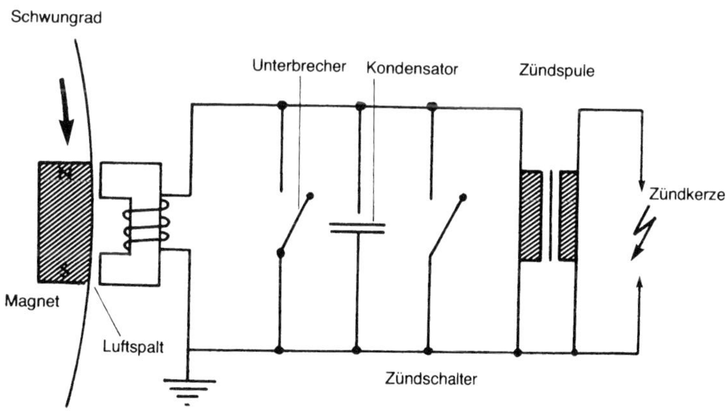

gungsverteilung, vom Profil und der Anzahl der Blätter.
Für Abschätzungen von Leistungsänderungen am Flugfeld kann man für kleine Drehzahländerungen hinreichend genau rechnen mit Drehzahländerung in % mal 3 = Leistungsänderung in %.

Beispiel:

Unser Motor bringt bei Auslieferung 4000 U/min, nun schafft er nur noch 3800 U/min:

$$\text{Drehzahländerung in \%} = \frac{200}{4000} \times 100 = 5\%.$$

$$\text{Leistungsverlust} = 5\% \times 3 = 15\%.$$

Die Zündung

Bei UL-Triebwerken werden neben reinen Magnetzündanlagen zunehmend doppelte Magnetzündanlagen mit elektronischer Steuerung eingesetzt. Die Zündung ist batterieunabhängig, und jeder Zylinder hat seine Zündspule. Die Zündspannung erreicht 20 000 Volt.
Durch einen im Schwungrad integrierten Dauermagneten wird in einer feststehenden Spule mit Eisenjoch ein Stromimpuls niedriger Spannung erzeugt.
Erst in der Zündspule, die dann in Nähe der Zündkerze sitzt, wird die niedrige Spannung in Hochspannung transformiert. Ein falsch eingestellter Zündzeitpunkt kann zu Motorschäden führen. Zu viel Frühzündung hat thermische Überlastung zur Folge.
Bei Spätzündung erreicht der Motor seine Leistung nicht. Durch Kurzschließen im Niederspannungsteil wird die Zündung ausgeschaltet.
Während der Niederspannungsteil der Zündanlage gegen Feuchteeinwirkungen ziemlich unempfindlich ist, sollte vor allem die Zündspule im Hochspannungsteil vor Nässe gut geschützt sein.
Die regelmäßige Kontrolle der Zündkerzen liefert wichtige Anhaltspunkte für die Vergasereinstellung. Ideal ist ein etwa rehbrauner Isolator. Ein schwarzbrauner, oft rußig fettiger Belag lässt auf zu fette Einstellung schließen. Er kann aber auch entstehen, wenn der Motor lange Zeit im Leerlauf oder in niedrigen Lastbereichen gelaufen ist, ohne seine Betriebstemperatur zu erreichen.
Als Alarmzeichen gilt ein hellgrauer Isolator, auf dem manchmal sogar die Spuren von geschmolzenem Aluminium (vom Kolbenboden) zu erkennen sind. Der Motor ist hier eindeutig thermisch überlastet, z. B. durch zu magere Einstellung.
Für alle Wartungsarbeiten am Triebwerk sollte man sich an die Angaben im jeweiligen Betriebshandbuch halten.

Motorbedienung

Über die günstigste Anordnung des Gashebels herrscht bei den UL-Herstellern noch keine Einigkeit.
Im Interesse einer einheitlichen Bedienung – niemand kommt bei Autos auf die Idee, das Gaspedal wahlweise rechts oder links oder für Handbedienung einzubauen – sollten die nachstehend in Anlehnung an die zivile Luftfahrt aufgezeigten Möglichkeiten realisiert werden. Die Anordnungen haben sich auch in der Praxis am besten bewährt.
In Stresssituationen tragen standardisierte Bedienungselemente außerdem wesentlich zur Entlastung der Piloten bei.

Hebel nach vorne:	Mehr Schub
Hebel nach hinten:	Weniger Schub
Zündschalter nach vorne oder oben:	Ein
Zündschalter nach hinten oder unten:	Aus

Manche Hersteller rüsten ihre Trikes mit Fußgas aus. Hier wird als Ergänzung ein zusätzlicher Handgashebel empfohlen.

Elektronisches Motormanagement

Bei einigen Motoren, die aus dem Kfz- oder Motorradbau übernommen werden, ist nach Anpassung an den UL-Betrieb das serienmäßige elektronische Motormanagement für die Steuerung von Zündung und Einspritzmenge zuständig, sogar eine Höhenkorrektur ist integriert. Aufgrund der Bewährung bei höchsten Stückzahlen sind diese Anlagen sehr zuverlässig.
Die Möglichkeiten zur Selbsthilfe (S. 56 ff.) sind allerdings sehr eingeschränkt.

Fliegen mit Motor

Gingen wir bei den vorstehenden Betrachtungen noch davon aus, dass der Motor konstanten Vortrieb liefert, so werden wir nachstehend den Einfluss des Vortriebes auf das Flugverhalten betrachten.
Wenn der Pilot die Leistung seines Motors erhöht, so hat er die Wahl, den erhöhten Schub umzusetzen in höhere Geschwindigkeit oder in Höhengewinn. Entscheidet er sich für Höhengewinn, so wird er den Geschwindigkeitsmesser im Auge behalten und sein UL so austrimmen, dass er mit optimaler Steiggeschwindigkeit fliegt (wie groß die ist, steht im Flughandbuch). Ein größerer Anstellwinkel bringt hier mehr Auftrieb, aber auch mehr Widerstand und damit langsameren Flug.
Will der Pilot den ganzen zusätzlichen Schub einsetzen, um schneller zu fliegen, so muss er den Anstellwinkel des Tragflügels vermindern, bis der Gesamtwiderstand und der Auftrieb, der nun aufgrund der höheren Geschwindigkeit schon bei kleinerem Anstellwinkel erreicht wird, wieder mit Vortrieb und Gewicht im Gleichgewicht sind.

Die Geschwindigkeitspolare

Der Einfluss der Motorleistung auf Steig- und Sinkgeschwindigkeit kann anschaulich dargestellt werden in der **Geschwindigkeitspolare** des UL.
Der nutzbare Geschwindigkeitsbereich wird begrenzt, unten durch die Geschwindigkeit, bei der die Strömung abreißt, oben durch die mechanische Festigkeit des UL. Die zulässige Höchstgeschwindigkeit VNE (NE steht für never exceed) darf niemals überschritten werden. Wir erinnern uns hier nochmals, dass die Luftkräfte im Quadrat zur Geschwindigkeit zunehmen.
Neben der besten Steiggeschwindigkeit im Scheitel der Kurven verrät uns die Geschwindigkeitspolare eine Reihe weiterer wichtiger Einzelheiten. Die Tangente von der Kurve zum Nullpunkt kennzeichnet den Punkt des steilsten Steigens, wissenswert beim Start über ein Hindernis.
Läuft der Motor gedrosselt mit Reiseleistung – beim UL liegt die bei etwa 60% von der Maximalleistung –, dann besteht immer noch die Möglichkeit, etwas langsamer zu fliegen und dafür Höhe zu gewinnen. Bei weiter gedrosseltem Motor oder Leistungsverlust durch Triebwerksstörungen wird der ohne Höhenverlust nutzbare Geschwindigkeitsbereich immer geringer, ist kein Leistungsüberschuss mehr vorhanden, so bedeutet jede Abweichung vom Geschwindigkeitsbestpunkt einen Höhenverlust. Sowohl schneller als auch langsamer fliegen bringt unser UL jetzt zum Sinken.
Aus dem Diagramm entnehmen wir auch, wie gefährlich es wird, wenn man mit zu geringer Geschwindigkeit Höhe verliert und versucht, durch Vergrößern des Anstellwinkels (weitere Widerstandszunahme!) gegenzusteuern. Der Strömungsabriss steht dann unmittelbar bevor. Wesentlich sicherer ist immer, mit einer kleinen Geschwindigkeitsreserve zu fliegen. Vor allem in Notlagen hält man sich auf der sicheren Seite, nämlich über der Geschwindigkeit des besten Steigens oder des äußersten Schwebens. Auch ein Kurven ohne Höhenverlust ist in diesem Schwebezustand unmöglich.
Zum normalen Gleiter wird das UL schließlich, wenn der Motor steht.

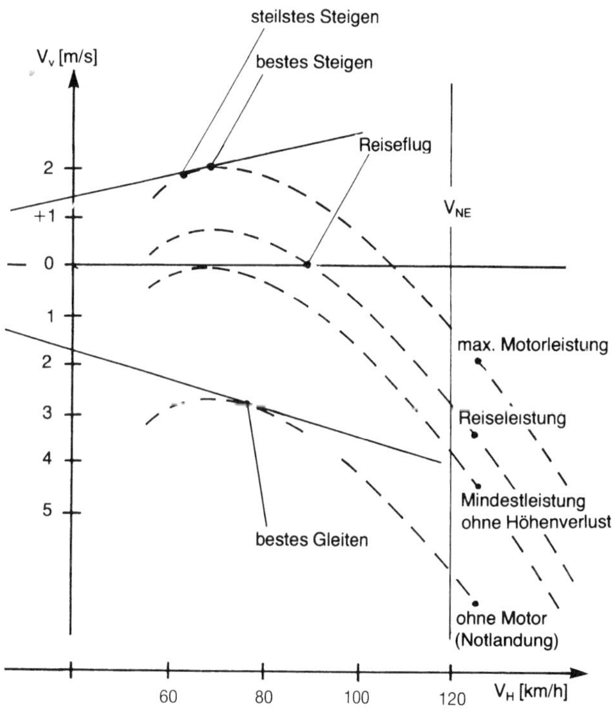

Geschwindigkeitspolare. Prinzipmuster. Veröffentlichungen von UL-Herstellern sind nicht bekannt.

Motoreinflüsse auf das Flugverhalten

Einflüsse von Schubveränderungen auf das Nickmoment sind bei den UL, bei denen der Schubvektor in der Nähe der Achse des Widerstandsvektors läuft, kaum bemerkbar.
UL, bei denen der Motor im Rücken des Piloten an der Gondel montiert ist, reagieren dagegen ganz deutlich auf Veränderungen der Motorleistung. Der Schubvektor verläuft hier meist unterhalb des Widerstandsangriffspunktes.
Nehmen wir an – der Motor fällt aus:
Der Luftwiderstand ist jetzt noch voll wirksam, während der Vortrieb fehlt. Die Nase unseres UL wird sich sofort absenken. Dies ist auch durchaus erwünscht. Der im Gleitflug entstehende Höhenverlust muss nun die Energie zum Überwinden des Luftwiderstandes liefern, die Energie, die sonst vom Motor bereitgestellt wird.
Einflüsse des **Luftschraubendralls** auf die Hochachse sind meist beim UL mit Seitenleitwerk spürbar. Der Luftschraubenstrahl ist kein gerade nach hinten gerichteter Luftstrahl. Er bekommt vielmehr von der Luftschraube eine Drehbewegung, einen Drall, mit auf den Weg. Während das durch den drehenden Luftstrahl am Tragwerk und Leitwerk erzeugte Rollmoment bei den geringen Motorleistungen der UL nicht fühlbar ist, muss das am Seitenleitwerk erzeugte Giermoment oft durch eine so genannte Bügelkante, ein kleines Trimmruder in Form eines Blechstreifens, ausgeglichen werden.
Der **Motordrall** wirkt auf zweifache Weise auf ein Flugzeug. Beim gleichförmigen Lauf wird das Drehmoment des Motors auf der einen Seite auf die Luftschraube übertragen, auf der anderen Seite muss sich der Motor aber auf dem UL quasi abstützen. Große Luftschrauben mit den daraus resultierenden großen Momenten bedingen unter Umständen deutliche Steuerkorrekturen.

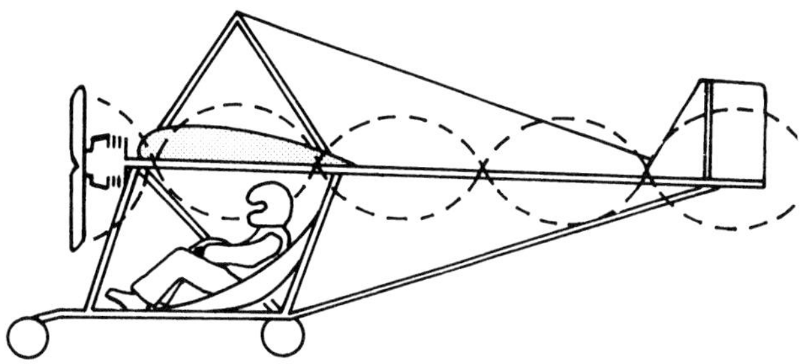

Fahrwerk und Gondel

Beim **Hängegleiter mit Hilfsmotor** am Ausleger und den Hilfsrädern an der Trapezbasis besteht das Fahrgestell aus den Beinen des Piloten, diese müssen für Start und Landen herhalten. Bei einem Gesamtgewicht von ca. 45 kg werden sicher nur sportliche Naturen an diesem System Gefallen finden. Aber es kommt dem Traum vom Drachen mit Hilfsmotor, der noch mit 1,3–1,5 m/s Sinken gesegelt werden kann, am nächsten.

Beim **Spornrad-Fahrwerk** liegt der Schwerpunkt hinter dem Hauptfahrwerk. Dadurch sind nur gerade Landungen ohne Probleme möglich. Setzt dagegen ein Rad zuerst auf und bremst das Flugzeug, so versucht die Maschine, sofort nach dieser Seite auszubrechen. Dies kann dann oft mit dem berühmten Ringelpitz und kaputter Fläche enden.

Das **Bugrad-Fahrwerk** ist hier wesentlich fehlerverzeihender. Der Schwerpunkt liegt vor dem Hauptfahrwerk und richtet das System auch bei schrägem Aufsetzen sofort stabil aus. Wichtig ist nur, dass das Hauptfahrwerk zuerst aufsetzt. Vor allem Trikes, die sich in der

PH-2Y5

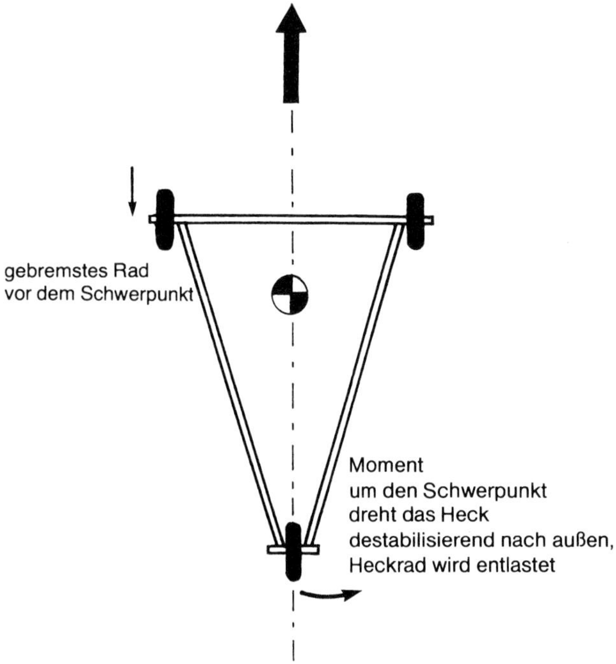

Spornrad-Fahrwerk

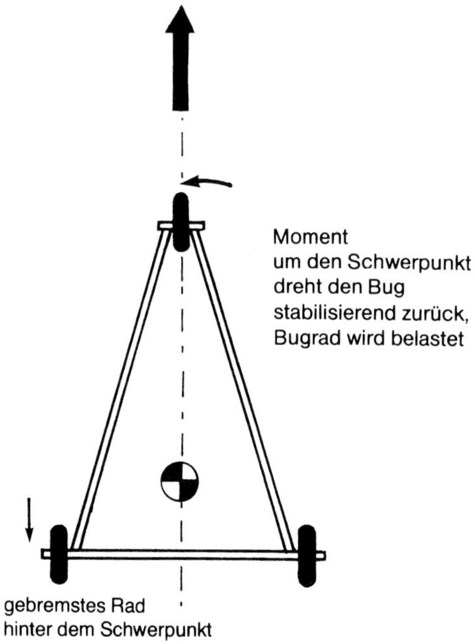

Bugrad-Fahrwerk

Schulung bewährt haben, hängen deshalb auf den ersten Blick etwas komisch, mit hoch erhobenem Bugrad, unter der Fläche.

Neben der Aufgabe, unser UL mobil zu machen, muss das Fahrwerk aber auch härtere Landestöße abfangen, ohne dem Rückgrat des Piloten unzumutbare Belastungen aufzubürden. Es ist nicht damit getan, dass das Fahrwerk eine hohe statische Last aushält. Noch wichtiger ist das Arbeitsaufnahmevermögen der Federung, wenn wir unser UL in einer Böe einmal mit 2 m/s Sinken auf die Piste setzen. Im Extremfall bei einer Schirmlandung kommen wir immerhin mit rund 6 m/s zu Boden. Ob die Energie dann von der Federung oder durch Deformation des Fahrwerks aufgenommen wird, ist im Prinzip gleich. Wichtig ist, dass genügend Feder- oder Deformierweg zur Verfügung steht, sodass wir selbst heil bleiben. Aus der nachstehenden Kurve kann das Lastvielfache entnommen werden, wenn man idealisiert davon ausgeht, dass über dem ganzen Federweg eine konstante Verzögerung auftritt.

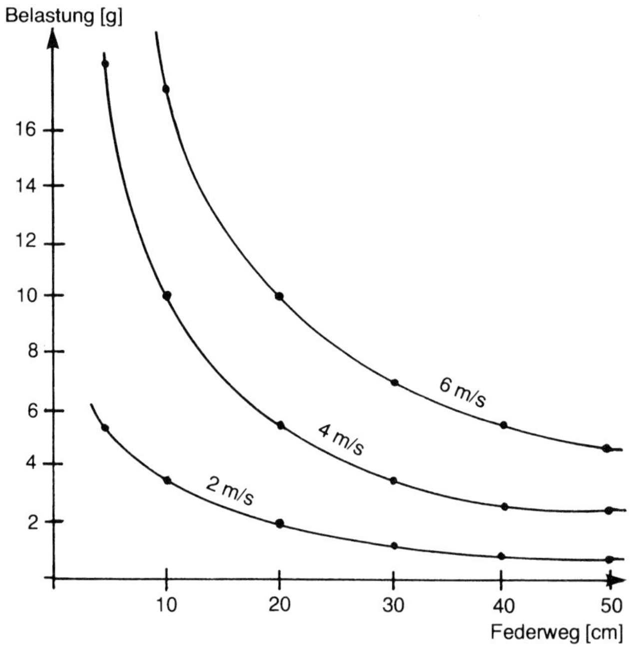

Landestoß in g bei verschiedenen Vertikalgeschwindigkeiten und Federwegen.

Geräusch

Der Traum vom lautlos durch die Luft gleitenden UL ist technisch nicht zu realisieren. Doch die Entwicklung hat uns heute UL beschert, deren Geräusch bei einer Reiseflughöhe von 600 m vom normalen Umweltgeräuschpegel übertönt wird. Die frühere Überflugmessung bei Volllast ist heute durch ein aufwändiges Verfahren ersetzt, das den Gegebenheiten der Praxis besser gerecht wird. UL mit guten Steigwerten bekommen einen Bonus, da sie die Reiseflughöhe schneller erreichen.

Das derzeit gültige Verfahren in Stichworten:

- Es wird nicht nach Ein- und Zweisitzern unterschieden.
- Die Entfernung zwischen Startpunkt und Messpunkt beträgt 2500 m.
- Das UL startet mit maximaler Beladung und fliegt mit maximalem Steigen auf den Überflugmesspunkt zu.
- Beim Überflug darf es nicht lauter als 60 dB(A) sein.
- Beim Überflug darf es nicht höher als 450 m sein.
- In der Praxis wird ein simuliertes Überflugverfahren angewendet, da die geografischen und meteorologischen Voraussetzungen in der Praxis kaum einzuhalten sind (z. B. Gegenwind).

Geringe Geräuschemission freut zwar unsere Mitbürger, aber die Piloten und Mitflieger sind auf ein anderes Hilfsmittel angewiesen, um ihre Ohren zu schonen.
Dank aktiver Schallunterdrückung mit moderner Elektronik ist mit gut angepassten Ohrhörern der Lärm für den Benutzer fast nicht wahrnehmbar.
Wenn wir die Grundlagen der Akustik kennen und dazu noch die Anregungen aus dem Kapitel Umweltschutz beachten, fällt es uns leichter, unser Verhalten so einzurichten, dass für UL auch stehen kann **»umweltfreundlich«** und **»leise«**.

Theorie

Das Messen von Geräuschen ist eine recht verzwickte Sache. Mit Geräten kann wohl der physikalische Wert des Schalldruckes bestimmt werden, gemessen wird er in µPa, sprich Mikropascal. Dies ist der Druck, den Schallwellen auf eine Membrane, z. B. auf das menschliche Ohr, ausüben. Dieser physikalische Wert sagt aber noch nichts über den Lautstärkeeindruck beim Menschen aus; deshalb zuerst ein paar Worte über unser Ohr:
Der **Empfindungsbereich** beginnt bei etwa 16 Hz und reicht bis nahe 20 000 Hz. Am empfindlichsten ist unser Ohr zwischen 200 Hz und 5000 Hz, dies ist der Bereich, in dem auch die Sprache angesiedelt ist. Kurze impulsartige Schallereignisse werden übrigens nicht als so laut empfunden wie gleichartige, länger andauernde Geräusche.
Bei der Definition des Schallpegels hat man, soweit technisch möglich, auf das menschliche Ohr Rücksicht genommen. Ausgangspunkt für die Schallpegelmessung ist die menschliche Hörschwelle (sie liegt bei 20 µPa Schalldruck und 1000 Hz). Diesen Punkt hat man mit 0 dB – sprich Dezibel – definiert. Die dB-Skala erreicht bei 140 dB, entsprechend einem Schalldruck von 200 000 000 µPa, die Schmerzgrenze. Die Empfindlichkeitskurve des menschlichen Gehörs bildet man durch einen Filter nach (er unterdrückt sehr tiefe und auch sehr hohe Frequenzen, auf die unser Ohr auch weniger reagiert). Diesem Filter hat man den Namen »A« gegeben.
Schließlich wird in »der Lärmschutzforderung für Luftfahrzeuge« (LSL) die Zeitbewertung »S« (slow, langsam) mit 1,0 Sekunde Zeitkonstante vorgeschrieben. Diese Zeitkonstante sorgt auch dafür, dass kleine »Schalllöcher«, aber auch »kurze Spitzen« ausgeglichen werden.
Die **Lästigkeit** eines Geräusches ist ein psychologisches Problem und entzieht sich jeder messbaren Bewertung, man denke nur an den mit vielleicht 35 dB(A) tropfenden Wasserhahn und die 90 dB(A) eines Beethoven'schen Fortissimo.
Das Dezibel, kurz dB genannt, ist eine logarithmische Einheit. Ohne jetzt näher auf mathematische Zusammenhänge einzugehen, ergeben sich daraus einige Gesetzmäßigkeiten, die wir in der Praxis durchaus nutzen können und die auch leicht zu merken sind. Sicher ist allerdings, dass hier normales Addieren oder Subtrahieren verschiedener Schallquellen nicht funktioniert.

Wichtigster Grundsatz ist:

Eine Verdoppelung der abgestrahlten Schallleistung entspricht einer Zunahme des Schallpegels um 3 dB(A). Zum Beispiel erzeugt ein UL im Überflug in 150 Meter Höhe 55 dB(A). Fliegen nun 2 UL in 150 Meter Höhe, so erzeugen sie zusammen einen Schallpegel von 55 + 3 = 58 dB(A).

Des Weiteren gilt:

Eine Verdoppelung des Abstandes von der Schallquelle (im freien Feld) vermindert den Schallpegel um 6 dB(A). Lassen wir also unser 55-dB(A)-UL nicht in 150 Meter, sondern in 300 Meter Höhe fliegen, so vermindert sich der Schallpegel am Boden auf 55 – 6 = 49 dB(A).
Eine Verdoppelung der Lautstärke entspricht einer Pegelzunahme von 10 dB(A). Das heißt, ein Geräusch von 60 dB(A) erscheint uns doppelt so laut wie eines mit 50 dB(A).

Tipps zur Selbsthilfe

Die Verbände und Behörden meinen es gut mit uns ULern. Wartungsarbeiten können wir selbst erledigen, genauso wie kleine Reparaturen, solange sie fachgerecht ausgeführt werden und weder die Betriebssicherheit noch die Festigkeit noch die Geometrie verändern.
Ausdrücklich warnen möchten wir aber vor dem beliebtesten aller Reparaturmittel, dem Selbstklebeband, kurz Tape genannt. Tape ist völlig unbrauchbar bei Vibrationen und auch bei statischen Belastungen. Der Klebstoff »kriecht« unter Belastung auf der Unterlage, was heißt, das Band ist in kurzer Zeit irgendwo, nur nicht dort, wo es seine Funktion erfüllen soll.
Kabelbinder aus Kunststoff oder ein Klettband erfüllen die gleiche Aufgabe viel besser, und wo die nicht helfen, gibt's nur eine Lösung, die technisch einwandfrei ist: die tapefreie Lösung.

Anschließend einige Tipps zum Beheben von Störungen, die am Flugfeld immer wieder mal auftreten. Meist sind ganz einfache und triviale Fehler der Grund für unseren Kummer.

Am Motor

Fangen wir deshalb gleich beim Motor an, der nicht mehr anspringen will, obwohl er gestern noch klaglos gelaufen ist. Dafür stehen vier mögliche Ursachen zur Wahl:

Links: Wartungsarbeiten am Motor

Rechts: Den Motor von Hand anwerfen (siehe auch S.57)

- zu viel Sprit, das heißt, der Motor Ist »ersoffen«,
- zu wenig Sprit,
- keine Zündung,
- keine Kompression.

Das Einkreisen des Fehlers könnte vielleicht so aussehen:

Zündung aus, Choke aus, Vollgas.
Motor 5 Sekunden durchdrehen.
Zündung ein, Choke aus, Vollgas.
Anlassversuch – wenn kein Erfolg, Zündung ein, Choke ein, Gas auf Anlassstellung.
Anlassversuch.

Wenn sich kein Erfolg einstellt, fällt schon das erste Kriterium weg, der Motor war vermutlich nicht »ersoffen«.
Es folgen eine Sichtkontrolle der Benzinzufuhr von Tank, Benzinschlauch, Handpumpe, Benzinpumpe, Filter, Brandhahn bis Vergaser und Impulsleitung zur Benzinpumpe sowie die Zündungskontrolle. Das heißt, Zündkerzen herausschrauben, Zündkerzenstecker, Zündkabel und Zündspulen trockenreiben (vielleicht sind sie feucht vom Morgentau). Nun kontrollieren, ob alle Kabel fest sind – auch die Zuleitungen zur Zündspule. Nun neue Kerzen einstecken (wirkt manchmal Wunder) und mit dem Sechskant an den Zylinder drücken.
Zündung ein und den Motor durchdrehen lassen. Dabei muss ein Funke zu sehen und zu hören sein.
Weil's gerade passt, legen wir an dieser Stelle gleich einen Einfach-Check des Triebwerks ein. Wir drehen den Motor von Hand durch – er muss leicht und ohne Geräusche laufen, und wenn wir die Kerzenlöcher mit dem Daumen verschließen, spüren wir kräftigen Kompressionsdruck. Zündkerzen einschrauben und neuer Anlassversuch – leider erfolglos.
Nun wird's schon diffiziler. Vielleicht bekommt der Motor doch keinen Sprit, obwohl die Schwimmerkammer voll ist. Klar wird das erst, wenn wir den Schmutzpartikel entdecken, der sich trotz Filter bis zur Hauptdüse durchgemogelt hat. Doch nun ist unser Anlasserakku leer – wir haben doch einmal zu viel probiert. Kein Grund zur Panik. Dann werfen wir den Motor eben von Hand an – schließlich hat eine ganze Generation von Fliegern so ihre Mühlen zum Laufen gebracht.
Wohl dem, der nun einen zuverlässigen Helfer hat, der mit der Bedienung des Gerätes auch vertraut ist. Dabei sind Kommandos wie »Zündung aus« vom Helfer immer wörtlich zu wiederholen. Im Zweifelsfall hilft ein Erdanker in Verbindung mit einem Bremsklotz vor dem Bugrad, um unser Gerät sicher zu fixieren.
Versuchen wir es also noch einmal: Anlassvorbereitung wie gewöhnlich, das heißt

Schwimmerkammer füllen.
Zündung aus.
Choke ein.
Gas aus.

Nun stellen wir uns breitbeinig hinter (bei Heckluftschrauben) oder vor (bei Frontluftschrauben) unser UL, greifen mit den vordersten Fingerkuppen beider Hände die Hinterkante der Luftschraube etwa in Blattmitte. Nun suchen wir den Kompressionspunkt und drehen die Luftschraube etwa zehnmal mit Schwung darüber weg.
Passieren kann uns dabei noch nichts, doch wir benutzen diese Schwünge gleich zum Üben, um die Finger sofort nach dem Schwung aus der Drehebene zu bringen – denn nun wird es ernst.

Zündung ein.
Choke ein.
Gas Anlassstellung.

Im Normalfall haben wir Erfolg.
Wenn der Motor allerdings auch nach dem dritten oder fünften Schwung nicht läuft, gehen wir besser Kaffee trinken und laden den Akku wieder auf, bevor wir der Sache nochmals auf den Grund gehen.

Am Fahrwerk

Vor allem an gebremsten Rädern immer auf ausreichenden Reifendruck achten. Bei zu wenig Druck können sich beim kräftigen Bremsen Reifen und Schlauch gegenüber der Felge verdrehen. Folge: Das Ventil reißt ab.

Belastungstest, hier am Tragflügel der »Faszination«

4-Zylinder-Rotax-Motor

An Bowdenzügen

Vor dem Eindringen von Feuchtigkeit schützen und auf große Biegeradien achten. Oft sind zu enge Radien die Ursache für schwergängige Gas- und Chokezüge.
Wer sichergehen will, verwendet Bowdenzüge mit Innenbeschichtung, wie sie sonst bei edlen Mountainbikes zum Einsatz kommen.

Scharniere und Gelenke

Trockenlaufende Scharniere leiern bald aus. Deshalb regelmäßig nachschmieren und Überschuss sofort sauber entfernen.

Schrauben und Muttern

Selbstsichernde Muttern (Quickstop) sind nur ein einziges Mal zu verwenden.
Auf jedes Teil mit Gewinde gehört eine Spur von Öl (es sei denn, der Hersteller verlangt ausdrücklich trockenen Einsatz). Festziehen, nicht nach Augenmaß und Gefühl, sondern mit dem Drehmomentschlüssel.
Wenn Schrauben am Auspuff mit Kupferpaste präpariert werden, so lassen sie sich später wieder leichter lösen.
Schrauben in Aluminiumteilen mit etwas Grafikstaub versorgen – sie fressen dann nicht.

Die Festigkeit

UL müssen mindestens ein positives **sicheres Lastvielfaches von 4 g** und ein positives **Bruchlastvielfaches von 6 g** aushalten. Für negative Belastungen gelten: mindestens sicher 2 g und mindestens Bruch 3 g.
Das sichere Lastvielfache muss im Versuch ohne bleibende Änderung am Gerät nachgewiesen werden. Zwischen dem sicheren und dem Bruchlastvielfachen dürfen bleibende Verformungen auftreten, die durch Auswechseln von Teilen behebbar sind. Es darf aber kein Versagen des Festigkeitsverbandes auftreten. Die bei den UL aus dem Drachenbau verwendeten Materialien sind meist so elastisch, dass sichere Lastvielfache von über 5 g erreicht werden. Da GFK-Teile bis zur Bruchlast praktisch keine bleibenden Verformungen aufweisen, hat bei solchen Bauteilen die sichere Last nur theoretische Bedeutung, sie liegt unmittelbar unter der Bruchlast.
Die im Flug durch Abfangmanöver auftretende Belastung erreicht den größten Wert bei maximaler Fluggeschwindigkeit des Gerätes mit dem Anstellwinkel, der maximalen Auftrieb liefert. Durch mathematische Ableitung erhält man:

$$g\,max = \left(\frac{V\,max}{V\,min}\right)^2 \qquad \text{Beispiel für ein UL} \qquad \left(\frac{120}{65}\right)^2 = 3{,}4\,g$$

Dazu kommt für den praktischen Flugbetrieb dann noch ein Böenfaktor.

Festigkeitsnachweis

In der Praxis kann die Festigkeit von UL auf 3 Wegen nachgewiesen werden:

Rechnerischer Nachweis: Hier muss durch gesicherte mathematische Verfahren der Nachweis für das Material und die einzelnen Bauteile erbracht werden.

Statischer Versuch: Durch Auflegen von Sandsäcken werden hier die im Flug auftretenden Belastungen simuliert.

Windkanal oder Messwagen: Man ermittelt zuerst den Anstellwinkel des besten Auftriebs. Er liegt bei Drachenflächen bei 20–25° und einem Auftriebsbeiwert von etwa 1,1. Mit diesem Anstellwinkel wird das Gerät am Prüfwagen montiert und mit einer Geschwindigkeit von $\sqrt{1{,}5\,V}$ max = 1,22 V max gefahren. Ideal verhalten sich dabei UL-Geräte, die über elastische Verformung den Luftkräften ausweichen, ohne dabei an aerodynamischer Stabilität einzubüßen. Hier können die UL-Konstrukteure noch einiges von den Vögeln lernen, die genau diese Technik anwenden, um hohe Belastungen auch bei den spektakulärsten Flugmanövern zu vermeiden.

Sicherheitssystem

Das Mitführen eines Fallschirms im UL ist Pflicht.
Es steht eine Reihe von Systemen zur Auswahl, die alle ihre Vor- und Nachteile haben. Die wichtigsten stellen wir anschließend vor. Gemeinsam ist ihnen, dass sie folgende Voraussetzungen erfüllen müssen:

- Sinkgeschwindigkeit bei angehängter Maximallast 6,8 m/s.
- Sichere Öffnung bei 80 m Flughöhe oder tiefer.

Der konventionelle Personenfallschirm

In der Regel im Stoffcontainer verstaut, wird er vom Piloten im Notfall von Hand ausgelöst. Der Hilfsschirm muss in der Anfangsphase von Hand ausgezogen werden. Diese Ausführung gilt als Standardausrüstung für motorisierte Gleitschirme.

Mit Federkraft ausgestoßene Schirme

Verpackt im Stoffcontainer oder in der Hardbox. Durch Ziehen der Reißleine wird die Fixierung des Verschlusses gelöst. Eine vorgespannte Feder schleudert erst einen Hilfsschirm in den Luftstrom, und dieser zieht dann den Hauptschirm aus dem Container.
Vorteil: Simpler Auslösemechanismus. Bremst sofort, da der Schirm grundsätzlich gegen die Bewegungsrichtung des Luftstroms ausgezogen wird.
Nachteil: Bei Gerätebruch wird unter Umständen die Entfaltung behindert.

Schirme mit Raketenauszug

Hier wird über eine Auslösebox ein Raketentreibsatz gezündet, der den Schirm über Sollbruchstellen aus dem Container reißt.
Vorteil: Sehr schnelle Auslösung. Der Schirm entfaltet sich normalerweise im freien Raum weit weg vom UL.
Nachteil: Die Auslösesicherheit ist abhängig vom Aufwand, der vor allem bei der notwendigen Zündelektronik getrieben wird. Das UL kann bei ungünstiger Fluglage (z. B. Tuck) nach der Auslösung in den Schirm fallen. Bei Crash am Boden und Benzinaustritt kann die Auslösung des Rettungsgeräts zum Brand führen.

Die Anbringung

Die Fangleine, an der das UL im Ernstfall zu Boden schwebt, wird oberhalb des Geräteschwerpunkts an einer soliden Stelle fixiert, die auch den Entfaltungsstoß verkraftet.
Damit ist gewährleistet, dass unser krankes UL in der Regel in einer Lage zu Boden sinkt, die der normalen Fluglage nahe kommt. Denn zum Abbremsen der Sink-

Peter Haltinger testet hier das Streamlight-Rettungssystem. Die Öffnungszeit im Flug beträgt ca. 1,7 Sekunden. Der Öffnungsweg hängt ab von der Fluggeschwindigkeit zum Auslösezeitpunkt.

geschwindigkeit können wir auf das Fahrwerk nicht verzichten (siehe dazu auch Seite 54).
Für das Unterbringen des Schirmcontainers am UL sollten zwei Grundsätze absolute Priorität haben:

- Hilfsschirm, Schirm und Fangleine dürfen unter keinen Umständen in die laufende Luftschraube geraten. Niemand kann garantieren, dass der Motor steht, wenn wir in Not sind.
- Die Fangleine muss so geführt werden, dass sie im Öffnungsfall weder am Piloten noch am UL Schaden anrichten kann.

Unabhängig vom System besteht die – wenn auch seltene – Möglichkeit einer Fehlauslösung, und eine solche sollten sowohl das UL als auch vor allem der Pilot unbeschadet überstehen.

Wie sicher ist sicher?

Diese Betrachtung soll kein Plädoyer sein für mechanische oder elektronische Systeme, doch das Beispiel der Schirmauslösung eignet sich recht gut, um über den Begriff »Sicherheit« und die Vor- und Nachteile simpler oder aufwändiger Systeme nachzudenken.
Nicht die Rakete ist es, die uns misstrauisch machen sollte, sondern das ganze Drumherum mit seinen unzähligen Fehlerquellen.
Zählen wir mal einige auf:
Batterien – Testeinrichtung dazu – Auslösetaste – Verdrahtung und Stecker – Zündkapsel – Treibsatz – Überwachung des Zündkreises.
Je größer die Anzahl der Einzelteile, desto unzuverlässiger das Gesamtsystem – an diesem Grundgesetz kommt kein Ingenieur vorbei. Zu zuverlässigen Gesamtsystemen gibt es verschiedene Wege:

- Ausgewählte geprüfte Bauteile verwenden.
  Effekt: Die MBTF (meantime between failure) wird größer. Auf Deutsch: Fehler werden seltener.
- Selbstüberwachungsmechanismen einbauen.
  Effekt: Das Gerät signalisiert eventuell, dass es nicht funktionsbereit ist.
- Redundanzen schaffen, also z. B. an kritischen Stellen drei parallele Teilsysteme einbauen, wobei die zwei

Systeme, die das Gleiche wollen, immer das eine System, das etwas anderes will (und damit vermutlich defekt ist), überstimmen (z. B. Bordhydraulik bei einem Airliner).
Effekt: Das System funktioniert fast immer.

Damit wird schnell klar, dass Funktionssicherheit nur durch Redundanz (sprich eingebaute und selbsttätig übernommene Ersatzfunktion) zu erreichen ist. Genau hier liegen die Stärken der Elektronik.
Das bedeutet, richtig konzipierte elektronische Systeme mit eingebauten Redundanzen können noch sicherer sein als die simpelste Mechanik ohne Redundanz.

Die Instrumentierung

Die vorgeschriebene UL-Instrumentierung besteht aus:

Kompass,
Höhenmesser,
Fahrtmesser.

Über die Bauart der Anzeigegeräte sagen die Vorschriften nichts aus. Die Instrumentierung muss lediglich geeignet sein, die Betriebsgrenzen und den Kurs des UL zu überwachen. Dies hat zur Folge, dass die UL mit den modernsten elektronischen Anzeigegeräten ausgerüstet werden können.
Ein LCD-Display mit hoher Leuchtkraft kann die Anzeige aller interessierenden Werte einschließlich Grenzwertüberwachung übernehmen. Auch Navigationsparameter, ein Moving-Map-System und ein Funkmanagement könnten hier integriert werden.

Der Kompass

In der Regel werden durch eine Flüssigkeit gedämpfte Kugelkompasse eingesetzt, wie sie auch im Bootssport verwendet werden. Sie enthalten einen starken Dauermagneten, der sich jeweils nach dem Erdmagnetfeld einstellt. Der Kompass darf nicht in der Nähe großer Eisenteile montiert werden. Auch das Magnetfeld, welches stromführende Leitungen des Bordnetzes umgibt, kann zu erheblichen Verfälschungen der Anzeige führen. Verstellbare Kompensationsmagnete zum Einstellen minimaler Deviation sind meist eingebaut. (Näheres dazu siehe im Kapitel Navigation.)

Der Höhenmesser

Der im UL ausschließlich verwendete barometrische Höhenmesser misst nicht die Höhe, sondern den am Messort herrschenden statischen Druck. Lediglich die Anzeigeskala ist in Meter oder Feet geeicht. Grundlage der Eichung ist die ICAO-Standard-Atmosphäre. Wenn die Anzeige nicht temperaturkompensiert ist, muss pro 2,8 °C Abweichung vom ICAO-Standard 1% Anzeigefehler korrigiert werden. (Höhere Temperatur = geringere Dichte: Messung zu hoch, bei niedriger Temperatur zu tief.) (Näheres zur Höhenmessereinstellung im Kapitel Meteorologie ab S. 102.) Bei analogen Anzeigegeräten wird die Veränderung der luftleer gepumpten Barometerdose über ein mechanisches Hebelwerk auf den Zeiger übertragen. Beim elektronischen Geber wird das Signal auf ein digitales Anzeigendisplay geführt. Mit wenig Aufwand kann dieses elektronische Signal auch differenziert werden zur

Variometeranzeige

Gebräuchlich sind hier Anzeigebereiche von ± 5 m/s. Man kann aber auch hier die Druckdifferenz zwischen einem Ausgleichsgefäß und dem statischen Druck messen und analog zur Anzeige bringen.

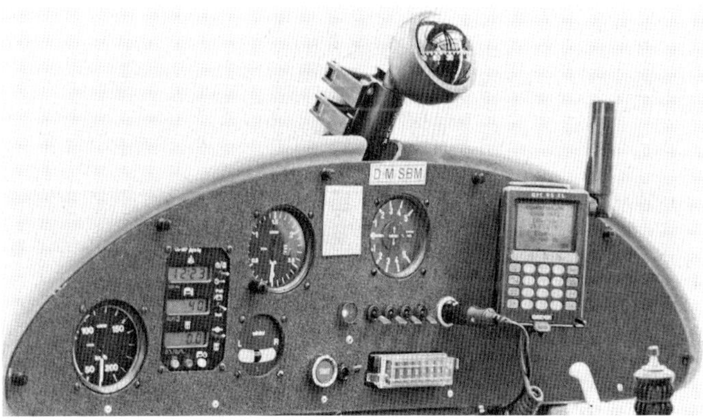

Cockpit eines aerodynamisch gesteuerten UL

Fahrtmesser

Der herkömmliche Fahrtmesser besteht ebenfalls aus einer empfindlichen Druckmessdose. Gemessen wird hier die Differenz zwischen dem am Messort herrschenden statischen Druck und dem Gesamtdruck (= Staudruck + statischer Druck), der an der Stirnseite einer Messsonde entnommen wird. Bekannteste Bauform ist das Prandtl-Staurohr, das neben dem Gesamtdruck auch gleich den statischen Druck liefert. Andere Bauarten von Geschwindigkeitsanzeigern verwenden als Geber ein kleines Venturierohr, ein Flügelradanemometer oder ein Rohr mit eingebauter Turbine und elektronischem oder mechanischem Abgriff. Die simpelste Bauform ist der Hallgeber, bei dem die aufgrund der Druckdifferenz zwischen Gesamtdruck und statischem Druck durch ein senkrechtes, leicht konisches durchsichtiges Rohr strömende Luft eine Kunststoffscheibe mehr oder weniger anhebt.

Eines haben alle Fahrtmessersysteme gemeinsam: Sie sind geeicht auf die ICAO-Standard-Atmosphäre. Bei Änderungen der Luftdichte treten deshalb Fehler auf, d. h. bei abnehmender Luftdichte ist auch die Anzeige zu klein, es sei denn, der Fahrtmesser ist höhenkompensiert. Der Fehler beträgt ca. 0,6% pro 100 m, der zur angezeigten Geschwindigkeit addiert werden müsste. Diese Fehler, genau wie die Temperatur- und Feuchtefehler, sind beim UL so gering, dass sie nicht berücksichtigt zu werden brauchen.

Wesentlich beim UL ist der Anbaufehler. So kommt es z. B. beim Anbau unter der Tragfläche durch den dort herrschenden Überdruck und die geringere Strömungsgeschwindigkeit zu einer Minderanzeige. Die so angezeigte Fluggeschwindigkeit **IAS** (indicated airspeed) ist deshalb zur Flugüberwachung nur bedingt brauchbar. Viel wichtiger ist die tatsächliche Geschwindigkeit **TAS** (true airspeed). Um einmalig die TAS zu bestimmen, kann man folgendermaßen vorgehen:

Windrichtung ermitteln, aus genauer Karte, z. B. 1:200 000, die Entfernung zweier Geländepunkte, deren Kurslinie sich mit der Windrichtung deckt, entnehmen. Strecke (S) einmal mit und einmal gegen den Wind abfliegen. Die Zeiten für die Strecke 1 mit t1 und Strecke 2 mit t2 stoppen. Am Boden dann den Mittelwert aus den beiden Teilgeschwindigkeiten nehmen.

$$TAS = (V1 + V2) : 2$$

Weitere nützliche, aber nicht unbedingt erforderliche Instrumente:

Drehzahlmesser

Vor allem am Boden vor dem Start nützlich zur Überprüfung, ob der Motor seine volle Drehzahl und damit Leistung erreicht. Benutzt werden: elektronischer Anzeiger, abgeleitet vom Zündimpuls. Optoelektronische Anzeiger. Werden Drehzahlmesser aus dem Kraftfahrzeugbereich verwendet, dann liefern an 2-Zylinder-2-Takt-Motoren die Geräte für 4-Zylinder-4-Takt-Motoren den richtigen Wert. Praktisch ist ein Drehzahl- und Betriebsstundenzähler, der als Digitalgerät ganze 50 g wiegt.

Zylinderkopftemperatur

Triebwerksüberwachungsinstrumente, bestehend aus einem Thermoelement in Form einer Zündkerzendichtung und einem elektrischen Anzeiger von 0 bis 300 °C. Gebräuchlich bei luftgekühlten Motoren.

Abgastemperatur

Diese Messung reagiert auf Gemischverarmung besonders schnell. Geber ist wieder ein Thermoelement, das einen Messbereich von 0 bis 800 °C abdeckt.

Kühlmitteltemperatur

Mit Bauteilen aus dem Kfz-Zubehör.
Bereich 0 bis 120 °C.

Kraftstoffanzeiger

Der Geber besteht aus einem Doppelrohr oder einer Elektrode. Gemessen wird die Kapazität zwischen den beiden Rohren. Das Dielektrikum Luft ergibt eine andere Kapazität als das Dielektrikum Benzin bei gefülltem Tank. Andere Systeme benutzen wie beim Automobiltank einen Schwimmer mit elektrischem Abgriff. Die Anzeige kann in cm-Höhenstand oder gleich in »Liter« oder % erfolgen.

Wenn zur Verbrauchsmessung ein genau arbeitender Durchflussgeber benutzt wird, kann die jeweils verflogene Spritmenge kontrolliert werden. Bei Motoren mit elektronischem Motormanagement könnte dieser Wert unter Umständen aus der Einspritzsteuerung abgeleitet werden.

Funk im UL

Schon früh in den Anfangsgründen der Fliegerei, vor allem aber nach Einführung eines geregelten Flugbetriebes, haben sich die Piloten bemüht, die Verbindung zum Boden nicht abreißen zu lassen. Sie wollten auch bei Streckenflügen zu jeder Zeit die neuesten Wetter- und Platzinformationen erhalten. Die Zeiten des Morsefunks sind aber glücklicherweise vorbei. Wo wäre im UL auch Platz für die Morsetaste und den Funker, der nur mit geübtem Ohr die Piepsignale aus dem Wust von Störungen herausfiltern könnte.
Für UL-Piloten ist eine Sprechfunkausbildung Pflicht.
Diese Ausbildung kann im Rahmen des Theorieunterrichts stattfinden, sie muss durch erfolgreiches Ablegen einer Prüfung nachgewiesen werden.
Die so erworbene Berechtigung zur Teilnahme am Flugfunkdienst gilt nur, solange wir uns im unkontrollierten Luftraum bewegen.
Zur Abwicklung des Funkverkehrs beim Anflug kontrollierter Plätze ist das umfangreichere BZF II notwendig.

Der Wert der Funkgeräte wird dabei in erster Linie vom Empfangsteil bestimmt. Gefordert werden hohe Empfindlichkeit und Trennschärfe, Kreuzmodulationsfestigkeit, Großsignalsicherheit, Rauschsperre und gleiche Lautstärke beim Empfang von starken und schwachen Signalen.

Vorgeschrieben sind

UKW-Sende/Empfangsgeräte mit LBA-Zulassung
Frequenzbereich 118,000 – 136,975 MHz
Kanalraster 25 KHz
Ausnahmen von der Pflicht, ein Funkgerät mitzuführen, gibt es
– für Flüge an Flugplätzen ohne Flugverkehrskontrollstelle im Platzbereich, wenn keine andere Regelung dagegen spricht
– wenn die Flugverkehrskontrollstelle dies im Einzelfall zulässt.

Einbaugeräte

Sind Pflicht für aerodynamisch gesteuerte UL und Tragschrauber, soweit der Einbau technisch möglich ist.
Welche, in der Regel ältere, UL-Muster von der Nutzung von Einbaugeräten befreit sind, findet man auf den Internetseiten von DULV und DAeC.

Funkgeräte kleiner Leistung

Damit sind vor allem die bekannten Handfunkgeräte gemeint. Können von allen anderen UL-Piloten genutzt werden und natürlich auch von Piloten, die von der Pflicht, Einbaugeräte zu betreiben, befreit sind.

ELT

Steht für Emergency Locator Transmitter. Der Notsender mit Hand- und Crash-Auslösung sendet auf 121,50 und 243,0 MHz und erleichtert die Suche bei Notlandung oder Absturz. Bei Einflügen nach Österreich Pflicht.

Transponder

Sind »Antwortgeber«, wenn sie von Radargeräten der Flugsicherung erfasst werden. Sie senden dann eine vierstellige Identnummer, die auf dem Radarbildschirm angezeigt wird. Pflicht beim Einflug in einige CTRs.
Bei modernen Radargeräten werden still stehende oder sehr langsam fliegende Fluggeräte wie Ballone ausgeblendet. Transponder verbessern hier das Radarbild ganz wesentlich.

Die Erde

Über viele Jahrtausende hinweg war für alles Denken und Handeln unsere Erde flach, der Mittelpunkt, um den sich alles dreht.
Angehörige seefahrender Nationen waren im Abendland die ersten, die aufgrund optischer Beobachtungen die Überzeugung erlangten, dass die Erde kugelförmige Gestalt habe. An näher kommenden Schiffen tauchen z. B. zuerst die Mastspitzen über dem Horizont auf, bis nach und nach schließlich das ganze Schiff sichtbar wird.
Relativ gut waren schon die ersten Umfangsschätzungen mit ca. 40 000 km Umfang und einem mittleren Durchmesser von 12 735 km. Erst mit genaueren Messverfahren stellte sich heraus, dass die Erde doch keine genaue Kugelform hat, sondern durch die Rotation um ihre Achse an den Polen abgeplattet ist.
Der Durchmesser von Pol zu Pol beträgt ca. 12 714 km.
Der Durchmesser am Äquator beträgt ca. 12 757 km.
Die Differenz macht also über 40 km aus.
Da es für diese unrunde Form noch keinen Namen gab, bezeichnete man unsere Erde kurzerhand als Geoid mit ihrem Mittelpunkt – dem Geozentrum.
Dem im 16. Jahrhundert lebenden italienischen Forscher Galilei wird der Spruch zugeschrieben: »Und sie bewegt sich doch.« Nämlich in einem Jahr einmal um die Sonne und in 24 h einmal um ihre Achse.
Erst 1911 einigte man sich darauf, die Bezugslinie für die Uhrzeitbestimmung auf die schon 1675 von den seefahrenden Briten gegründete Sternwarte von Greenwich zu legen. Seit damals gibt es also eine Art Welt-Normalzeit, die UTC (universal time co-ordinated). Die UTC ist auf allen Flughäfen der Welt für die Flugplanung die allein gültige Zeitangabe.
Auch Wettervorhersagen für die Luftfahrt, Öffnungszeiten von Flugplätzen, Ankünfte und Abflüge, alles wird nach UTC definiert – lediglich die Flugpassagiere interessiert die jeweilige LT (local time).
Es wäre vor allem für die Flugkapitäne im interkontinentalen Verkehr ein heilloses Durcheinander, müssten sie alle Angaben in der jeweiligen Ortszeit machen.
Haben wir mit unseren UL hier auch keine Schwierigkeiten, so gelten für uns doch die Zeitregelungen der allgemeinen Luftfahrt.

Die Zeitzonen der Erde

Die Erde dreht sich in 24 h einmal um ihre Achse. Es war deshalb nahe liegend, die Erde in 24 Zeitzonen mit je einer Stunde Zeitdifferenz einzuteilen.
In der Mitte jeder dieser Zeitzonen steht die Sonne mittags um 12 Uhr an ihrem höchsten Punkt.
Um die Zeitzonen eindeutig zu kennzeichnen, sind sie mit Buchstaben und Namen nach dem ICAO-Alphabet fortlaufend durchnummeriert. Die Zeitzone UTC, auf die sich alle Zeitangaben beziehen, hat den Buchstaben »Z« bekommen Die Zeit dort wird deshalb auch »Zuluzeit« genannt. Nach Osten wird zu zählen begonnen mit dem Buchstaben A bis zur Zone M und nach Westen mit den Buchstaben N bis Y.
Auf der Gegenseite unserer Erdkugel treffen sich die Zeitzone M mit + 12 h Zeitdifferenz und die Zeitzone Y mit – 12 h Zeitdifferenz an der Datumslinie.

Für die Umrechnung von Zeitzonen in Zuluzeit gilt:
In Richtung Osten wird die Anzahl der Differenzstunden jeweils subtrahiert. In Richtung Westen wird die Anzahl Differenzstunden jeweils addiert.

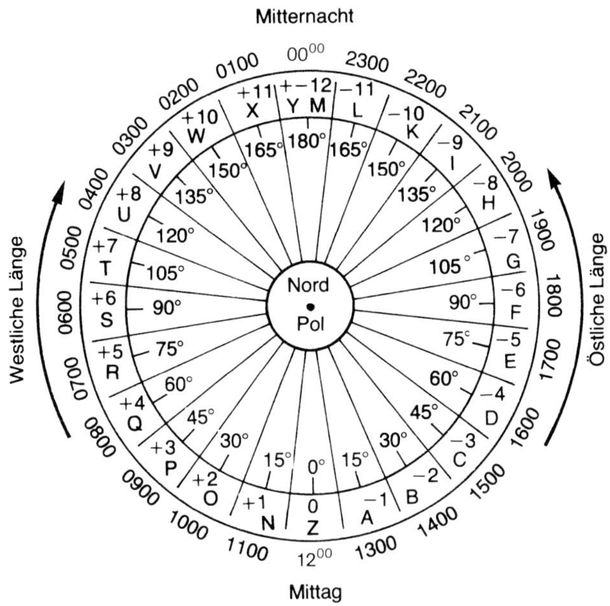

Die Zeitzonen der Erde und die Zonenzeit

In Kurzform: Umrechnen von Zulu in Bravo: 2 h addieren.
Umrechnen von Bravo in Zulu: 2 h subtrahieren.

Zeitzone Z = Zuluzeit UTC
= WEZ (Westeuropäische Zeit)
Zeitzone A = Alphazeit
= MEZ (Mitteleuropäische Zeit)
= Winterzeit in der BRD
Zeitdifferenz zur Zuluzeit 1 h
Zeitzone B = Bravozeit
= OEZ (Osteuropäische Zeit)
= Sommerzeit in der BRD
Zeitdifferenz zur Zuluzeit 2 h

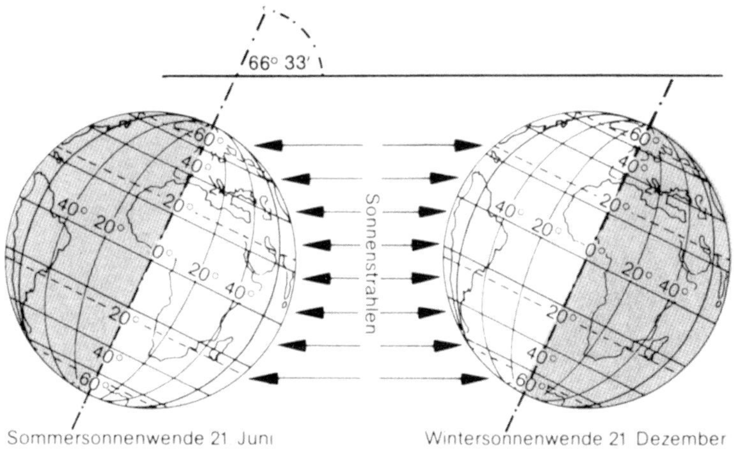

Beleuchtung der Erde und Jahreszeiten

Wie diese Umrechnung in der Praxis funktioniert, wollen wir uns an einem Beispiel ansehen.
Wir haben Sommer, also Bravozeit und entschließen uns zu einem Start um 9.30 Uhr. Bei der Flugvorbereitung haben wir eine Flugzeit von 1 h 10 min errechnet, wir müssten also etwa um 10.40 Uhr den Zielflughafen erreichen. Wenn wir uns jetzt ans Telefon hängen, um die voraussichtliche Ankunftszeit am Tower des Zielflughafens zu melden, dann müssen wir diese Angaben natürlich in UTC machen.

Wir erinnern uns:
Umrechnen von Bravo in Zulu: 2 h abziehen.
Wir werden also durchgeben:
Voraussichtliche Ankunftszeit ETA
(= estimated time of arrival)
(10.40 Uhr – 2) = 8 Uhr und 40 Minuten.

Die Jahreszeiten

Die Erde bewegt sich in einem Jahr einmal auf einer leicht elliptischen Bahn um die Sonne. Der unterschiedliche Abstand zur Sonne ist jedoch so minimal, dass sich dies auf die Energieeinstrahlung auf unserer Erde praktisch nicht auswirkt. Die Jahreszeiten Sommer und Winter müssen also eine andere Ursache haben.
Diese Ursache ist schnell gefunden, wenn wir die Schrägstellung der Erdachse zur Umlaufbahn der Erde um die Sonne betrachten. Wäre die Erdachse genau 90° zur Bahnebene geneigt, dann wäre sowohl im Juni als auch im Dezember die nördliche und südliche Erdhälfte von der Sonne gleichmäßig beschienen.
Da die Erdachse zur Bahnebene jedoch eine Neigung von 66° 33' aufweist, ist im Sommer die nördliche Erdhalbkugel der Sonne zugeneigt und erhält damit mehr Sonnenschein und Wärme als die benachteiligte Südhalbkugel.
Im Winter sind die Verhältnisse umgedreht. Die Erde steht auf ihrer Bahn und die Sonne genau gegenüber. Jetzt erhält die Südhalbkugel die volle Sonnenenergie, während die Nordhalbkugel teilweise im Schatten liegt.

Das Koordinatennetz der Erde

Wieder waren es die Seefahrer, die hier Pionierarbeit geleistet haben. Zur Positionsbestimmung in der grenzenlosen Weite des Meeres kommt nur die Messung von Winkeln in Frage, unter denen bekannte Sterne oder auch die Sonne zu definierten Uhrzeiten zu sehen sind.
Der bekannteste Leitpunkt ist da sicher der Polarstern, der ziemlich genau in Verlängerung der Erdachse über dem Nordpol sichtbar ist.
Der Polarstern wird für einen Betrachter, der am Nordpol steht, senkrecht über ihm am Himmel zu sehen sein. Der Elevationswinkel, d. h. der Winkel über der Horizontlinie, beträgt 90°. Bewegt sich der Betrachter vom Pol aus in Richtung Äquator, so wird ihm der Nordstern

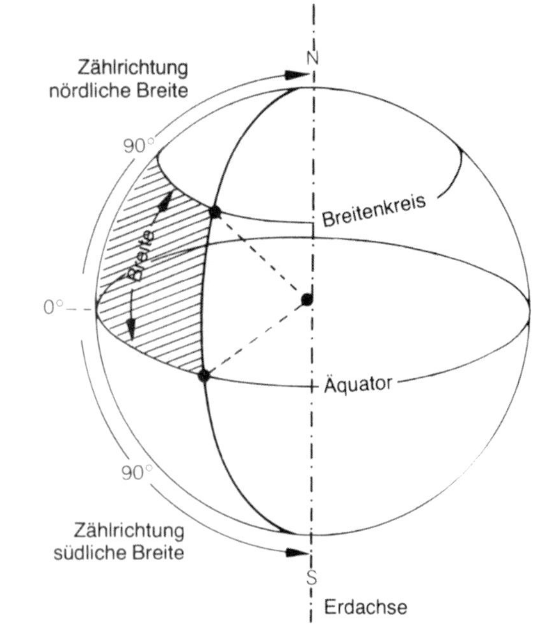

Die Breitenkreise

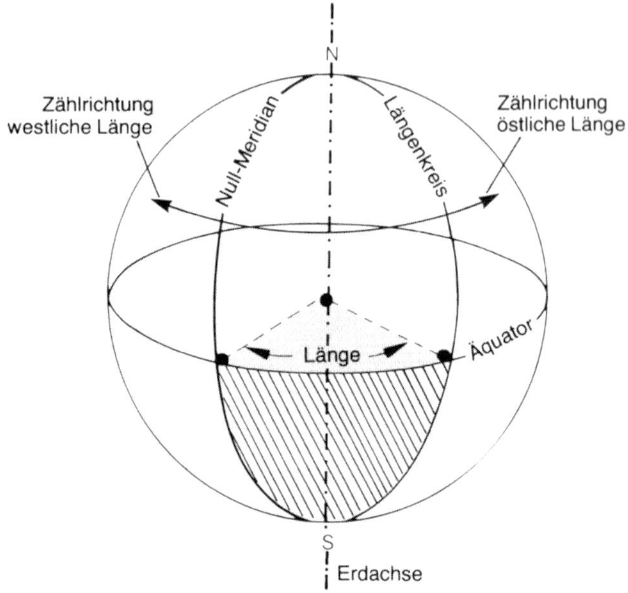

Die Längenkreise

zwar immer die Richtung »Norden« zeigen, der Elevationswinkel wird jedoch abnehmen. Am Äquator schließlich fällt der Nordstern mit der Horizontlinie zusammen. Der Elevationswinkel beträgt damit 0°.
Durch Messung des Winkels zwischen Horizontlinie und Nordstern kann auf der Nordhalbkugel der **Breitenkreis** des Beobachters bestimmt werden.
Es lag deshalb nahe, diese Winkelmaße auch für die Einteilung der Erdoberfläche zu nutzen.
Vom Äquator mit null Grad ausgehend, zog man 90 Breitenkreise in gleichmäßigen Abständen um die Erde, bis man am Nordpol bei + 90° angekommen war. Das Gleiche machte man mit der Südhalbkugel wieder vom Äquator ausgehend bis – 90° am Südpol.
Der Abstand von Breitengrad zu Breitengrad ist konstant und beträgt, wie leicht umzurechnen ist, bei einem Erdumfang von 40 000 km und 4 x 90°= 360°, 40 000 km : 360 = ca. 111 km. Wieder hatten die Seefahrer, die neben den Winkeln auch gewohnt waren, mit Zeiten zu rechnen, das Sagen. Der Abstand von Breitengrad zu Breitengrad wurde so mit 60 nautischen Meilen definiert.

1 nautische Meile entspricht damit 1 Bogenminute.
1 Breitengrad = 111 km = 60 NM; 1 NM = 111 : 60 = 1,852 km.

So wie der Äquator die Ausgangslinie für die Bezeichnung der Breitenkreise ist, so ist der Nullmeridian durch Greenwich die Bezugslinie für die Bezeichnung der **Längenkreise.** Man zählt nach Osten mit (+) bis 180° und nach Westen mit (–) bis ebenfalls 180° – Treffpunkt ist wieder die schon bekannte Datumslinie.
Eine Zeitzone erstreckt sich über 360° : 24 = 15°, d. h. die Sonne wandert mit einer Geschwindigkeit von 15° pro Stunde über den Himmel, sie braucht damit für 1° = 4 Minuten.
Die Längenkreise oder Meridiane schneiden den Äquator alle im rechten Winkel, und nur hier am Äquator beträgt der Abstand von Längenkreis zu Längenkreis wieder 111 km oder 60 NM. Die Längenkreise laufen gegen die Pole zu immer mehr zusammen, bis sich schließlich am Pol alle in einem Punkt schneiden.
Damit ist die Erde mit einem Koordinatennetz aus Breiten- und Längengraden überzogen, dieses wird für eindeutige Positionsangaben von Punkten auf der Erd-

oberfläche benutzt. Eine Position ist durch Angabe der Breite und der Länge eindeutig definiert. – So liegt Frankfurt z. B. auf 50° 02' Nord und 08° 34' Ost.

Groß- und Kleinkreise

Die Kreisflächen der Längengrade haben eines gemeinsam – sie schneiden sich in der Erdachse. Mit der Äquatorebene haben die Längenkreise gemeinsam – den annähernd gleichen Umfang und den Schnittpunkt im Geozentrum.
Alle Kreise, deren Ebenen durch das Geozentrum gehen, nennt man **Großkreise** – es sind die größten in eine Kugel einschreibbaren Kreise.
Neben dem Äquator und den Längenkreisen gibt es also noch beliebig viele andere Großkreise, die **Orthodrome.** Alle Kreise, deren Schnittebenen nicht durch das Geozentrum gehen, sind **Kleinkreise.** Dazu zählen auch alle Breitenkreise außer dem Äquator.
Die Großkreise spielen in der interkontinentalen Navigation eine ganz wichtige Rolle.
Segmente von Großkreisen sind die kürzeste Verbindung zwischen zwei beliebigen Punkten auf der kugelförmigen Erdoberfläche. Sehen wir uns das an einem Beispiel an. Beim Flug von Frankfurt nach Vancouver in Kanada gibt es verschiedene Möglichkeiten. Da Vancouver wie Frankfurt auf etwa 50° N liegt, erscheint es auf den ersten Blick vielleicht sinnvoll, immer genau nach Westen zu fliegen, um so das Ziel zu erreichen. Der Kurs würde dann über die Südspitze von England nach Neufundland und von dort quer über den amerikanischen Kontinent nach Vancouver führen. Dieser Kurs schneidet dann alle Längengrade unter dem gleichen Winkel, man bezeichnet ihn als **Loxodrome** oder Kursgleiche. Im Bereich der UL-Navigation und in der Fliegerei allgemein bis zu Entfernungen von 1000 NM wird diese Art der Kursbestimmung für alte Rechnungen zugrunde gelegt. Im interkontinentalen Verkehr aber geht es wesentlich schneller, einen Großkreis zu fliegen.
Wie die Flugroute dann aussieht, sehen wir am besten, wenn wir einen Globus nehmen und einen Faden zwischen Frankfurt und Vancouver spannen. Der Kurs wird zuerst nach Nordwesten über Island und Grönland bis etwa zum 70°. Breitengrad nach Norden führen und dann erst über Nordkanada von Nordosten aus auf Vancouver zuschwenken. Auf den üblichen Landkarten, wie sie auch den Flugpassagieren zur Orientierung zur Verfügung stehen, erscheinen solche Großkreise dann als ganz widersinnig verbogene Routen.

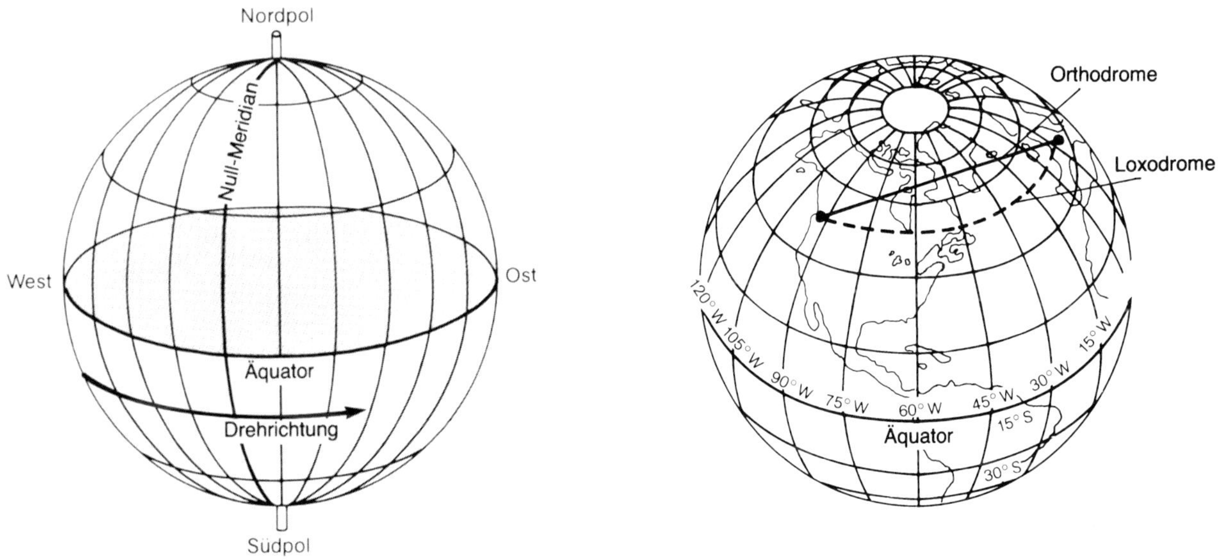

Das Koordinatennetz der Erde

Positionsangaben

Positionsangaben in der gesamten Navigation werden in normierter Form geschrieben. Zuerst die Breite und dann die Länge in Grad, Minuten und wenn notwendig in Sekunden.
Z. B. Frankfurt 50° 02' N 08° 34' O.
Die **Breitendifferenz** ist die Differenz von zwei Breitenpositionen in Grad ausgedrückt.
Die Entfernung von zwei Orten lässt sich nur ausrechnen, wenn beide Orte auf dem gleichen Längengrad liegen.
Nur dann gilt die Rechnung: 1 Breitengrad entspricht 111 km oder 60 NM.
Die **Längendifferenz** ist die Differenz von zwei Längenpositionen in Grad ausgedrückt.
Die Entfernung von zwei Orten lässt sich daraus direkt nur dann ausrechnen, wenn beide Orte auf dem Äquator liegen. Denn nur am Äquator gilt: 1 Längengrad entspricht 111 km oder 60 NM.
Liegen beide Positionen auf der gleichen Seite oder Bezugslinie (Äquator oder Nullmeridian), werden die Werte subtrahiert. Liegen beide Positionen auf verschiedenen Seiten, so werden die Werte addiert.
Beispiel: Gesucht ist die Längen- und Breitendifferenz zwischen 50° 21' N 07°12' W und 28° 15' N 07°16' O.
Die Längenangabe bezieht sich auf verschiedene Seiten des Nullmeridians. Die Längenangaben sind zu addieren. Wir erhalten die Längendifferenz mit 07° 12' + 07° 16' = 14° 28'.
Die Breitenangabe bezieht sich auf die gleiche Seite des Äquators.
Die Breitenangaben sind zu subtrahieren.
50° 21' – 28° 15' = 22° 06'.

Kursangaben

Kursangaben sind Richtungsangaben und haben nichts mit dem Gradnetz der Erde zu tun.
Damit Kursangaben eindeutig sind, müssen sie enthalten:

1. die anzugebende Richtung,
2. die Bezugsrichtung,
3. die Gradzahl.

Bei der Bezugsrichtung müssen wir unterscheiden zwischen True North, Magnetic North und Compass North. Wie die verschiedenen Bezugsrichtungen zusammenhängen, werden wir nachstehend sehen.

Der **Course** wird aus der Karte als Richtung zwischen Start- und Zielort entnommen. Als Bezugsrichtung dienen dabei die in der Karte eingezeichneten Längengrade. Dies sind die Linien im Koordinatennetz der Erde, die an jedem Punkt der Erdoberfläche die Richtung zum wahren Nordpol zeigen.

Mit **True North** (TN) bezeichnet man diese Bezugsrichtung, von der aus man für die Gradangabe nach East (E) = Osten bzw. West (W) = Westen zu zählen beginnt.

Man erhält dadurch den, aus der Karte entnommenen, **True Course** (TC).

Es bedeuten also

TC = 0/360° Flugrichtung nach Norden,
TC = 90° Flugrichtung nach Osten,
TC = 180° Flugrichtung nach Süden,
TC = 270° Flugrichtung nach Westen.

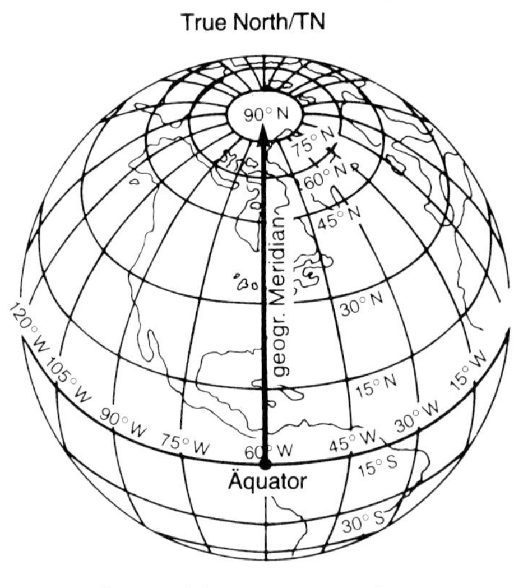

Bezugsrichtung True North/TN

Mit dem True Course können wir aber mit dem Kompass als Hilfsmittel noch nicht allzu viel anfangen. Der magnetische Nordpol stimmt nicht mit dem geografischen Nordpol überein. Die Nadel des Kompasses wird sich nach den magnetischen Feldlinien richten und diese laufen irgendwo im Norden Kanadas im magnetischen Nordpol zusammen. Noch dazu ist der Schnittpunkt dieser Feldlinien nicht fest, sondern verändert seine Lage im Lauf der Jahre.
Variation (VAR) wird diese Differenz zwischen True North (TN) und **Magnetic North** (MN) genannt.
Die Variation nimmt in Europa z. Zt. um ca. 0,10° pro Jahr ab.
Variation West (W) erhält das Vorzeichen minus (–).
Variation East (E) erhält das Vorzeichen plus (+).

Isogonen sind die Linien gleicher Variation auf der Erdoberfläche.

Agonen sind die Linien mit VAR ± 0°. Auf der Agone zeigt die unbeeinflusste Kompassnadel zum geografischen Nordpol. Eine solche Agone verläuft z. Zt. durch Mitteleuropa.
Genauere Angaben enthalten die ICAO-Karten, dort sind die Isogonen als gestrichelte blaue Linien eingetragen.

Beim Fliegen macht uns aber eine weitere Schwierigkeit das genaue Einhalten der Richtung schwer.
Der Kompass kann sich nur dann genau nach den Kraftlinien des Erdmagnetfeldes ausrichten, wenn diese Kraftlinien nicht durch Eisenteile oder Kraftlinien, die jeden stromführenden Leiter der Bordelektrik umgeben, gestört werden.
Durch Kompensation mit kleinen Zusatzmagneten kann man versuchen, diesen Fehler möglichst klein zu halten.

Die Deviation (DEV) ist diese nach der Kompensation noch vorhandene Abweichung der Kompassnadel von der Richtung zum magnetischen Nordpol.
Die Deviation wird für jeden in ein Flugzeug eingebauten Kompass individuell ermittelt und in der Deviationstabelle festgehalten.
Deviation West (W) enthält das Vorzeichen minus (–).
Deviation East (E) enthält das Vorzeichen plus (+).
Der Motor als größere Eisenmasse ist vom Kompass meist 1–3 m entfernt und Bordelektrik ist außer der Zündanlage meist keine vorhanden. Wir müssen lediglich darauf achten, dass die Kompassanzeige nur im geraden, beschleunigungsfreien Flug stimmt.
Im Kurven- oder Steigflug, aber auch beim Beschleunigen ergeben sich mehr oder minder große Fehler unbe-

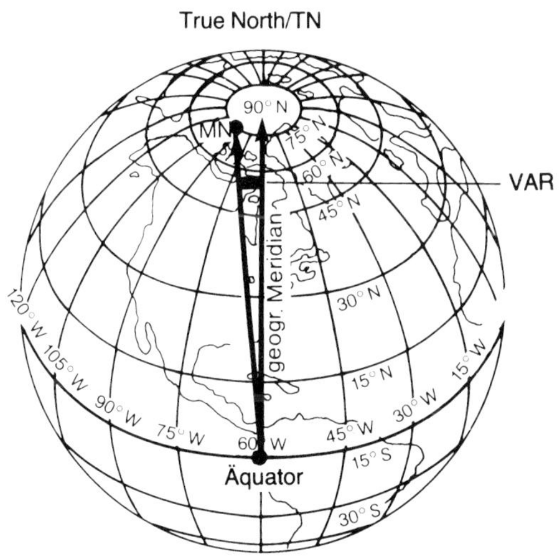

Bezugsrichtung Magnetic North/MN

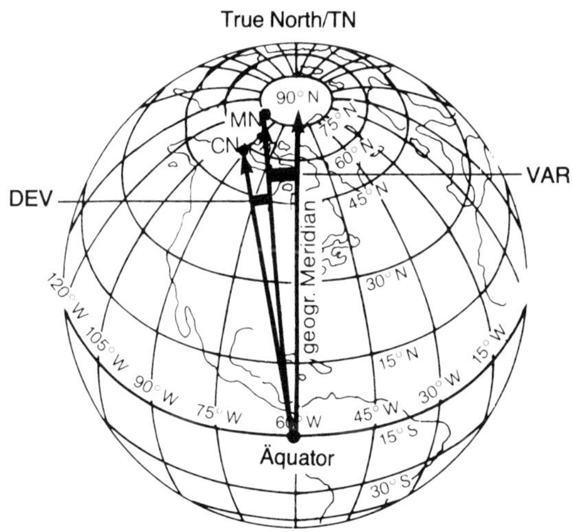

Bezugsrichtung Compass North/CN

TC (True Course) – Rechtweisender Kurs Winkel zwischen TN (= Längengrad) und Richtungslinie aus der Karte entnommen	**TN (True North) – Rechtweisend Nord** Richtung zum geografischen Nordpol, entspricht der Richtung der Meridiane bzw. Längengrade
VAR (Variation) – Ortsmissweisung Unterschied zwischen TC und MC	**VAR (Variation) – Ortsmissweisung** Unterschied zwischen TN und MN
MC (Magnetic Course) – Missweisender Kurs Winkel zwischen MN (Magnetic North) und Richtungslinie	**MN (Magnetic North) – Missweisend Nord** Richtung, in der die magnetischen Kraftlinien zum magnetischen Nordpol laufen
DEV (Deviation) – Kompassablenkung Unterschied zwischen MC und CC	**DEV (Deviation) – Kompassablenkung** Unterschied zwischen MN und CN
CC (Compass Course) – Kompasskurs Winkel zwischen tatsächlicher Kompassanzeige und Richtungslinie	**CN (Compass North) – Kompass Nord** Richtung, in welche die Kompassnadel zeigt
Heading – Steuerkurs entsprechend TH, MH und CH	**Track – Kurs über Grund** entsprechend TT, MT und CT

Der Einfluss des Windes

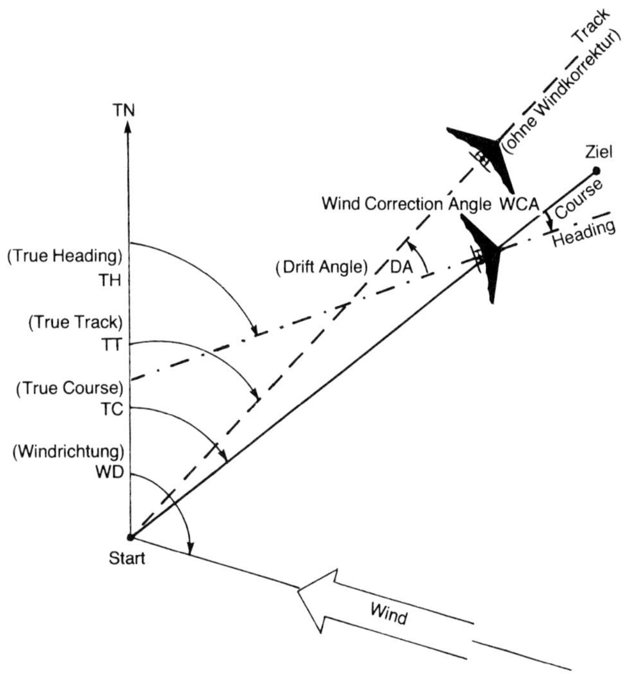

stimmter Größe. Die Ursachen liegen im nicht horizontalen Verlauf der Kraftlinien des Magnetfeldes und bestimmten Konstruktionsmerkmalen des Kompasses. Als praktisch anwendbare Bezugsrichtung für unser UL erhalten wir so:

Compass North (CN) – das ist die vom Kompass tatsächlich, also inklusive aller Fehler (sprich Deviation und Variation) angezeigte Nordrichtung.
Wir könnten jetzt schon nach dem aus der Karte entnommenen und dann mit Variation und Deviation korrigierten Compass Course (CC) unser Ziel ansteuern.
Dies gelingt sicher nur bei Windstille oder wenn der Wind genau von vorne oder hinten kommt.
Ob solch ideale Verhältnisse jedoch anzutreffen sind, ist äußerst fraglich. Der Wind wird immer mehr oder weniger von der Seite kommen, sodass wir die Flugzeuglängsachse etwas gegen den Wind richten müssen, um nicht abgetrieben zu werden. Wir müssen also etwas luven.
Mit **Heading** bezeichnet man die Richtung, in welche die Flugzeuglängsachse tatsächlich zeigt.

Der Vorhaltewinkel gegenüber dem gewünschten Course ist der **Wind-Correction Angle**, kurz **WCA** genannt.
WCA erhält das Vorzeichen plus (+), wenn der Wind von rechts kommt.
WCA erhält das Vorzeichen minus (–), wenn der Wind von links kommt.

Ist der WCA der Windstärke und Richtung entsprechend richtig gewählt, dann stimmen der aus der Karte entnommene Course und die tatsächliche, über GND geflogene Richtung überein. – **Track** nennen die Flieger diese Richtung über GND. War der Seitenwind aber stärker oder schwächer als angenommen, so werden auch Course und Track nicht übereinstimmen.
Gerade für die langsamen UL mit Geschwindigkeiten von 55–90 km/h wirken sich schon leichte Veränderungen des Seitenwindes stark aus.

Satellitennavigation

Da das Navigieren mit GPS (Global Positioning System), das heißt die Satellitennavigation, bei den UL-Fliegern zum Standard geworden ist, wenden wir uns erst diesem Verfahren zu. Später kommen wir zum Winddreieck und zur herkömmlichen Navigation, wie sie für die Prüfung und für das Fliegen ohne moderne Elektronik immer noch gebraucht werden.

Technische Grundlagen

Das Global Positioning System, kurz GPS genannt, ist ein Navigations- und Positionierungssystem mittels Satelliten. Es wird vom US-amerikanischen Verteidigungsministerium betrieben. Die Satellitensignale können von zivilen und privaten Stellen empfangen und kostenlos genutzt werden. Das System besteht aus derzeit 24 Satelliten, die in etwa 20 000 km Höhe in jeweils etwa 12 Stunden die Erde umkreisen.
Diese Satelliten strahlen ihre Information auf zwei Frequenzen im GHz-Bereich ab. Genau sind es 1,57542 und 1,2276 GHz entsprechend ca. 20 cm Wellenlänge.
Sehr vereinfacht ausgedrückt, beruht die Standortbestimmung auf einer Entfernungsmessung zu mindestens drei Satelliten, während ein vierter Satellit ein Referenzsignal liefert. Der Empfangsstandort ergibt sich dann nach dem Prinzip des geodätischen Bogenschnittes.

Die Genauigkeit

Das System funktioniert mit außerordentlicher Präzision, viel genauer, als wir den Standort aus den besten Karten entnehmen könnten. Es liefert uns den Standort auf ca. ± 10 Meter genau. Die Höhe wird systembedingt mit ca. ± 15 Meter angezeigt. Es gibt auch ein speziell für Bergsteiger konzipiertes GPS-Gerät, das die Höhe auf

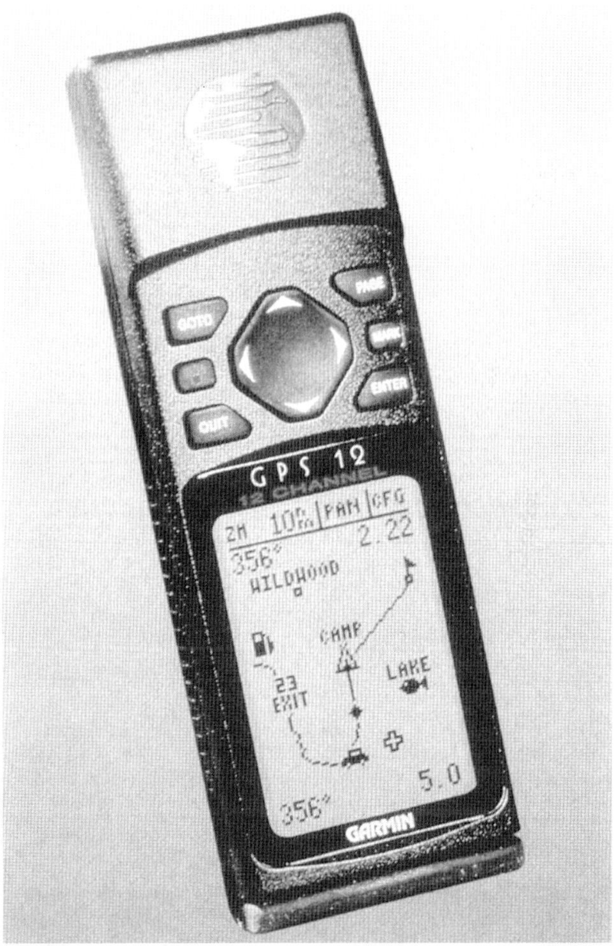

Satelliten-navigationsgerät

± 3 Meter genau anzeigt. Obwohl das GPS-Gerät damit jeden barometrischen Höhenmesser in den Schatten stellt, bleibt der separate Höhenmesser im UL Pflicht.

Praktische Anwendung

GPS-Geräte bieten oft eine ganze Palette von Möglichkeiten, Informationen auf dem Display darzustellen. Zunächst entscheiden wir, ob wir mit den englischen Maßeinheiten, also mit nautischen Meilen und Feet, oder mit dem metrischen System arbeiten wollen. Wenn unser GPS-Gerät die Möglichkeit bietet, die Koordinaten in Grad und die Minuten mit zwei oder drei Dezimalstellen anzuzeigen, dann sollten wir diese Möglichkeit wählen. Das Übernehmen von Wegpunkten aus einer Karte geht damit leichter.
Bei der Arbeit mit dem GPS-Gerät holen uns die englischen Fachbegriffe, die wir aus dem deutschen Navigationslehrstoff schon weitgehend verbannt hatten, wieder ein.

WPT – Waypoint:	Fix, Standort, Wegpunkt,
Track:	Richtung, in der wir uns gerade bewegen,
Bearing:	Richtung vom Punkt, auf dem wir uns gerade befinden, zum Ziel,
ETE:	voraussichtliche Flugzeit bis zum Ziel,
ETA:	voraussichtliche Ankunftszeit am Ziel.

Beim Fliegen brauchen wir dann nur darauf zu achten, dass die Richtungsanzeigen von Bearing und Track übereinstimmen. Wir erhalten dann bei Seitenwind ganz automatisch den richtigen Vorhaltewinkel und finden den kürzesten und direkten Weg zum Ziel.
Die Geschwindigkeitsangabe, Groundspeed genannt, liefert uns dazu noch die Information über Rücken- oder Gegenwind.
Wenn wir die Koordinaten des Zielplatzes aus dem Flugplatztaschenbuch entnehmen, ist die Sache ganz einfach. Bei beliebigen Punkten aus einer Landkarte ist etwas Aufwand erforderlich.

Waypoints aus beliebigen Karten

Damit wir zur Flugvorbereitung neben der obligatorischen ICAO-Karte mit dem aufgedruckten Minutenraster auch detaillierte Karten verwenden können, müssen wir noch zwei Dinge beherrschen:

- die Koordinaten eines Ortes aus der Landkarte entnehmen,
- gewonnene Koordinaten in die Karte übertragen.

Fangen wir mit dem ersten Fall an, und nehmen wir eine Karte mit zumindest grob aufgedrucktem Gradnetz zur Hand, dazu Lineal und Taschenrechner.
Wir beginnen mit der Breite und messen:
S – den Abstand von Grad zu Grad = 60 Minuten.
S_1 – der Abstand von der kleineren Gradlinie bis zum Zielpunkt x sei die gesuchte Breite in Minuten.

In den Taschenrechner tippen wir die gemessenen Werte:
$60 : S \times S_1 = x$

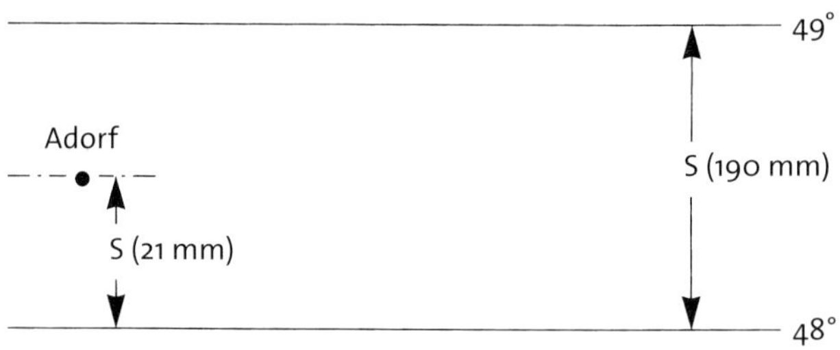

Abbildung: Beispiel

Für unser Beispiel sei:
S = 190 mm, gemessen zwischen 48° und 49°,
S_1 = 21 mm, gemessen zwischen 48° und Adorf:
60 : 190 mm x 21 mm = 6,63
Das Adorf liegt also auf 48° 06,63' Nord.
Genauso verfahren wir mit der Länge.

Im Prinzip umgekehrt gehen wir vor, wenn wir die vom GPS-Gerät angezeigten Koordinaten in die Karte eintragen wollen. Wir haben diesmal die Werte für:
S – den Abstand von Grad zu Grad und
x – den Minutenwert für den Zielort,

S_1 wird diesmal gesucht.
In den Taschenrechner tippen wir die Werte für
$S : 60 \times X = S_1$
Unser Beispiel:
190 mm : 60 x 6,63 = 21 mm
Damit zeichnen wir eine Standlinie 21 mm über der 48°-Linie.

Es geht aber auch viel einfacher und weniger zeitraubend.

Weitere Hilfsmittel

Es gibt eine Reihe von Anbietern, die sich darauf spezialisiert haben, uns zusätzlich komfortable Hilfsmittel für die Flugplanung zur Verfügung zu stellen. Das können z. B. sein:

- Unser GPS-Gerät wird gleich beim Kauf mit Flugplatzkoordinaten geladen.
- Für die Kombination GPS-Taschenrechner und GPS-PC gibt es Softwaresysteme für alle Anforderungen. Sie reichen von einfachen Datenbanken über Planungssysteme, die, gefüttert mit den Parametern unseres UL, auf dem PC-Drucker die komplette Flugplanung ausdrucken, bis hin zu aufwändigen Moving-Map-Systemen mit integrierten ICAO-Karten. Die Möglichkeit, für die Planung von uns definierte Waypoints direkt in das GPS-Gerät zu überspielen, ist mittlerweile Standard.

Wenn das System onlinefähig ist, genießen wir damit einen Navigationskomfort, wie er sonst nur Airliner-piloten zur Verfügung steht.
Nicht speziell für uns Flieger konzipiert, dafür aber besonders universell ist die Software FUGAWI, die GARMIN-Geräte und Kompatible mit NMEA0183-Schnittstelle mit dem PC verbindet. Sie unterstützt »Moving Map«, und auf CD-ROM steht Deutschland in hoher Auflösung zur Verfügung.
Die ICAO-Karte oder beliebige andere Karten kann man selbst einscannen oder man nutzt angebotene digitalisierte Karten.

Das Winddreieck

Es gibt eine ganze Reihe von Möglichkeiten, die wichtigsten Größen, das sind WCA und die wahre Geschwindigkeit über Grund, die **Groundspeed** (GS), zu ermitteln.

Es stehen zur Verfügung:
- Programmierbare Taschenrechner – Pech, wenn deren Batterie gerade leer ist.
- Computer oder Rechenscheiben – im Geschwindigkeitsbereich der UL kaum erhältlich.
- Tabellen – müssen spezifisch für die Geschwindigkeit der UL gerechnet sein.

Und schließlich:
- Zeichnerisch – als Winddreieck überall bekannt oder
- Kopfrechnen – Näherungsverfahren für Anwender, die oft damit zu tun haben.

Den beiden letztgenannten Verfahren wollen wir uns nachstehend näher zuwenden.

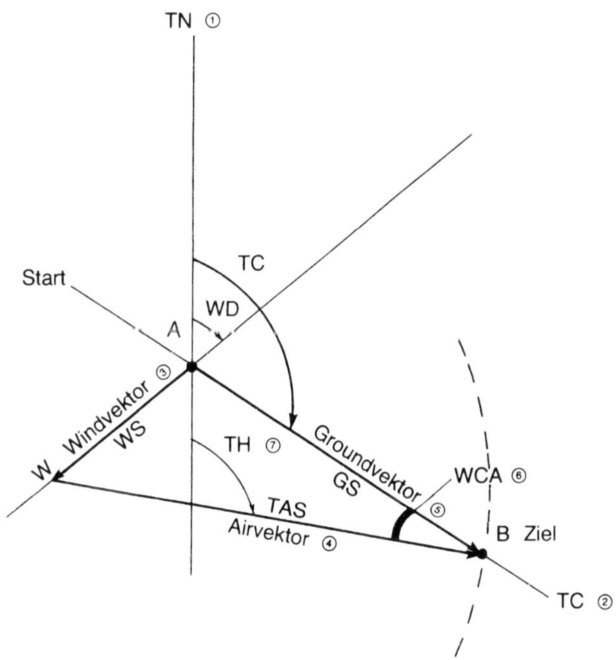

Das Winddreieck

Als Informationen stehen uns zur Verfügung:

TAS True Airspeed: Wahre Geschwindigkeit unseres UL in der Luft.

WD Wind Direction: Windrichtung, d. h. Richtung, aus welcher der Wind kommt. WD 90° heißt also, der Wind kommt aus Osten.

WS Windspeed: Windgeschwindigkeit in km/h oder Kts.

TC True Course: Richtungslinie aus der ICAO-Karte; zwischen Start und Zielort entnommen.

Das zeichnerische Ermitteln funktioniert nur, wenn der Maßstab der verwendeten Größen gleich ist.

TAS und WS in km/h 10 km/h = 1 cm
TAS und WS In Kts 10 Kts = 1 cm

Angenommene Daten:
TC = 120° WS = 20 km/h
WD = 60° TAS = 60 km/h

Als Erstes übernehmen wir nun die Richtungslinie aus der ICAO-Karte auf ein Blatt Papier.
Als Bezugslinie zeichnen wir dazu einen Längengrad auf unser Papier ① und tragen davon ausgehend die auf Plotter oder Winkelmesser abgelesene Gradzahl der Richtungslinie ②, den True Course, ein.
Der Schnittpunkt des Längengrades und der Richtungslinie sei der Ausgangspunkt A. Hier beginnen wir mit unserem Gedankenspiel.

Wenn unser UL eine Stunde lang wie ein Ballon in der Luft hängt, dann wird es in dieser einen Stunde vom Wind, der aus Nordosten kommt, um 20 km (= 2 cm) nach Südwesten versetzt ③, bis zum Punkt W (Windvektor).
Nun fliegen wir eine Stunde lang mit unserer TAS von 60 km/h auf kürzestem Weg zum True Course zurück (Airvector).
Dazu schlagen wir um den Punkt W einen Kreis mit dem Radius 60 km = 6 cm ④. Am Schnittpunkt B erreichen wir wieder den True Course.
In der einen Stunde haben wir uns jetzt auf der Kurslinie TC tatsächlich von A nach B bewegt.
Die Entfernung können wir nachmessen – sie entspricht der in einer Stunde zurückgelegten Strecke über Grund – der Groundspeed (Groundvector) ⑤.
Aus dem Winddreieck können jetzt außerdem entnommen werden:

der WCA Winkel zwischen Groundvector und Airvector ⑥,
TH Winkel zwischen Längengrad und Airvector ⑦.

Für den Flug brauchen wir aber den Compass Heading (CH). Wir können jetzt

- den True Course aus der Karte ergänzen mit WCA, VAR und DEV,
- das True Heading aus dem Winddreieck mit VAR und DEV ergänzen.

Wie die einzelnen Größen zusammenhängen, kann am besten der Grafik entnommen werden.

vor dem Flug	Bezug	TN		MN		CN
	Course	**TC**	VAR	**MC**	DEV	**CC**
		WCA		WCA		WCA
	Heading	**TH**	VAR	**MH**	DEV	**CH**
während u. nach		DA		DA		DA
	Track	**TT**	VAR	**MT**	DEV	**CT**

→ Vorz. drehen → (nach rechts); ↑ Vorz. drehen ↑ (nach oben)

VAR	W	–	
VAR	E	+	
DEV	W	–	
DEV	E	+	
WCA	+		Wind v. rechts
WCA	–		Wind v. links
DA	–		Wind v. rechts
DA	+		Wind v. links

Als Hilfe kann man sich merken:
- beim Rechnen vom »T« weg – Vorzeichen drehen.

Beispiel (aus dem Winddreieck entnommen):

GS	=	47 km/h
WCA	=	–16°
TH	=	104°

Für geschickte Kopfrechner anschließend noch eine Methode, die erstmals von D. Schmitt für UL-Flieger veröffentlicht wurde.

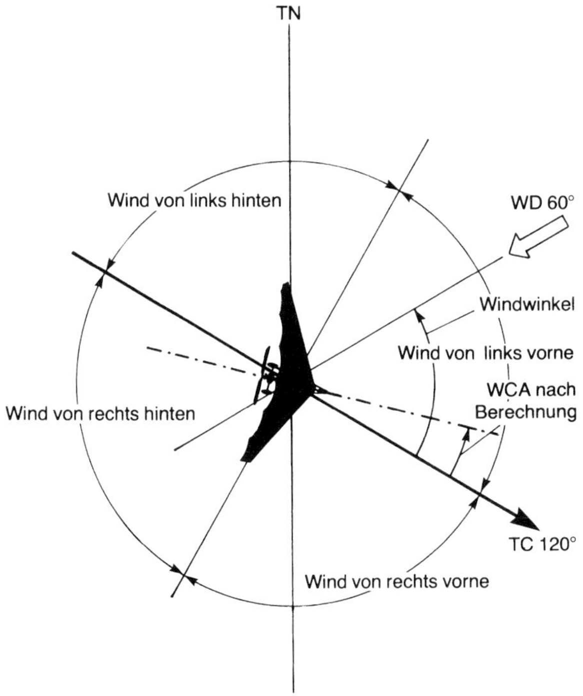

Bestimmung des Windwinkels für die Kopfrechenmethode

Ermittlung des WCA:

Wir legen dafür die gleichen Werte zugrunde wie beim Beispiel aus dem Winddreieck:

TC	=	120° WS = 20 km/h
WD	=	60° TAS = 60 km/h

Zur Bestimmung der Windwinkel wird der 360°-Kreis um unser UL in 4 Quadranten eingeteilt. Bezugslinie ist der True Course.

Es gibt also 4 Möglichkeiten:
Der Wind kommt von rechts vorne,
von rechts hinten,
von links hinten,
oder von links vorne.

Ausgewertet wird folgende Tabelle, die leicht zu merken ist:

Windwinkel in Grad	0	10	20	30	40	60	90
Rechenfaktor	0	1	2	3	4	5	6

Gerechnet wird nach folgender Faustformel:
WCA = Rechenfaktor x Windgeschwindigkeit dividiert durch ein Zehntel der Fluggeschwindigkeit
= 5 x 20 : 0,1 x 60 = 100 : 6 = 16,5°
Der WCA beträgt also rund –16°.

Für die Groundspeed werden folgende Tabellen angewandt:

Bei Gegenwind (–)	100	90	80	70	60	40	0
	0	1	2	3	4	5	6
Bei Rückenwind (F)	80	70	60	50	40	30	0
	0	1	2	3	4	5	6

Gerechnet wird mit:
GS = TAS ± (Rechenfaktor x WS) : 6

Für unser Beispiel:
GS = 60 – (4 x 20) : 6 (km/h)
GS = 60 – 80 : 6 (km/h)
GS = 60 – 13,3 ≈ 47 (km/h)

Die ICAO-Karte

Es ist nicht möglich, die Kugelgestalt der Erde auf einer ebenen Landkarte exakt abzubilden. Die für uns UL-Flieger weitaus wichtigste Karte, die ICAO-Karte 1:500 000, ist jedoch für Flugvorbereitung und -durchführung ausreichend winkel- und entfernungsgetreu. Dies sind genau die zwei Eigenschaften, auf die es bei der Flugplanung ankommt. Es gibt immer wieder Empfehlungen, nach Karten zu fliegen, die im ersten Augenschein genauer erscheinen, aber blättern Sie in einem offenen UL einmal das Kartenblatt einer

1:200 000-Generalkarte um. Während des Fluges dann erweist sich die für Flieger geschaffene ICAO-Karte als unübertroffen exakt.
Speziell die vom Flugzeug aus gut sichtbaren Geländemerkmale sind eingetragen.
Eisenbahnlinien sind hervorragende Navigationshilfen, die Bahnhöfe sind immer auf der richtigen Seite der Geleise gezeichnet.
Autobahnen sind ebenso gut, auch hier entsprechen die eingetragenen Unterführungen, Brücken und Auffahrten der tatsächlichen Anordnung.
Bei der Form von Waldstücken oder von Gewässern kann man sich darauf verlassen, dass sie vom Flugzeug aus die gleiche Form wie auf der Karte haben.
An die besten Navigationshilfen wie Flusstäler, Eisenbahnen und Autobahnen halten sich natürlich auch andere Luftraumbenutzer, wie z. B. die Militärs, die ja in der ganzen BRD bis 500 ft tief fliegen dürfen.
Es ist deshalb sicherer, zu solch guten Navigationshilfen in den Zeiten des militärischen Tiefflugs etwas seitlichen Abstand zu halten.
Gute Orientierungspunkte sind auch die in der Regel einzelstehenden und in die ICAO-Karte eingezeichneten Landschaftsmerkmale wie Burgen, Kirchen, Klöster oder Aussichtstürme. Fluggelände, für die eine befristete Genehmigung nach § 25 LVG vorliegt, können natürlich nicht in der ICAO-Karte enthalten sein.
Nur in zwei Punkten hat man noch nicht an die UL-Flieger gedacht: Hochspannungsleitungen fehlen in der ICAO-Karte völlig und Naturschutzgebiete, die wir mit dem UL nur in mindestens 500 m GND überfliegen dürfen, sind nicht eingezeichnet. Neben den topografischen Angaben enthält die ICAO-Karte auch Flugsicherungsaufdrucke.
Alle diese Angaben werden in der jährlich neu erscheinenden Ausgabe aktualisiert. Deshalb sollte die Flugvorbereitung nie nach einer alten Karte erfolgen. (Rechtlich gilt eine Flugvorbereitung nach alter Karte als nicht gemacht.)
Zum Abschluss noch ein nur für UL-Reisegeschwindigkeiten brauchbarer Trick:
Wir fliegen etwa 60 km pro Stunde, das sind 1 km pro Minute. 1 Fingerbreit auf der ICAO-Karte sind etwa 20 mm = 10 km = 10 Flugminuten; 3 Finger breit also etwa 60 mm = 30 km = 30 Flugminuten.

Die wichtigsten Symbole

FLUGPLÄTZE

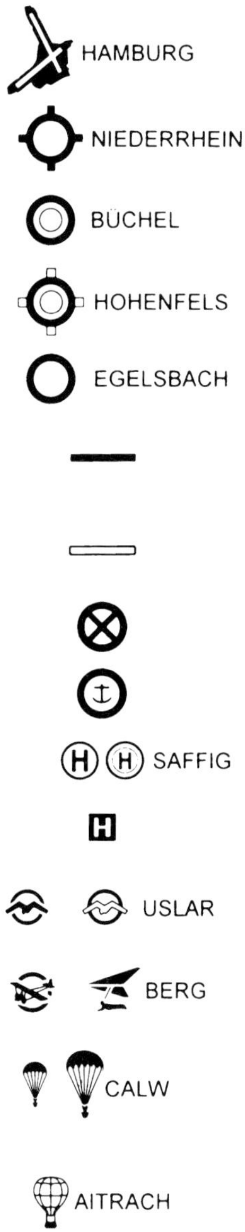

HAMBURG	Internationaler Flughafen
NIEDERRHEIN	Flughafen bzw. Landeplatz IFR
BÜCHEL	Militärflugplatz
HOHENFELS	Landeplatz (Zivil/Militär-)
EGELSBACH	Landeplatz (Zivil)
	Ausrichtung der längsten befestigten Start- und Landebahn
	Ausrichtung der längsten Gras-Start- und Landebahn
	Flugplatz, geschlossen
	Wasserlandeplatz
SAFFIG	Hubschrauberlandeplatz Zivil bzw. Militär
	Hubschrauberlandeplatz für Krankentransp.
USLAR	Segelfluggelände Flugzeugschlepp bzw. Windenschlepp
BERG	Ultraleichtflug- bzw. Hängegleitergelände
CALW	Fallschirmabsprunggelände, geringe bzw. intensive Aktivitäten (Betrieb über FIS oder INFO einholen)
AITRACH	Freiballonstartplatz

	Flugplatzleuchtfeuer
1200 MSL	Flugplatzhöhe
123.000 650m	Kürzere der verfügbaren Landestrecken der längsten RWY
2.2 E	Höhe und Lage der Platzrunde (2.2=2200 ft MSL / E=Ost/East)
	TWR/INFO Frequenz (unterstrichen: VDF verfügbar)
118.450 A/A	Bord/Bord Kommunikation (Frankreich)
123.500	Frequenz an Segelflug- und Ultraleichtfluggelände (eingeschränkte Nutzung, nicht exklusiv)

FUNKNAVIGATIONSANLAGEN

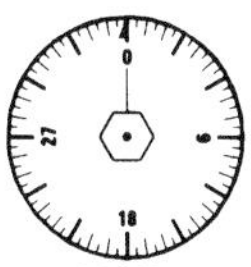

VOR

VOR/DME

VORTAC

NDB

LUFTRAUMSTRUKTUR

Luftraum C, D

Sektor Luftraum C, D

Kontrollzone / Flugplatzverkehrszone

1000 ft GND

1700 ft GND

Luftraum E

Luftraum F (HX)

LUFTRAUMBESCHRÄNKUNGEN

Gebiet mit Flugbeschränkung

Gefahrengebiet

WEITERE LUFTRÄUME

Fluginformationsdienst (FIS)

250 ft-Tieffluggebiet

TRANSPONDERSCHALTUNG

TMZ Transponder Mandatory Zone
Pflicht zur Transponderschaltung

Dringende Empfehlung

VERSCHIEDENES

1° E	Linien gleicher Missweisung (2005)
	Gebiet hoher elektromagn. Feldstärke mit einem Radius von 600 m und einer Höhe von 2000 ft (610 m) über dem Hindernis
	Pflichtmeldepunkt für VFR-Flüge
	Vogelschutzgebiet/Naturschutzgebiet

BEBAUTE GEBIETE

KÖLN	Großstadt > 500 000 Einwohner	
KIEL	Großstadt	100 000 - 500 000
ULM	Stadt	50 000 - 100 000
LAHR	Stadt	20 000 - 50 000
Neuhaus	Ortschaft	5 000 - 20 000

GRENZEN

Staatsgrenzen

GELÄNDEHÖHEN, HINDERNISSE

HÖHEN IN FUSS

300	*(300)*	Höhe über MSL (über GND)
•*2343*	)•(*2343*	Höhenpunkt, Pass
•*3747*		Höchster Höhenpunkt im Kartenblatt N 51°48'01" E 010°37'03"

Hindernis und Hindernisgruppe (unbefeuert)

Hindernis, Hindernisgruppe, befeuert

Windkraftanlage, Fernsehturm, Schornstein

Kirche, Gittermast, Hochspannungsmast

Gebäude, Halde, Seilbahn

EISENBAHNEN

Eisenbahn (eingleisig/mehrgleisig) mit Bahnhof

Eisenbahn (stillgelegt oder in Bau befindlich)

Eisenbahntunnel/-brücke

Seil- oder Schwebebahn

STRASSEN

A3	Autobahn mit Auffahrt, Schnellstraße/in Bau / Tank-/Raststätte
	Fernverkehrsstraße, wichtige Verbindungsstraße
	Straßenbrücke/-tunnel

LANDSCHAFTSMERKMALE

Aussichts-/Fernsehturm, Leuchtturm

Kirche, Kloster

Bergwerk, Steinbruch, Fabrik

Schloss, Denkmal

Ruine, Festung

Ölfeld/Öltank

GEWÄSSER

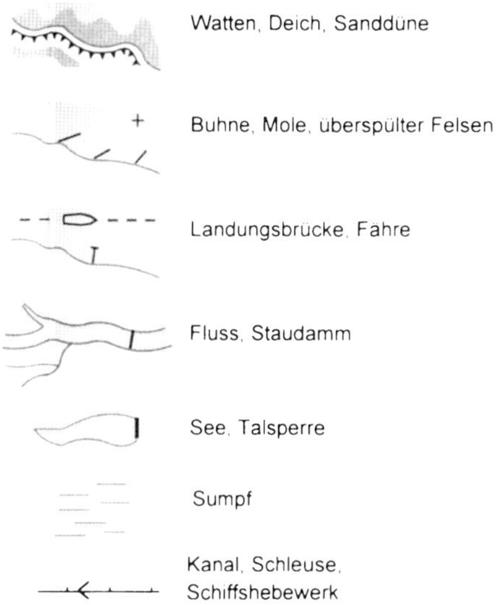

GELÄNDEDARSTELLUNG

Sichtnavigation

Unter Ultraleichtfliegern hat sich dafür auch der Ausdruck »Koppelnavigation« eingebürgert. Darunter verstehen die anderen Luftfahrer das Mitkoppeln des Kurses über Grund ohne weitere optische Hilfen allein aufgrund der im Flugzeug selbst vorhandenen Daten, d. h. Geschwindigkeit, Richtung und Wind.
Bei der Sichtnavigation verlassen wir uns aber gerade auf die optischen Hilfen, die uns die überflogene Landschaft bietet. Aus der Flugvorbereitung wissen wir den Compass Course (= True Course korrigiert mit Variation und Deviation) zu unserem nächsten Ziel.
Verlassen wir die Platzrunde nach dem Start, so richten wir die Nase unseres UL nach Kompassanzeige auf das noch irgendwo hinter dem Horizont liegende Ziel. Auch wenn wir unser Ziel noch nicht sehen, so können wir doch eine gedachte Linie über die Landschaft unter uns ziehen. Diese Linie soll uns geradewegs zum Ziel führen. Jetzt suchen wir markante Punkte auf oder in der Nähe dieser Linie und steuern diese erst mal an. Auch bei Seitenwind werden wir sehr schnell spüren, wie weit wir vorhalten müssen, damit wir uns auf der gedachten Linie über Grund bewegen. Aufgereiht wie an einer Perlenschnur werden immer wieder neue Dinge auftauchen, die sich als Ansteuerhilfen eignen. Bewährt haben sich Waldkanten, Kirchtürme, allein stehende Gehöfte, Seen und auffallende Bodenfarben.
Navigationshilfen wie Eisenbahnlinien oder Bachläufe sind als Ansteuerpunkte weitaus weniger geeignet. Wenn wir für unseren Flug noch die Zeit berechnet haben und auch eine sichere Auffanglinie vorbereitet haben, kann eigentlich nichts mehr schief gehen.

Navigation mit VOR

Moderne Elektronik macht's möglich: die Funkleitstrahlen eines Drehfunkfeuers, kurz VOR (VHF omnidirectional radio range) genannt, im Handfunkgerät eines UL zu nutzen.
So ein VOR sendet rundherum von 0 bis 360° Leitstrahlen aus, so genannte Radiale.

Flugvorbereitung mit ICAO-Karte

Der Radial, auf dem wir uns gerade befinden, kann vom Display des Handfunkgerätes in Stellung FROM (für vom Funkfeuer ausgehend) direkt abgelesen werden. Schalten wir auf TO, so wird der gleiche Radial als zum Funkfeuer hinführend angezeigt, d. h. mit 180° Differenz. Er entspricht dann dem QDM, das uns ein Platz mit Funkpeiler als Anflugkurs geben kann.
Schwierig zu findende Ziele können wir so in den Schnittpunkt von zwei Radialen verschiedener VOR-Stationen legen und damit genau anfliegen.

Reichweite und Wind

Wer ein UL mit niedriger Reisegeschwindigkeit wie z. B. einen motorisierten Gleitschirm nutzt, muss genau überlegen, wie er seinen Ausflug unter Berücksichtigung von Windrichtung und Windstärke plant.

Zielflug

Hier ist die Sache relativ einfach. Fliegen wir gegen den Wind, so wird unsere Geschwindigkeit über Grund um die Windgeschwindigkeit vermindert, d. h. GS = TAS – WS. Fliegen wir dagegen mit dem Wind, so addiert sich die Windgeschwindigkeit zu unserer Eigengeschwindigkeit, d. h. GS = TAS + WS. Für die dazwischen liegenden Richtungen erhalten wir unsere Geschwindigkeit über Grund und damit die Reichweite mit Hilfe des Winddreiecks. Wie die Reichweite vom Kurs relativ zum Wind abhängt, ist auf der Grafik dargestellt.
Hier sind die Verhältnisse nicht so einfach. Dies wird der häufigere Fall sein, und der tritt immer dann ein,

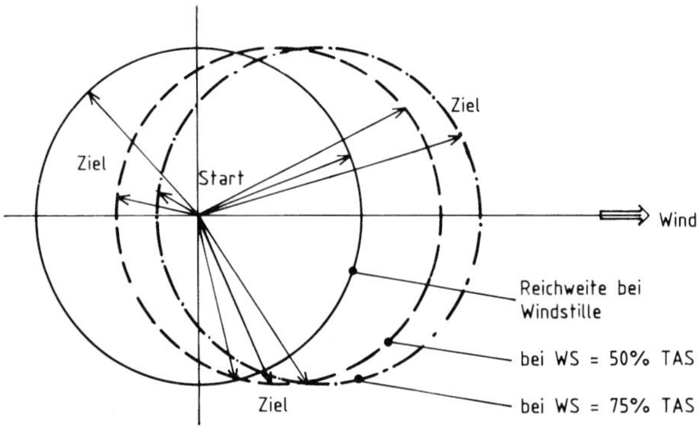

Beim Flug zu einem Zielflugplatz ist die Reichweite in Windrichtung sehr stark, in Richtungen quer zum Wind weniger von der Windgeschwindigkeit abhängig. Eingezeichnet ist die Reichweite für einige beliebige Richtungen.

Zielrückkehrflug

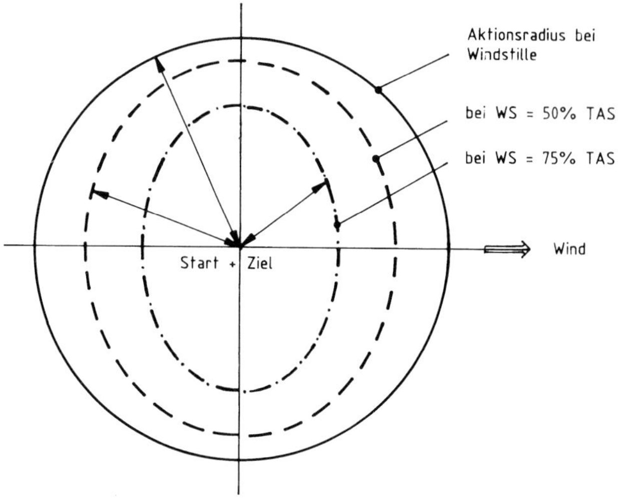

Beim Zielrückkehrflug nimmt der Aktionsradius mit steigendem Wind besonders bei Flügen mit und gegen die Windrichtung stark ab. Eingezeichnet ist der Aktionsradius für einige beliebige Richtungen.

wenn wir einen Ausflug machen, um nach Ablauf der geplanten Zeit wieder auf unserem Platz zu landen.
Auf der Grafik können wir sehen, wie der Wind den Aktionsradius einengt, je nachdem, wie wir unseren Kurs relativ zum Wind wählen. Wir sehen, dass wir quer zum Wind am weitesten von unserem Platz wegkommen, während unsere Reichweite mit oder gegen den Wind am stärksten beschnitten wird. Obwohl es bei einem Ausflug im Prinzip gleich ist, ob wir zuerst mit oder gegen den Wind wegfliegen, sollten wir immer zuerst gegen den Wind wegfliegen und uns dann vom Rückenwind zum Platz zurücktragen lassen. Wir sind dann vor Überraschungen sicher, wenn der Wind auffrischt.
Für Ultraleichtpiloten, die es ganz genau wissen wollen, nachstehend einige Formeln zum Rechnen und ein Beispiel. Dabei bedeuten im Einzelnen:

TAS = True Airspeed
WS = Windspeed

$GS1$ = Groundspeed beim Wegfliegen (aus Winddreieck)
$GS2$ = Groundspeed beim Zurückfliegen (aus Winddreieck)
$t1$ = Flugzeit bis zum Umkehrpunkt
$t2$ = Flugzeit vom Umkehrpunkt zum Heimatplatz
T = gesamte geplante Flugzeit
s = Reichweite für Zielrückkehr

$$t1 = \frac{T \times GS2}{GS1 + GS2}$$

$$t2 = T - t1$$

$$s = T \times \frac{GS1 \times GS2}{GS1 + GS2}$$

Beispiel:

Kurs	90°
WD	45°
WS	15 Kts
TAS	30 Kts
T	1 h

Aus Winddreieck entnommen:
GS1 17,5 Kts
GS2 36,5 Kts
In die Formeln eingesetzt und gerechnet.

Die Reichweite für einen Zielrückkehrflug beträgt:

$$s = T \times \frac{GS1 \times GS2}{GS1 + GS2} = 1 \times \frac{17{,}5 \times 36{,}5}{17{,}5 + 36{,}5} = 11{,}8 \text{ NM}$$

Flugzeit bis zum Umkehrpunkt:

$$t1 = \frac{s}{GS1} = \frac{11{,}8}{17{,}5} = 0{,}67 \text{ h} = 40{,}5 \text{ min}$$

Oder wenn wir direkt rechnen wollen, ohne vorher die Reichweite s auszurechen:

$$t1 = \frac{T \times GS2}{GS1 + GS2} = \frac{1 \times 36{,}5}{17{,}5 + 36{,}5} = 0{,}67 \text{ h} = 40{,}5 \text{ min}$$

Praktisches Navigationsbeispiel

Wir planen einen Flug von Eggenfelden nach Vogtareuth. Abflug in Eggenfelden um 9.30 LT.
Ein herrlicher Sonntagmorgen liegt über dem Land. Gestern ist nach ausgiebigen Regenfällen eine Warmfront durchgezogen. Unser Vogel steht gesichert auf dem Vorfeld, der Gerätecheck ist gemacht und der Motor probegelaufen.
Aus dem Flugplatztaschenbuch entnehmen wir die Gebietskennzahlen der AFWA für Eggenfelden (74) und Vogtareuth (82) und lassen uns dann über Telefon (0190-11 69 66) das Wetter geben. Die Ansage OSKAR-DELTA-MIKE lässt brauchbare Sicht erwarten. Außerdem erfahren wir: Wind in 3000 ft aus 200° mit 10 Kts. Zusammen mit dem Bodenwind 180° und 4 Kts, den wir uns vom Tower holen, errechnen wir für die Flugplanung:

WD = (200 + 180) : 2 = 190°
WS = (10 + 4) : 2 = 7 Kts

Aus der ICAO-Karte entnehmen wir:
TC = 217°
VAR = 1° W = – 1°
Distanz = 34 NM von Platzmitte zu Platzmitte

Von unserem UL kennen wir:
DEV = 3° aus der Deviationstabelle,
TAS = 35 Kts und Treibstoffverbrauch 8,5 l/h

Wir zeichnen jetzt unser Winddreieck und entnehmen daraus:
WCA = – 5° (der Wind kommt von links)
GS = 29 Kts

Daraus errechnen wir die Flugzeit (t):

t = Flugstrecke : GS
= 34 NM : 29 Kts
= 1,17 h = 1 h 10 min (die Minuten erhält man durch Multiplizieren der Ziffern hinter dem Dezimalpunkt mit 60). In unserem Fall also 0,17 h x 60 = 10 Minuten.

Zur Flugzeit von Platzmitte zu Platzmitte kommen noch 2 halbe Platzrunden (à 5 min) für den Abflug in Eggenfelden und den Landeanflug in Vogtareuth.

Die gesamte Flugzeit beträgt also:
t ges 1 h 10 min + 10 min = 1 h 20 min = 1,33 h

Der Benzinverbrauch berechnet sich nach
Gesamtverbrauch = Verbrauch pro Stunde x Flugzeit:
8,5 l x 1,33 h = 11,3 l.

Zum Errechnen des CH (Compass Heading oder Steuerkurs) nehmen wir dann am besten die Tabelle von Seite 74 zu Hilfe.

TC + WCA = TH (Vorzeichen bleibt)
217° – 5° = 212°
TH + VAR = MH (Vorzeichen drehen)
212°+ 1° = 213°
MH + DEV = CH (Vorzeichen drehen)
213° + 3° = 216°

Trotz aller guten Wetteranzeichen sind wir vorsichtig und rechnen auch gleich den Umkehrkurs aus. Dies ist der Kurs, den wir steuern müssen, um bei einer Umkehr unseren Heimatflugplatz wieder zu finden.

(TH ±180°) – (2 x WCA) = THu
(212 – 180°) – (2 x – 5°) =
32 + 10 = 42°
THu + VAR = MHu
42°+ 1°= 43°
MHu + DEV = CHu (Achtung! DEV aus Tabelle neu entnehmen; hier mit –1° angenommen)
43° + 1° = 44°

Nachdem wir UL-Flieger aber auch die Navigation grundsätzlich mit »doppeltem Boden« machen, nehmen wir uns die ICAO-Karte nochmals vor und legen folgende Checkpunkte fest:

Bei Mühldorf müssen wir 2 Eisenbahnlinien und einen Fluss überfliegen. Flugzeit bis dahin ca. 28 min. Mühldorf muss dabei rechts von uns liegen. Nach 50 min erreichen wir einen etwa 500 ft, das sind rund 150 m, hohen Turm (Basis 2142 ft, Spitze 2649 ft). Den können wir umfliegen und dabei mindestens 150 m Abstand einhalten oder auch 150 m überfliegen, wobei unser Höhenmesser, den wir beim Abflug auf QNH (d. h. Platzhöhe Eggenfelden) einstellten, mindestens 3150 ft (2650 + 500) oder 960 m anzeigen muss.
Nachdem die CTA hier im 2500 ft GND, also in 2142 + 2500 = 4642 MSL beginnt, wäre dies kein Problem.
Auch Auffanglinien – ohne die kein Flug geplant werden sollte – sind ideal vorhanden.
Kommen wir zu weit nach Ost ab, so stoßen wir auf die Eisenbahn, der wir dann bis Halfing folgen können, um dann mit Kurs 270° Vogtareuth anzusteuern. Kommen wir zu weit nach Westen, dann erreichen wir im spitzen Winkel den Inn, dem können wir bis zu einem kleinen See folgen und dann den Kurs 90° steuern.
Auch wenn wir den Flugplatz im Dunst überflogen haben, kann nichts passieren. Entweder fängt uns der Inn auf oder die Eisenbahnlinie, denen wir dann bis zu einem markanten Geländemerkmal folgen können.
Abschließend werfen wir einen Blick ins Flugplatztaschenbuch oder die AIP Bd. III.
Daraus entnehmen wir:
Die Anflugerlaubnis ist unter Tel. 08038/300 einzuholen. Bei dieser Gelegenheit lassen wir uns nochmals den Bodenwind geben und auch bestätigen, dass, wie bei Wind aus 190° vermutet, heute die Landepiste 24 freigegeben ist.
Die voraussichtliche Ankunftszeit geben wir natürlich in UTC mit 8.50 Uhr an.
Wir erinnern uns:
Beim Umrechnen von Bravo in UTC 2 h abziehen (gilt für Sommerzeit, bei Winterzeit ist nur 1 Stunde abzuziehen).
Aufgrund des angegebenen Kennzeichens sind wir jetzt auch als UL-Pilot erkannt und bekommen noch einen Hinweis, wie wir uns in die Platzrunde einfädeln sollen.
Für den Überlandflug stellen wir den Höhenmesser auf QNH, d. h. auf Platzhöhe, ein. Nachdem wir auch den Spickzettel mit den wichtigsten Telefonnummern, wie von Zielflughafen und Heimatplatz, gut verstaut haben, steht einem glücklichen Flug nichts mehr im Wege.

Allgemeines

Die Abhängigkeit der Flieger vom Wetter ist so alt wie die Fliegerei. An diesem Zustand hat sich bis zum heutigen Tag – jedenfalls für uns UL-Flieger – nichts Wesentliches geändert. Ist bei dichtem Nebel oder Unwettern auch ein Airbus an den Boden gebunden, so braucht ein UL-Flieger gar nicht solch extreme Bedingungen, um in der Halle zu bleiben.
Zu viel Wind, Regen oder Schnee machen den Entschluss leicht, lieber nicht zu starten. Mehr Überlegungen erfordert schon die Entscheidung »Soll ich« oder »Soll ich nicht«, wenn die Verhältnisse zweifelhaft sind und die weitere Entwicklung der Wetterlage abgeschätzt werden soll.
Hier hilft uns in der Regel ein Anruf bei der Flugwetterberatung – der im Übrigen bei Überlandflügen obligatorisch ist – weiter. Aber auch die beste Wetterberatung kann die Launen der Natur nicht immer vorausahnen. Trotz Computereinsatz und Datenverarbeitung bleibt uns die Beobachtung von Himmel und Wolken und ein stetes Lernen um die Zusammenhänge dessen, was wir Wetter nennen, nicht erspart. UL, die dicht über dem Boden in Höhen um 600 m über die Landschaft gleiten, sind den kleinräumigen Wetterveränderungen – denken wir nur an Wärmegewitter, Bodennebel oder Turbulenzen an Geländeunebenheiten – besonders ausgeliefert. Der Airbus zieht von Radar geleitet seine Bahn durch Wolken und Nebel – er weicht nur noch Gewittern respektvoll aus oder übersteigt sie einfach. Sind wir Genießer und Himmelsspaziergänger aber erst einmal in der Luft, so helfen uns nur noch die eigene Erfahrung und das Wissen um die in unserer Atmosphäre ablaufenden Vorgänge, eine sichere Route zu wählen und auf unerwartete Veränderungen rechtzeitig zu reagieren.

Die Atmosphäre

Die gesamte Gashülle unseres Planeten Erde, deren letzte Reste noch in über 500 km Höhe nachweisbar sind, ist die **Atmosphäre**. Das, was wir als Wetter bezeichnen, spielt sich aber in unseren Breiten im Wesentlichen zwischen der Erdoberfläche und 11 km Höhe ab, auch wenn einzelne Wettererscheinungen, wie z. B. Gewitter in den Tropen, bis auf 15 oder 18 km Höhe reichen können.
In dieser Schicht, der **Troposphäre,** sind bereits 75% der gesamten Luftmasse der Erde enthalten.
Die **Tropopause** bildet in unseren Breiten in 11 km Höhe die Grenze zur ewig kalten (–56,5 °C) und klaren, aber von Höhenwinden, den Jet-Streams, gepeitschten Stratosphäre.
Auf dem Boden in Meereshöhe (NN = Normalnull, MSL = mean sea level) lastet der Druck der gesamten Luftmasse von 1,033 kPa/cm^2 oder 1013,25 mb. Mit zunehmender Höhe nimmt der Druck der darüber lastenden Luftmasse ab, d. h. der **Luftdruck** sinkt mit steigender Höhe, die Luft wird »dünner«. Da die Luft kompressibel, also zusammendrückbar ist, nimmt der Luftdruck mit steigender Höhe nicht linear ab. Nach jeweils 5500 m halbiert sich der Luftdruck und damit auch die Dichte der Luft. In 5500 m Höhe werden also nur noch halb so viele Luftmoleküle pro m^3 zu finden sein wie auf MSL, auch wenn sich an der Zusammensetzung der Luft:

ca. 78% Stickstoff,
21% Sauerstoff,
1% Edelgase, Wasserdampf und Staub,

innerhalb der Troposphäre nichts ändert.

Durch Messung des Luftdrucks kann man daher jederzeit die Höhe ermitteln.
Für die Höhen, in denen wir uns mit dem UL bewegen, genügt es zu wissen, dass sich in MSL bei 8 m Höhendifferenz der Luftdruck um 1 mb ändert. Die barometrische Höhenstufe beträgt 8 m. In 2000 m MSL beträgt die Höhenstufe bereits 10 m.
In der Praxis ist das nicht ganz so einfach, da sich der Luftdruck abhängig von der Wetterlage ändert.
Der Blick auf ein Barometer, das ja nichts anderes als ein empfindliches Druckmessgerät ist, zeigt uns, dass der Druck um den Mittelwert, der bei ca. 1013 mb liegt, etwa zwischen 1060 und 960 mb schwanken kann. Legen wir nun die barometrische Höhenstufe von 8 m zugrunde, so würde das Barometer als Höhenmesser verwendet im Hochdruckgebiet etwa 50 x 8 = 400 m zu wenig Höhe anzeigen und im Tiefdruckgebiet um den gleichen Betrag, 400 m, zu viel Höhe anzeigen:

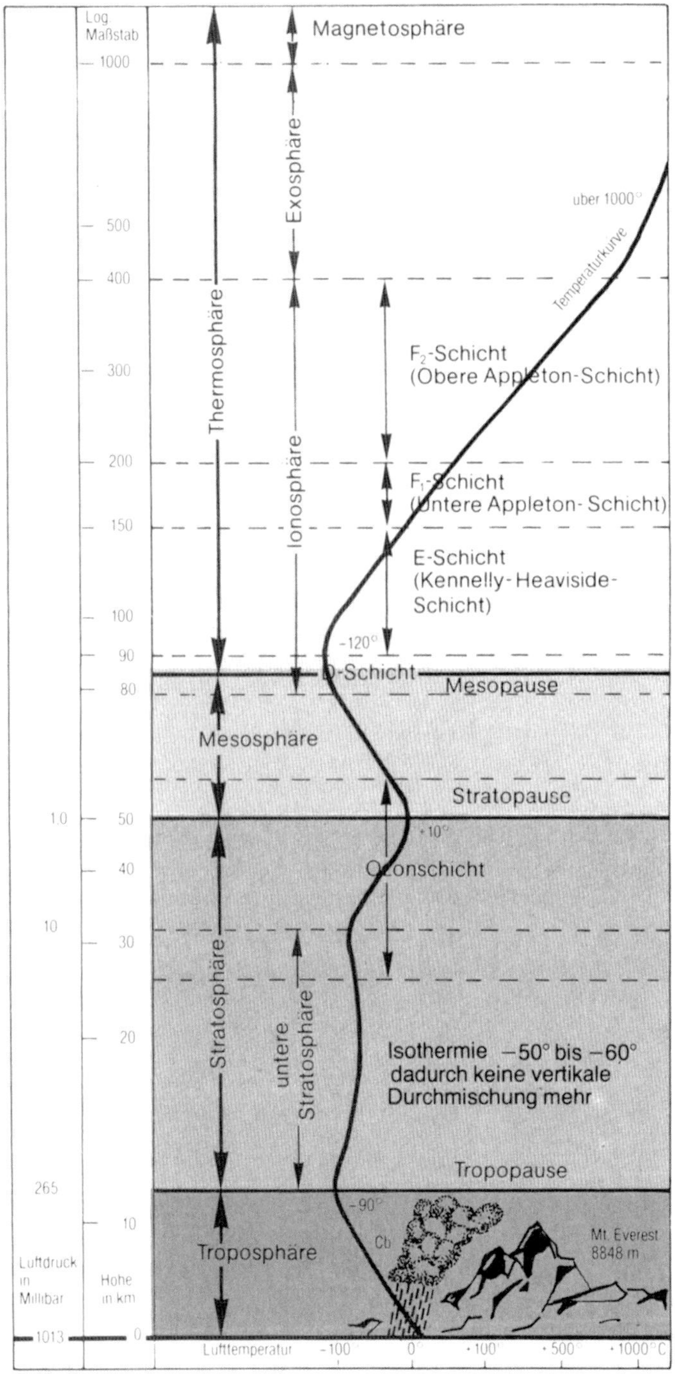

Aufbau der Atmosphäre

(mehr Druck = tiefere Lage,
weniger Druck = höhere Lage).
Die ICAO hat deshalb für die Atmosphäre in MSL Standardwerte festgelegt, die für Fluginstrumenteneichungen zugrunde gelegt werden.

ICAO-Standardatmosphäre

Druck 1013,25 mb	Luftdichte 0,125 Kp.s²/m⁴
Temperatur 15°	spez. Gewicht 1,226 Kp/m³
relative Feuchte 0%	Temperaturgradient 0,65°/100 m

Höhe ft/m		Druck mb	Temp °C
NN/MSL		1013,25	15
1 000	305	977	13
2 000	610	942	11
3 000	914	908	9
4 000	1219	875	7
5 000	1524	843	5
6 000	1829	812	3
7 000	2134	782	1
8 000	2438	752	− 1
9 000	2743	724	− 3
10 000	3048	697	− 5
15 000	4572	572	−15
18 000	5486	506	−21
20 000	6096	466	−25
25 000	7620	376	−35
30 000	9144	301	−45

Höhe ft/m		Druck mb	Höhenstufe	Temp °C
NN/MSL		1013	30 ft/ 8m	15
18 000	5500	ca. 506	60 ft/16 m	−21
36 000	11000	ca. 231	120 ft/32 m	−56,5

Sonne und Atmosphäre

Die Triebfeder des gesamten Wettergeschehens ist unsere Sonne. Die von der Sonne auf die Erde eingestrahlte Wärmeenergie, immerhin etwa 1000 Watt pro m², ist der Auslöser für Wind und Regen, für Gewitter und Sturm. Die Sonnenstrahlen durchdringen die Luft, ohne sie wesentlich zu erwärmen. Treffen die Strahlen auf einen festen Körper, werden sie von diesem mehr oder weniger absorbiert und heizen dadurch die Oberfläche dieses Körpers auf.

Erst an der aufgeheizten Oberfläche kann sich die Luft erwärmen. Eine gleißende Schneedecke absorbiert z. B. nur ca. 10% der auftreffenden Wärmestrahlung und reflektiert die restlichen 90%, d. h. der größte Teil der auftreffenden Strahlung wird auf Nimmerwiedersehen ins Weltall zurückgeworfen. Dunkler Straßenasphalt dagegen strahlt nur 10% zurück und saugt die restlichen 90% in sich auf. Je dunkler und je schlechter die Wärmeleitfähigkeit der Oberfläche, desto besser wird sie aufgeheizt und desto mehr wird die darüber streichende Luft erwärmt. An schönen Sonnentagen kann man diese heißen, flimmernden Luftschwaden gut erkennen. Man braucht dazu nur flach über eine sonnenbeschienene Straße oder einen Parkplatz zu peilen.

Da warme Luft weniger dicht und deshalb leichter als kalte Luft ist, beginnt sie aufzusteigen. Sie löst sich vom Untergrund – man spricht von einer Ablösung – und steigt in Form einer Thermikblase oder, wenn viel Nachschub da ist, auch in Form eines Thermikschlauches auf.

Je höher diese Warmluftblase nun aufsteigt, desto geringer wird auch der Druck der umgebenden Luft. Die Warmluftblase dehnt sich aus. Ausdehnen der Luft bedeutet aber gleichzeitig **adiabatische Abkühlung**. Adiabatisch heißt, dass nach außen keine Wärme abgegeben wird. Dieses Spiel funktioniert auch genau umgekehrt. Absinkende Luftmassen erwärmen sich umso mehr durch den steigenden Luftdruck, je tiefer sie absinken. Doch zurück zu der aufsteigenden Thermikblase. Sie kühlt sich, jedenfalls solange keine Wolkenbildung eintritt, trockenadiabatisch um 1 °C pro 100 m ab. Da diese Abkühlung beim Aufsteigen (Heben) auftritt, spricht man von einem **trockenadiabatischen Hebungsgradienten von –1 °C pro 100 m**. Damit ist aber noch nichts darüber ausgesagt, wie hoch die Warmluftblase steigt. Sicher ist nur, dass sie steigen wird, solange sie wärmer und damit dünner und leichter ist als die umgebende Luft. Deshalb werden wir die Temperaturschichtung der Luft, die über der Landschaft liegt, einmal genauer betrachten. Würde sich der Temperaturverlauf an die ICAO-Norm halten, so würde die Temperatur pro 100 m um 0,65 °C abnehmen **Der ICAO-Schichtungsgradient ist –0,65 °C pro 100 m**. Tatsächlich kann die Temperatur jedoch je nach Wetterlage einen ganz beliebigen Verlauf haben. Feststellen lässt sich dieser Temperaturverlauf z. B. durch den Aufstieg einer Radiosonde, die aus jeder Höhenlage die gerade herrschende Temperatur zum Boden zurückfunkt.

Normale Schichtung ist immer gegeben, wenn die Temperatur mit steigender Höhe abnimmt.

- Der Schichtungsgradient ist negativ, er ist kleiner als 0 °C.

Isothermie besagt, dass die Temperatur trotz steigender Höhe nicht abnimmt. Die Temperatur bleibt gleich.

- Der Schichtungsgradient ist ± 0 °C.

Inversion bedeutet Umkehr der Normalverhältnisse, die Temperatur nimmt mit steigender Höhe zu.

- Der Schichtungsgradient ist positiv, er ist größer als 0 °C.

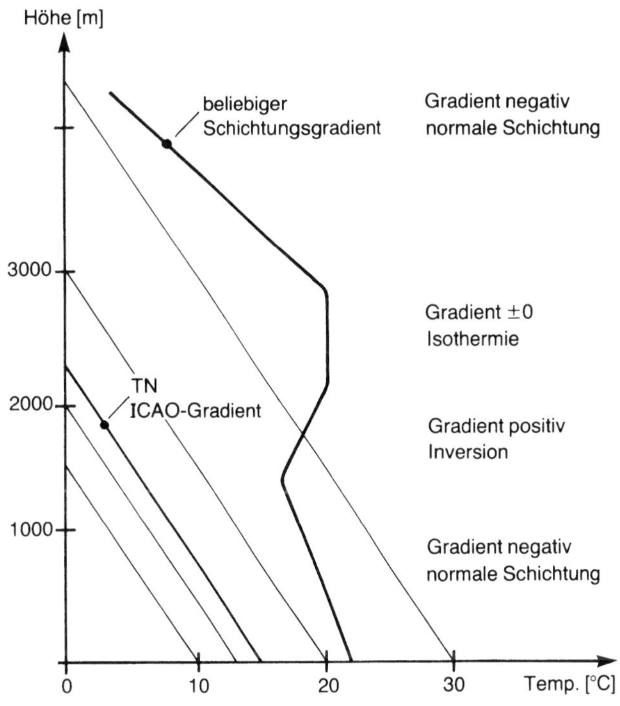

ICAO-Normaltemperaturverlauf TN und Neigung der Hilfslinien gemäß ICAO-Gradienten – 0,65 °C/100 m mit einem beliebigen durch Radiosondenaufstieg gewonnenen Schichtungsgradienten

Ist nun der Hebungsgradient unserer aufsteigenden Luftblase (z. B. −1 °C/100 m) kleiner als der Schichtungsgradient (z. B. −0,8 °C/100 m), so kühlt sich die Warmluftblase schneller (um 0,2 °C/100 m) ab als die umgebende Luft. Sie wird den vom Boden mitgebrachten Wärmevorsprung bald aufgezehrt haben und genau die gleiche Temperatur haben wie die umgebende Luft. Die Warmluftblase hat aufgehört eine solche zu sein, sie wird liegen bleiben. **Die Lage ist stabil**. Es ist leicht einzusehen, dass vor allem Isothermien und Inversionen stabile Verhältnisse schaffen.
Nehmen wir an, die umgebende Luft kühlt sich genauso schnell ab wie die aufsteigende, so spricht man von einem **indifferenten Gleichgewicht**.
Wenn dagegen die Temperatur mit steigender Höhe stark abnimmt (z. B. Schichtungsgradient −1,4 °C/100 m), so wächst der Temperaturvorsprung der aufsteigenden Warmluftblase (Hebungsgradient −1 °C/100 m) mit jedem Meter, den sie steigt (um 0,4 °C/100 m). Bei solch **labilen Schichtungen** genügen schon kleine Störungen, um Ablösungen entstehen zu lassen. Bei leichtem Wind reichen schon Aufgleitvorgänge von einigen Metern, wie sie an Büschen, kleinen Wäldchen oder Hütten entstehen, damit die aufgleitende Luft über trockenadiabatische Hebung einen winzig kleinen Temperaturvorsprung erhält. Dieser erhöht sich dann mit jedem Meter, den die so entstandene Warmluftblase weiter steigt. Bei labilen Schichtungen kann dies dann äußerst ungemütlich und sogar gefährlich werden, wenn die aufsteigenden Luftblasen unser UL mit harten Schlägen traktieren.
Je kräftiger die Thermikzonen ausgeprägt sind, desto umfangreicher sind auch die dazwischen liegenden Abwindgebiete und die an den Rändern und Grenzen entstehenden Turbulenzen. Vielleicht haben wir aber auch Glück und es gibt eine wetterwirksame Sperrschicht (wie der Segelflugwetterbericht sich ausdrückt). Wir wissen inzwischen, dass dies nur eine Inversion sein kann, die die hochschießenden Warmluftblasen auffängt und sie am Weitersteigen hindert. Über der Inversion, die manchmal wie ein Dunstschleier über dem Land liegt, fliegt es sich dann herrlich ruhig. Nur schade, dass uns diese Höhen mit dem UL meist verschlossen sind.

Wasser und Atmosphäre

Ob weiß leuchtende Cumuluswolken am blauen Sommerhimmel aus dem Nichts zu entstehen scheinen oder eine anrollende Gewitterfront, immer ist es sichtbar gewordenes Wasser, das den Wolkengebilden ihre charakteristische Form und auch Farbe gibt. Warum dem so ist, wird nach einem Ausflug in die Physik klar werden. Wasser kommt in der Atmosphäre in allen drei Aggregatzuständen vor.

Fest: ist es in der Form von Eiskristallen, Schnee und Hagel. Die Größe reicht von feinen Eisnadeln der Cirren in 9000–1100 m Höhe bis zu 10 cm großen Hagelschloßen.
Flüssig: in Form von Nebel, Wolken und Regen. Wenn feinste Tröpfchen, oft nur 1/1000 mm groß, weiträumig verteilt in einer Cumuluswolke schweben und die Sonne das Ganze durchleuchtet, so strahlt die Wolke in blendendem Weiß. Werden es dagegen immer mehr und auch größere Tröpfchen, dann reicht die Kraft der Sonne zur Durchleuchtung nicht mehr aus. Die Wolke erscheint dunkel oder fast schwarz.
Gasförmig: ist das Wasser als Folge der Verdunstung in der Atmosphäre allgegenwärtig, aber unsichtbar, in schwacher oder stärkerer Konzentration.
Die absolute Feuchte, gemessen in g/m³, sagt aus, wie viel Gramm Wasserdampf in einem Kubikmeter Luft

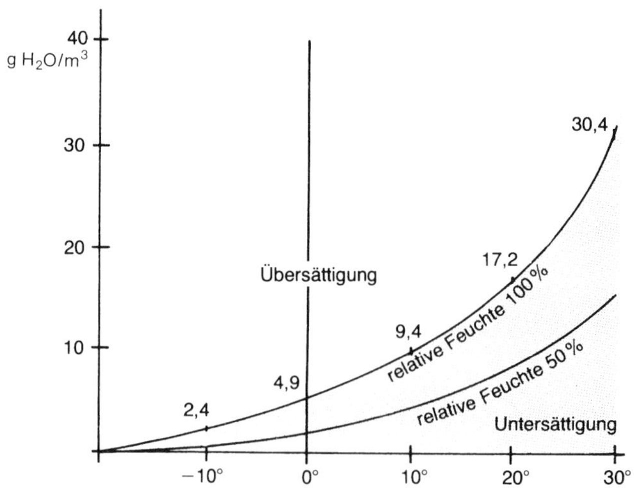

Die Sättigungsfeuchte ist abhängig von der Temperatur.

enthalten sind. Für uns Flieger ist diese Angabe relativ uninteressant. Viel aussagekräftiger ist da die **relative Feuchte** gemessen in %. Sie ist das Verhältnis von tatsächlich aufgenommener Feuchte zu maximal möglicher Feuchte, d. h. Sättigung. Diese maximale Aufnahmefähigkeit von Wasser ist stark abhängig von der Temperatur. Wenn Luft von 35 °C und 30% relativer Feuchte (sie enthält dann ca. 12,5 g H_2O pro m) auf 15 °C abgekühlt wird, so bleibt die absolute Feuchte gleich. Die relative Feuchte steigt dagegen auf 100%. Damit ist die Grenze der Wasseraufnahmefähigkeit erreicht. Bei weiterer Abkühlung kondensiert der Wasserdampf zu Wassertröpfchen und wird als Nebel oder als Tau an Gegenständen sichtbar. Die Temperatur, bei der die relative Feuchte von 100% erreicht wird, heißt deshalb **Taupunkt**.

Spread ist die Differenz zwischen tatsächlicher Temperatur und Taupunkt. Wenn der Spread in Bodennähe bekannt ist, kann die Wolkenbasis über dem Flugplatz leicht berechnet werden. Durch den, mit der Höhe abnehmenden Luftdruck ändert sich der Taupunkt pro 100 m um 0,2 °C – während sich die Warmluftblase um 1 °C pro 100 m abkühlt.

Beides zusammen ergibt eine Verminderung des Spread von 0,8 °C pro 100 m oder 1 °C pro 125 m Steigen.

Nehmen wir an, der Spread betrage 8 °C und eine Warmluftblase steigt auf, dann wird diese Warmluftblase nach 8 x 125 m = 1000 m Steigen 100% Sättigung erreicht haben.

Beim Weitersteigen wird der überschüssige Wasserdampf in Form feiner Tröpfchen kondensieren – die Wolke ist geboren. Zur Wolkenbildung müssen verschiedene Voraussetzungen gegeben sein:

1. Die Luft muss mit Feuchtigkeit gesättigt sein. Diese Sättigung kann erreicht werden durch: adiabatische Abkühlung bei Hebungsvorgängen, durch Wärmeableitung an kalten Gegenständen, durch Vermischung mit kalter Luft oder zusätzliche Wasseraufnahme.
2. Es müssen Kondensationskeime da sein. Diese sind meist reichlich in Form mikroskopisch feiner Staubpartikel vorhanden.

Werden die Wassertröpfchen ohne Erschütterung weiter unter 0 °C abgekühlt, so bleiben sie trotz der Abkühlung weit unter dem Gefrierpunkt flüssig. Sie bilden dann eine, von den Fliegern besonders gefürchtete unterkühlte Wolke. Erst wenn die Ruhe der kalten Wassertröpfchen gestört wird, z. B. durch ein Flugzeug, so gefriert das unterkühlte Wasser schlagartig zu Eis und überzieht das Flugzeug in kurzer Zeit mit Wassereis.

Die Aggregatzustände von Wasser

Um 1 kg Eis zu Wasser zu schmelzen, sind 80 kcal nötig.
Um 1 kg Wasser von 0 °C auf 100 °C zu erhitzen, sind 100 kcal nötig.
Um 1 kg Wasser von 100 °C zu verdampfen, sind 539 kcal nötig. Die zugeführten Wärmemengen sind aber nicht verloren. Genauso wie heißes Wasser die Umgebung heizt und die zugeführte Wärme wieder abgibt, so gibt kondensierender Wasserdampf die vorher zugeführte Verdampfungswärme wieder an die umgebende Luft ab.

Dies hat für unsere aufsteigende Warmluftblase eine ganz entscheidende Bedeutung. Sobald Wolkenbildung und damit Kondensation auftritt, wird Wärme frei. Die Warmluftblase wird sich nicht mehr so stark abkühlen. Der **feuchtadiabatische Hebungsgradient** beträgt deshalb nur ca. –0,3 bis –0,9 °C/100 m.

Temperatur:	–30	–20	–10	0	10	20	30
Feuchtadiabate:	–0,91	–0,82	–0,13	–0,64	–0,55	–0,46	–0,37

Für überschlägige Betrachtungen genügt es, wie die Segelflieger mit dem Richtwert von –0,5 °C/100 m zu rechnen.

Die Wolken sagen viel über den Zustand der Atmosphäre und zu erwartende Veränderungen aus. So können uns Cirren eine Warmfront mit ihren ausgedehnten Regenfällen schon Tage vorher ankündigen. Die Meteorologen haben die Wolken deshalb klassifiziert. Je nachdem, wo sie angesiedelt sind, ob hoch oder tief, aus was sie bestehen, ob Wasser oder Eis, und welche Form sie haben, ob Haufen oder Schichtwolken.

Die wichtigsten Grundformen nach der Art ihrer Entstehung sind:

Die **Quell- oder Cumuluswolken** mit balligem Aussehen entstehen durch rasch ablaufende, meist senkrechte Hebungsvorgänge (Thermik). Ihr Erscheinungsbild reicht von Thermik anzeigenden Schönwettercumuli

Die Aggregatzustände von Wasser					
fest	Eis	sichtbar			
			↓ schmelzen 80 kcal/kg zuführen	↑ gefrieren 80 kcal/kg entziehen	
flüssig	Wasser	sichtbar			↑↓ sublimieren
			↓ verdunsten 539 kcal/kg zuführen	↑ kondensieren 539 kcal/kg entziehen	
gasförmig	Wasserdampf	unsichtbar			

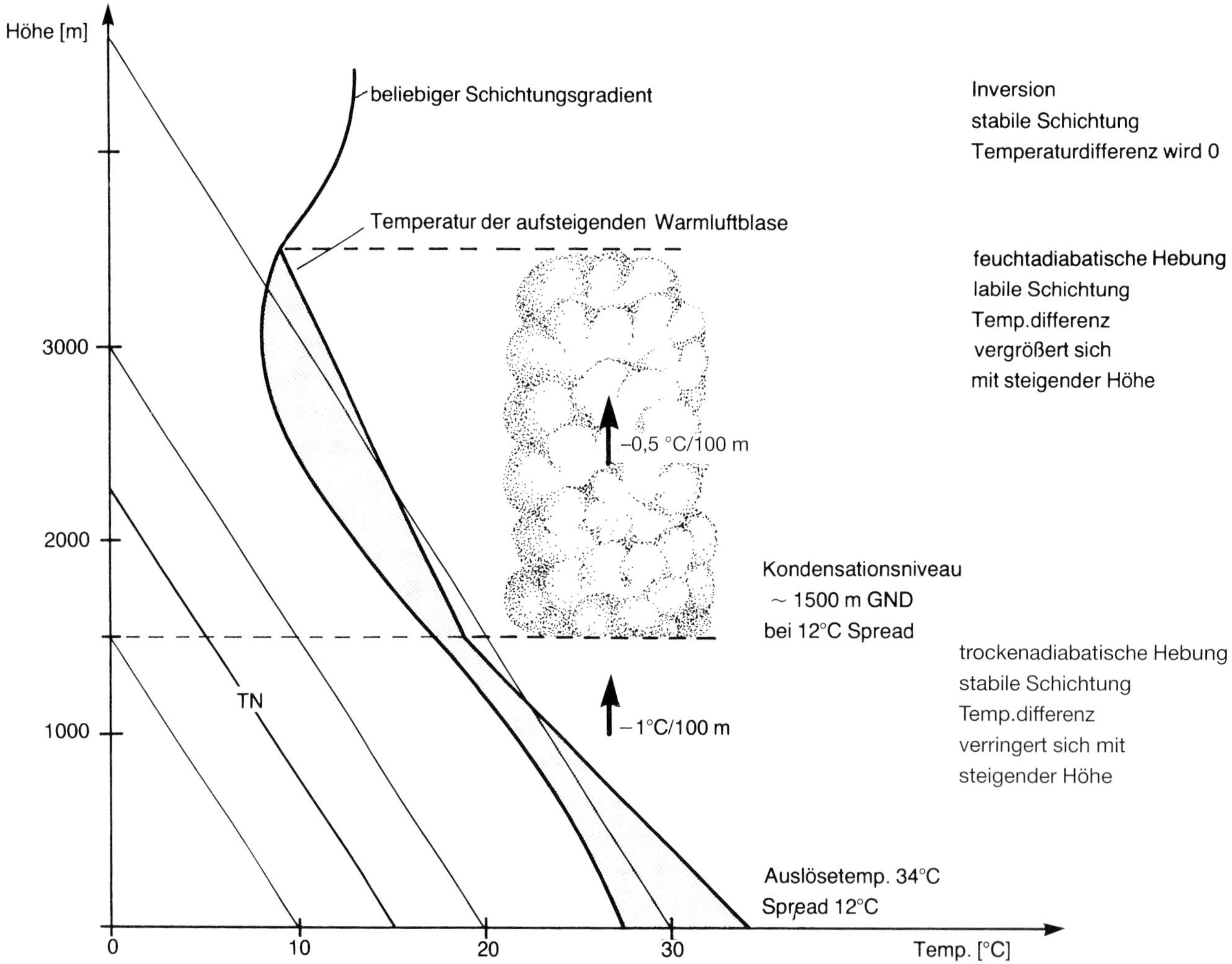

ICAO-Normaltemperaturverlauf TN und Neigung der Hilfslinien gemäß ICAO-Gradienten – 0,65 °C/100 m und beliebigem Schichtungsgradienten an einem Thermiktag. Die Schichtung ist bis ca. 2700 m GND trockenstabil und feuchtlabil.

Einteilung der Wolken

	Cumulus-Quellwolken meist thermische Hebungsvorgänge			Stratus-Schichtwolken Aufgleitvorgänge	
11 000 m	**Cumulo Nimbus** Cb Gewitterwolke Eiskristalle Wassertröpfchen Regentropfen Hagel unterkühlter Regen	**Cirrocumulus** Cc hohe Schäfchen Eiskristalle selten unterkühlte Wassertröpfchen	**Cirrus** C federförmig Eiskristalle		**Cirrostratus** Cs Schleierartig Eiskristalle Farbig Ringe um Sonne und Mond, genannt Halo Selten Nebensonnen oder senkrechte Lichtsäulen
7000 m	Einzeln als Wärmegewitter oder zusammenhängend als Frontgewitter stärkste lebensgefährliche Turbulenzen Vorauseilende Böenwalze	**Altocumulus** Ac niedere Schäfchen Wassertröpfchen und Eiskristalle Bei dünnen Schichten Halos möglich	**Lenticularis** Linsenförmig an der Kuppe von Leewellen im oder bei Gebirgen (Föhn)	**Nimbostratus** Ns mächtige Schichtwolke Wassertröpfchen Schneeflocken Regen oft unterkühlt	**Altostratus** As mittlere Schichtwolke Wassertröpfchen Eiskristalle Regentropfen Schneeflocken
4000 m	Schwere Schauer Rechtzeitige Sicherheits- Außenlandung	**Cumulus** Cu Quellwolken Wassertröpfchen Eiskristalle leuchtend- weiß mit abgeflachter, oft dunkler Unterseite Selten kleine Schauer Thermikanzeiger bockige Luft ungemütlich für UL-Flieger	**Stratocumulus** Sc Schichthaufen- wolken Wassertröpfchen Regen Graupel leicht turbulent	Wolkenuntergrenze sinkt in Richtung Warmfront immer mehr ab bis zum Aufliegen aufs Land Dauerregen Mäßig turbulent, aber in Richtung Front lebensgefährlich, wenn nicht rechtzeitig umgekehrt wird	**Stratus** St graue Schichtwolke Wassertröpfchen Sprühregen oft zerrissen und durchscheinend Bildet sich oft unabhängig von anderen Wolken, oft tiefe Untergrenze, überdeckt oft tagelang Land und Hügelspitzen nicht turbulent, aber gefährlich durch plötzliche Sichtverschlechterung

bis zur ausgewachsenen Cumulonimbus, der Gewitterwolke. Cumulus sind stets ein Zeichen für labile Schichtung.

Schicht- oder Stratuswolken entstehen durch langsame Hebungs- und Aufgleitvorgänge wie im Tiefdruckgebiet oder bei Durchgang einer Warmfront.

Mit **Ceiling oder Hauptwolkenuntergrenze** bezeichnen die Meteorologen die Untergrenze derjenigen Wolkenschicht unter 20 000 ft GND (ca. 6000 m), die mehr als 50% des Himmels bedeckt.

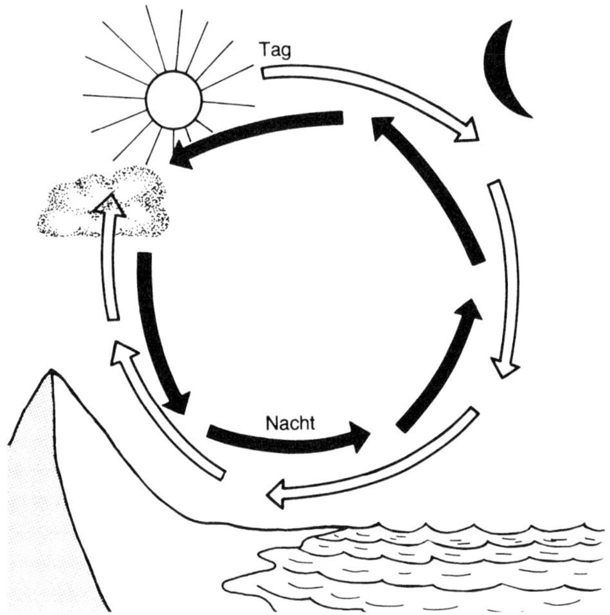

Regionales Wettergeschehen

Thermik

ist bei starker Sonneneinstrahlung immer dann zu erwarten, wenn sich die Luftschicht über einigen Landschaftsteilen stärker erwärmt als die umgebende und darüber geschichtete Luft. Die besten Thermikquellen sind reife, trockene Getreidefelder, gepflügte Äcker mit trockener schwarzer Krume, trockener Sand oder Fels. Auch ein Industriegebiet oder ein großer Parkplatz können eine ergiebige Thermikquelle sein. Die Ablösung erfolgt oft an der Leeseite des aufgeheizten Gebietes, dort, wo das Kornfeld vom Wald begrenzt wird, oder an anderen Störungsstellen. Solch eine Störungsstelle kann auch das UL selbst sein, wenn es versucht, auf einer aufgeheizten Asphaltbahn zu landen. Keine Thermik, dafür aber ausgedehnte Abwindfelder findet man in der Regel über Seen, Wäldern, feuchten Wiesen und Mooren. In den späten Nachmittags- oder frühen Abendstunden, wenn die Kraft der Sonne nachlässt, kühlen sich die freien Flächen ziemlich schnell ab. Der Wald dagegen gibt die tagsüber gespeicherte Wärme wieder ab und erfreut die Segelflieger mit milder Umkehrthermik.

Jede Thermik wird durch nachfließende Luft gespeist. An einem großen See wird deshalb tagsüber der Seewind blasen und nachts der Landwind. Der Wind wird

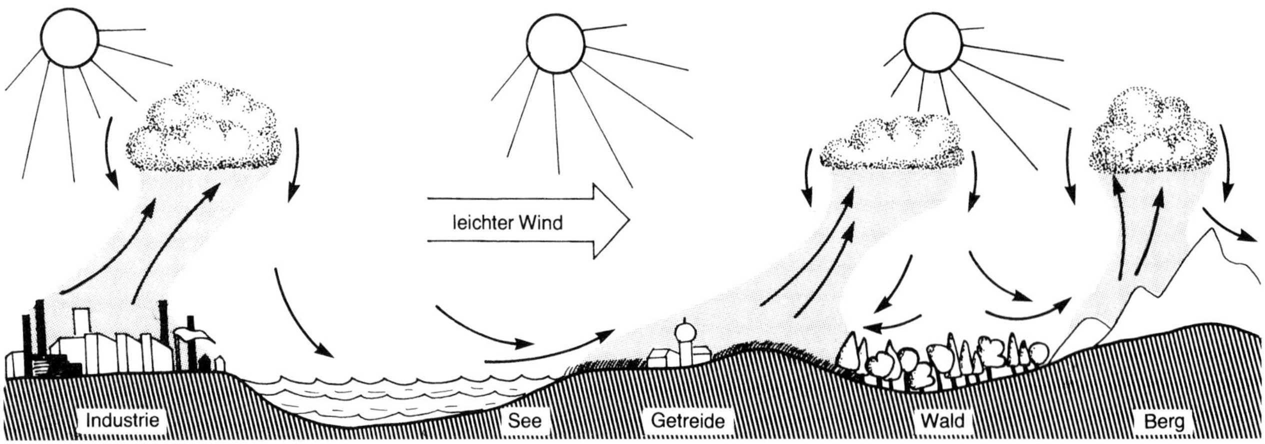

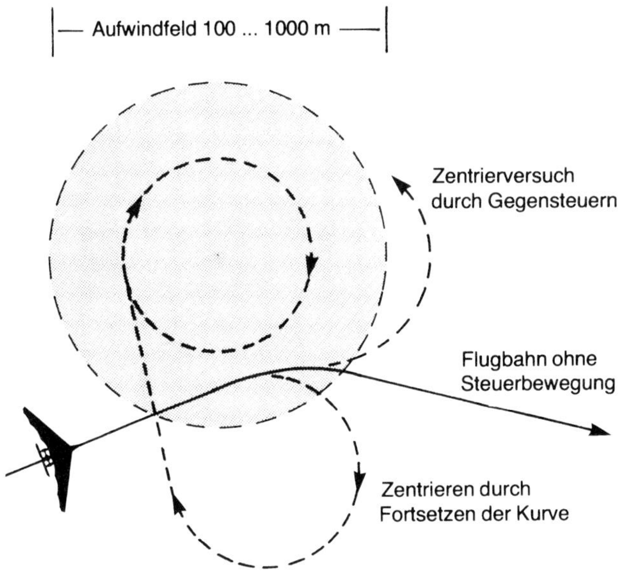

immer nach der Richtung bezeichnet, aus der er weht.

Mit Zentrieren von Thermik bezeichnet man richtiges Einkurven in den Kern des Aufwindgebietes. Dort findet man das beste Steigen. Spüren wir beim Gleiten plötzlich leichte Turbulenz und versucht das UL außerdem nach rechts auszubrechen, dann haben wir mit der linken Tragfläche einen Thermikschlauch angeschnitten.

Die vielleicht nicht eleganteste, aber dafür sehr sichere Methode ist nun, dieses Wegkurven vom Bart weiter auszuführen bis zu einem 3/4-Kreis, die eigene Flugbahn dann zu kreuzen, um anschließend mit einer sanften Kurve in den Kern des Bartes einzufliegen. Ist die turbulente Durchmischungszone, die jeden Bart umgibt, erst einmal durchflogen, geht es ganz ruhig wie im Fahrstuhl nach oben (2–4 m/s sind ein Mittelwert). Der Pilot muss sich nun wieder ganz auf das Variometer verlassen. Der Mensch hat nicht die Fähigkeit, eine ruhige gleichförmige Bewegung als solche zu erkennen. Fliegen sollte man in der Thermik dann mit dem besten Gleiten, d. h. mit etwas Geschwindigkeitsreserve. Jeder Pilot verlässt sich dabei nicht nur auf das Variometer, sondern auch auf sein Gefühl und entwickelt dabei seine individuelle Taktik. Es gibt jedoch einige grundlegende Regeln.

Die wichtigste lautet: Der Erste im Bart bestimmt die Kreisrichtung. Außerdem sollte man immer wissen, wo die anderen gerade kurbeln. Gerät plötzlich einer außer Sicht, ist Gefahr im Verzuge. Man sollte sich nie darauf verlassen, dass der andere schon aufpasst.

Thermik im Gebirge. Thermikschläuche saugen sich an den Hang. Der Grund liegt darin, dass von der Bergseite her die Luft nicht so gut nachströmen kann wie vom flachen Land oder Tal. Der Thermikschlauch wird sich deshalb zum Hang bewegen, hin zum Gebiet des Unterdrucks. Er kann sich jedoch an Geländekanten vom Hang lösen oder vor allem im kammnahen Leebereich ganz unangenehme Turbulenzen entwickeln.

Tagsüber wird so der Talwind blasen und nachts, wenn Felswände und Kare auskühlen, wird die kalte Luft als Bergwind ins Tal fließen, um über dem Tal vielleicht die Umkehrthermik zu speisen. Wenn wir Glück haben, so erfolgt der Umschlag schon zwischen 16.00 und 17.00 Uhr; Zeit genug für einen genussreichen Flug über dem Talgrund.

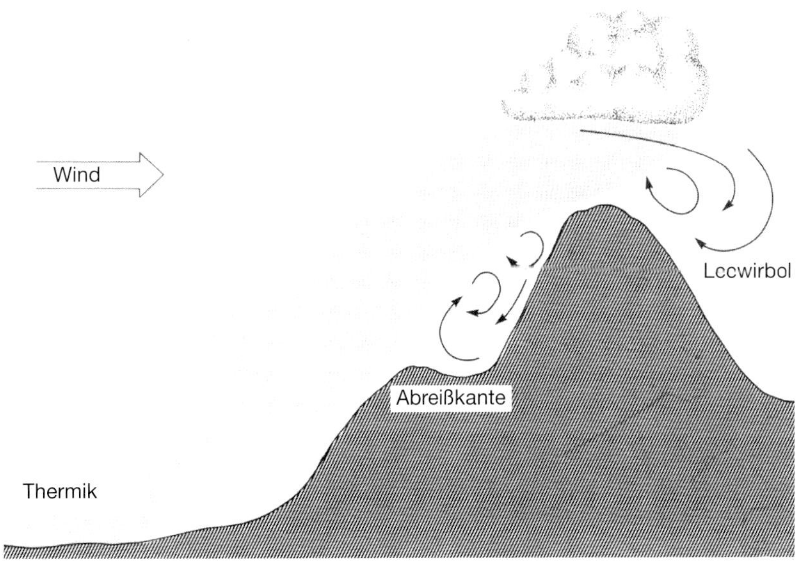

Fliegen am Hang

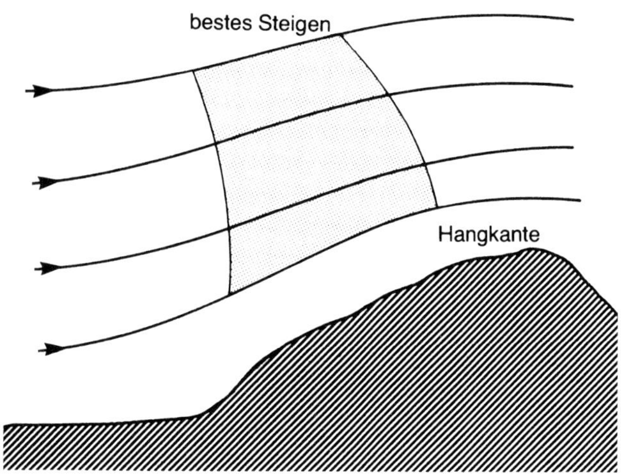

Soaren, d. h. **Fliegen im Hangaufwind**, kann ungetrübter Genuss sein, wenn der Wind ungestört als laminare Strömung vom Hang hochgedrückt wird. Bis in Höhe der Hangkante liegt das Gebiet besten Steigens relativ nahe am Hang und verlagert sich darüber dann mehr nach Luv.

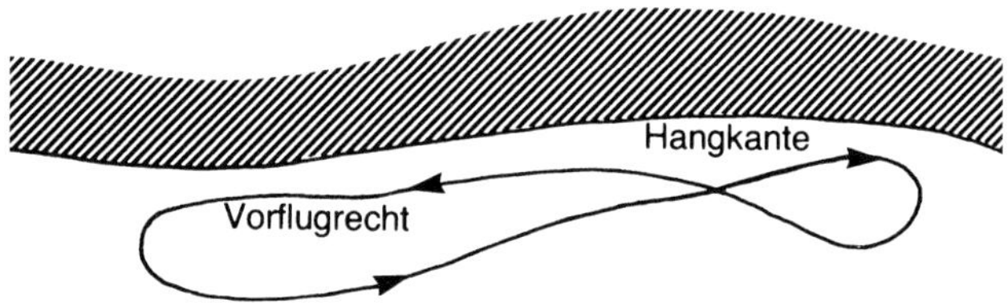

Vorflug hat am Hang immer der, der mit dem rechten Tragflügel am Hang entlangfliegt. Als unumstößlicher Grundsatz gilt hier – immer weg vom Hang kurven – nie

Laminare Strömung und Leewirbel an sanften Hängen

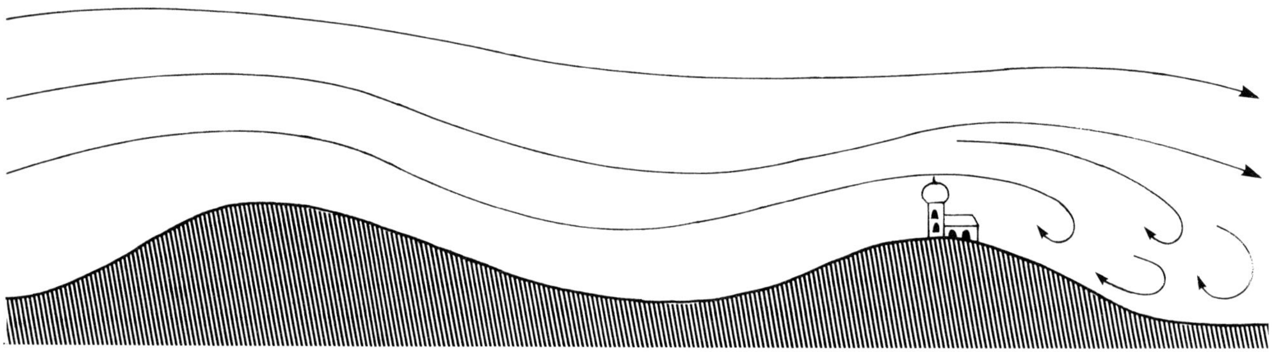

Leewirbel nach Bäumen und Häuserzeilen

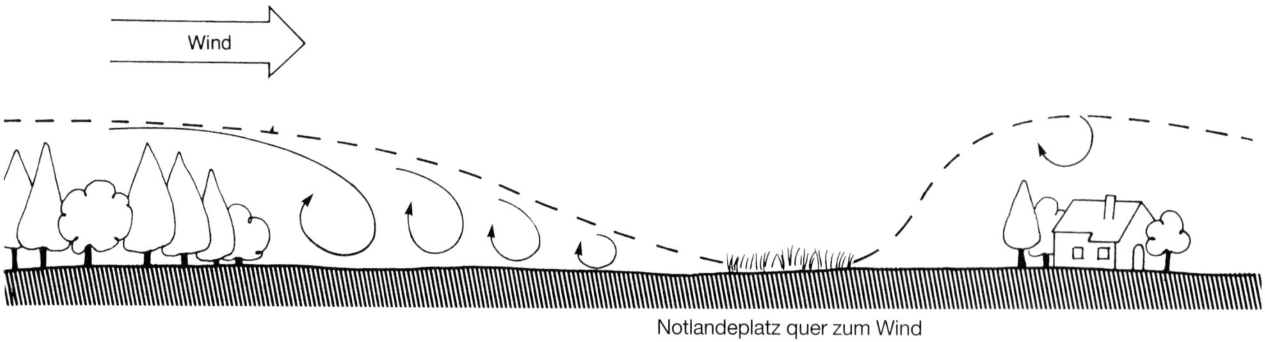

Vollkreise zum Hang fliegen. Außerdem immer mit Vorhalt nach Luv fliegen, sonst kann es passieren, dass wir durch die an der Hangkante erhöhte Windgeschwindigkeit nach Lee ins Turbulenzgebiet abgetrieben werden. Bei geringen Windgeschwindigkeiten und sanft gerundeten Hügelrücken kann auch auf der Leeseite laminare Strömung herrschen.
Unangenehm wird die Sache allerdings, wenn Häuser oder Büsche und Baumgruppen die Strömung in turbulent umschlagen lassen. Deshalb sollte man Leeseiten unbedingt meiden. Lieber fliegen wir einen großen Bogen um solch gefährliche Gebiete.
Nicht nur Gebirgskämme, auch jeder Wald, jede Buschgruppe und jede Häuserzeile haben in Lee eine ausgeprägte turbulente Zone. Sollte einmal eine Außenlandung notwendig werden, immer auf der Luvseite landen. Lieber mit Querwind oder Rückenwind landen als in eine turbulente Zone hinein.

Föhn

Wenn der Föhn im Süden Deutschlands alle Wetterprognosen über den Haufen wirft, dann herrscht in Südtirol bis zum Alpenhauptkamm Dauerregen. Nur Anfänger packen bei Föhn ihre Siebensachen, um den Sonnenschein in Südtirol zu genießen, sie wundern sich dann über den vermeintlichen Schlechtwettereinbruch. Warum dem so ist, kann der Schemazeichnung entnommen werden.
Vom Südwind wird die Luft gegen die Berge gedrückt, sie steigt auf, kühlt ab und regnet sich aus, fällt wieder nach unten, erwärmt sich dabei und kommt bei uns schließlich als wunderbar klare, trockene Luft an. Leider sind wir dabei auf der Leeseite der Berge, d. h. wir müssen mit starken Turbulenzen rechnen. Wenn wir die Fernsicht genießen wollen, so sollten wir doch mindestens 30–40 km von den Alpen wegbleiben.

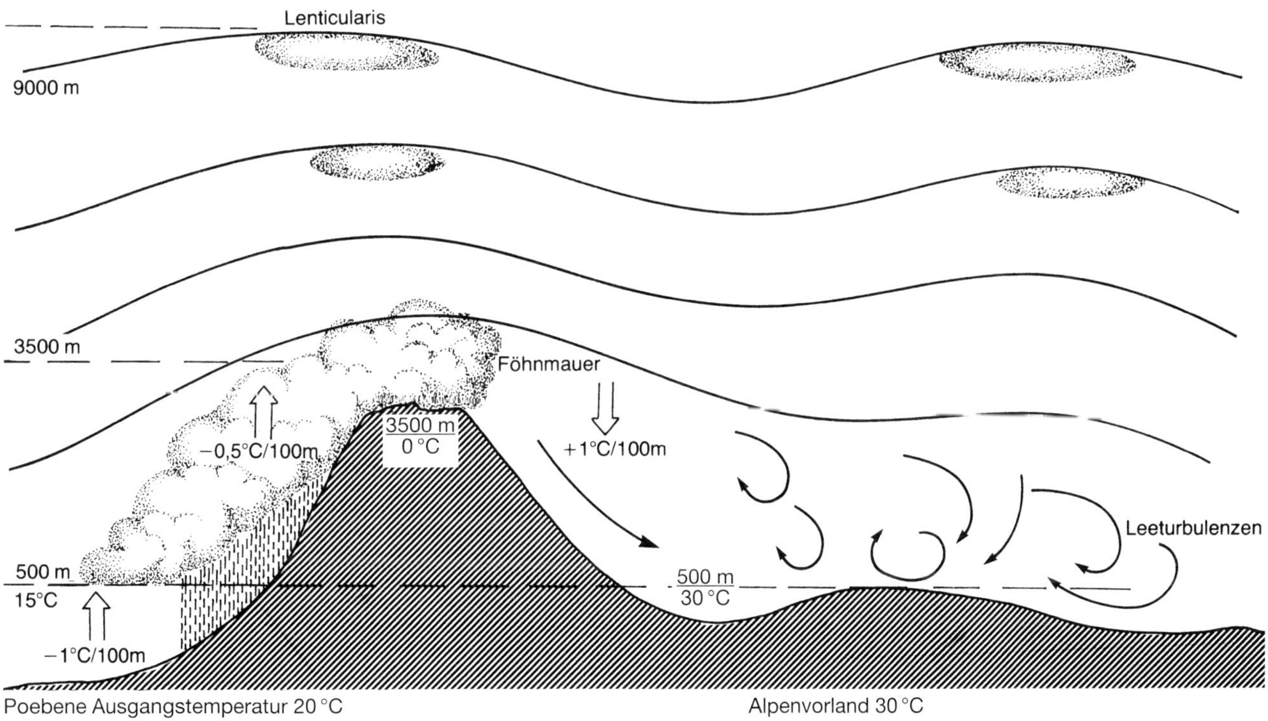

Die Leewellen mit ihren aufgesetzten »Lenticulariskappen« sind für UL aufgrund der hohen Windgeschwindigkeiten (100 km/h sind normal) sowieso unbefliegbar.

Gewitter

Wärmegewitter entstehen bei hochreichend labiler Schichtung. Verschiedene Aufwindschläuche vereinigen sich dann zu einem gewaltigen Aufwindgebiet. Inversionen, die einzelne Thermikblasen noch auffangen, werden dann ohne Schwierigkeit durchschlagen. Der Aufwind erreicht im Gewitter Geschwindigkeiten bis 40 m/s, das sind immerhin fast 150 km/h. Dicht daneben fauchen reißende Fallwinde mit Regen und Hagel vermischt wieder nach unten. Diese gewaltigen Luftscherungen zerfetzen mit Leichtigkeit jedes, auch das stabilste Flugzeug – sofern es nicht speziell für die Erforschung von Gewittern gebaut wurde.
Beim Streckenflug sind Wärmegewitter in der Regel schon aus 30–40 km Entfernung zu sehen. Sie ziehen

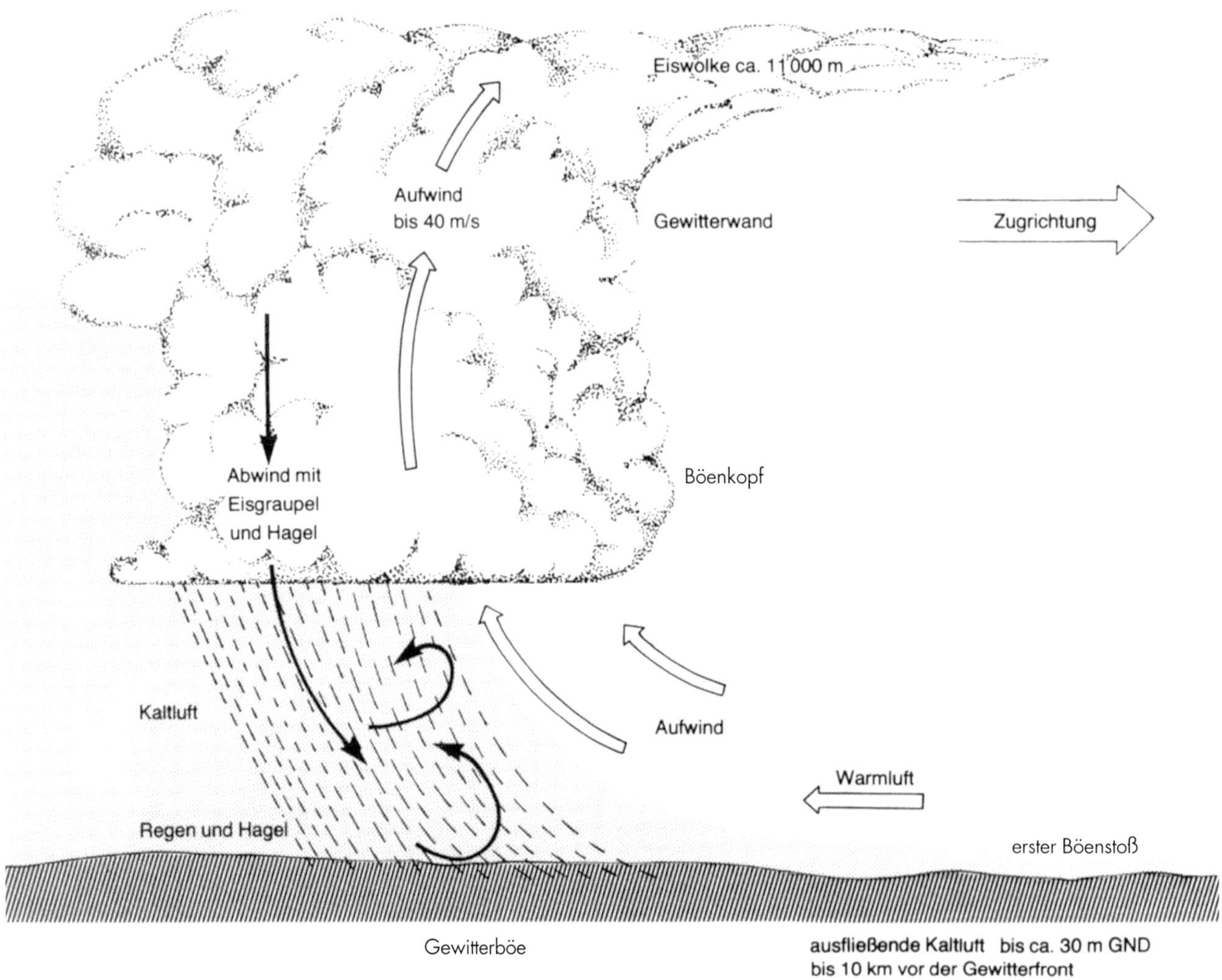

meist langsam in die Richtung, aus der sie mit warmer Luft nachgespeist werden. Flussgebiete, Wälder oder Seen sind deshalb manchmal unüberwindliche Hindernisse für solche Gewitter.
Fliegen wir noch relativ ruhig, spüren aber in der Luft die ersten, kurzen, harten Schläge, dann gibt es nur eins: Sofort landen, Maschine zusammenlegen und sichern. Anhängen reicht nicht, die Gewitterböen können kurzzeitig 100 km/h erreichen. Erst wenn unser UL gesichert ist, müssen wir den Zielflughafen verständigen und können dann, im trockenen Gasthaus, das hoffentlich zu erreichen ist, den Wolkenbruch abwarten.

Frontgewitter entstehen beim Durchzug einer Kaltfront. Zum Umfliegen oder Ausweichen besteht keine Chance. Besser umkehren oder landen wie beim Wärmegewitter.
Orografische Gewitter entstehen durch Hebungsvorgänge an Gebirgen. Sie treten wie reine Wärmegewitter meist nachmittags oder gegen Abend auf.
Häufig sind auch Mischformen. Wenn die Aufwindzellen alleine noch nicht ausreichen, kann durch leichten Nordwind und zusätzliches Aufgleiten am Alpenhauptkamm alle 30 bis 50 km ein Gewitter entstehen.

Großräumiges Wettergeschehen

So wie die Sonne den Antriebsmotor für das regionale Wettergeschehen bildet, so ist die unterschiedliche Sonneneinstrahlung auf die verschiedenen Breiten unserer Erdkugel Ursache für die verschiedenen Temperaturen, Drücke und Luftströmungen in unserer Atmosphäre. Am Äquator wird die Luft am stärksten erwärmt und über den Polen am wenigsten. Die Luft wird nun versuchen, am Äquator aufzusteigen, in der Höhe Richtung Pol zu ziehen, dort abzusinken, um am Boden als kühle Luft wieder nach Süden zu fließen.
Da die Erde jedoch nicht stillsteht, sondern sich von West nach Ost um ihre Achse dreht, kann der Höhenwind nicht den kürzesten Weg vom Äquator zu den Polen einschlagen. Die Umfangsgeschwindigkeit am Äquator beträgt ca. 1666 km/h (40 000 km, der Erdumfang, wird in 24 h einmal umlaufen) und nimmt an den Polen bis zu null ab.

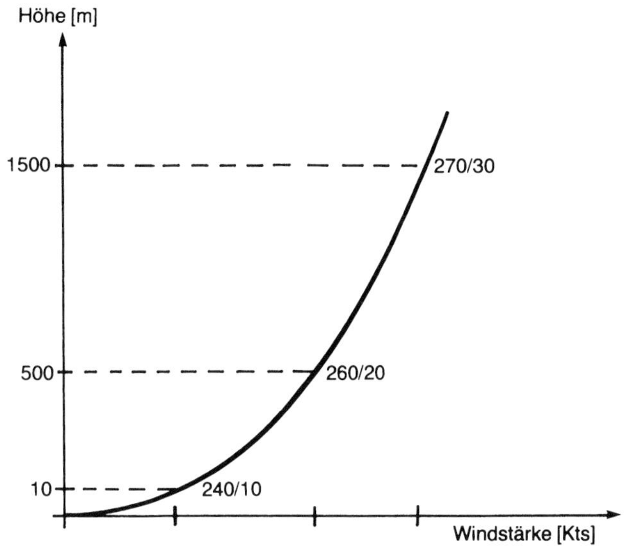

Rechtsdrehen des Windes mit zunehmender Höhe bei gleichzeitiger Verstärkung durch den abnehmenden Einfluss der Bodenreibung

Die Höhenströmung nimmt so die hohe Umfangsgeschwindigkeit des Äquators mit nach Norden über Gebiete, die eine wesentlich geringere Umfangsgeschwindigkeit haben. Je weiter die Höhenströmung so

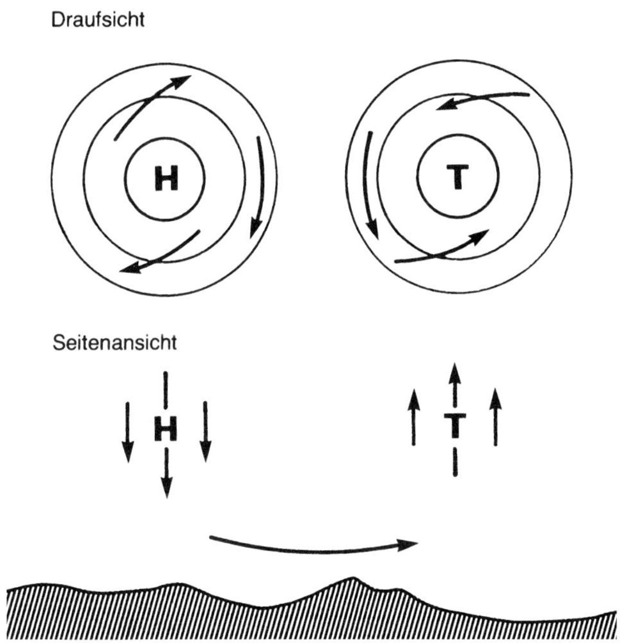

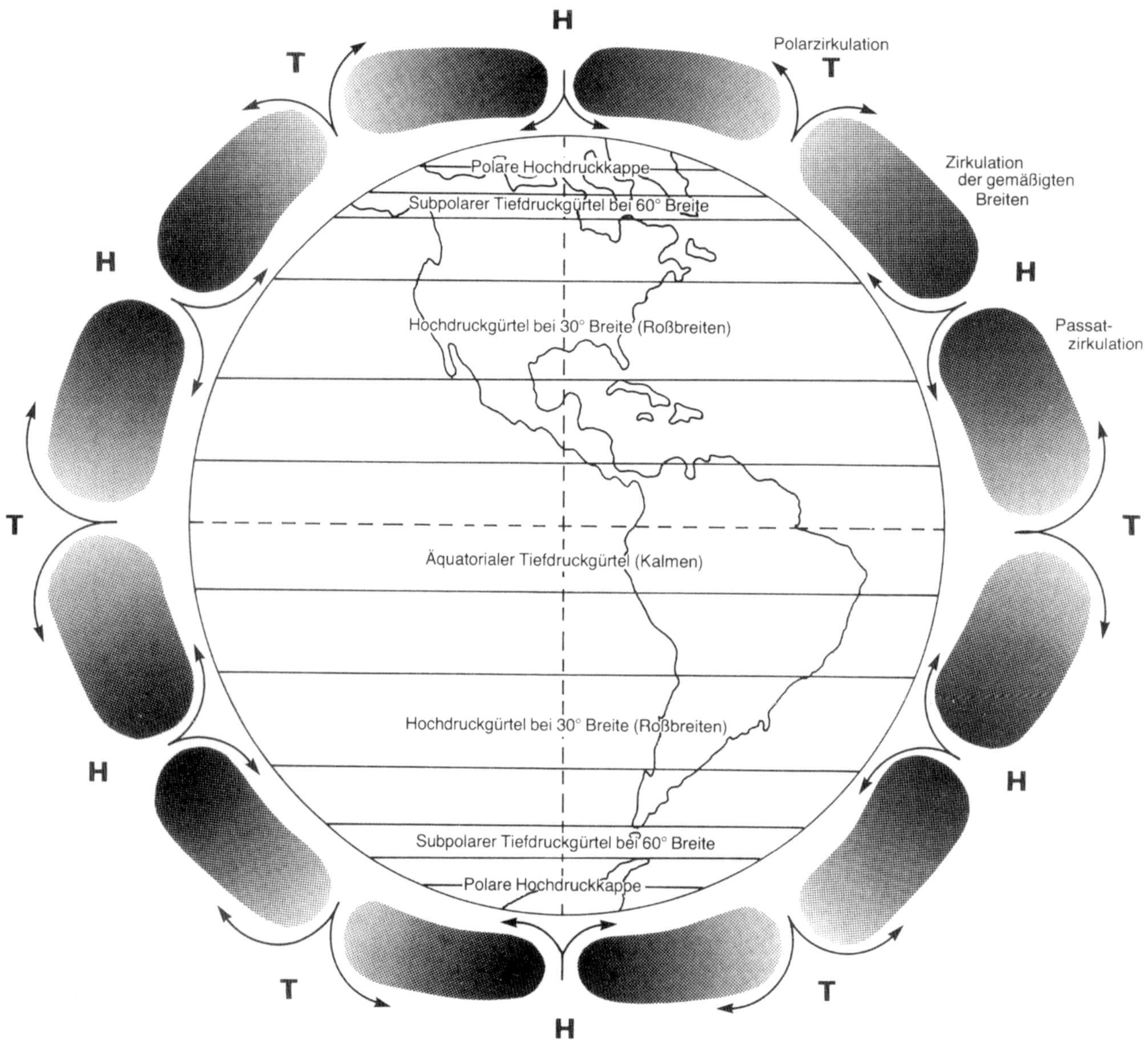

nach Norden vordringt, desto mehr wird sie nach rechts drehen und aus Westen kommen. Die auf der Nordhalbkugel den Wind nach rechts ablenkende Kraft nennt man **Coriolis-Kraft**.

So entsteht bei ca. 30° Breite ein förmlicher Luftwulst, ein Gürtel hohen Druckes um unseren Globus. In diesem Gürtel ist auch das für uns Wetter bestimmende Azorenhoch angesiedelt. Nördlich davon liegt sein

Gegenspieler, das Islandtief, in dem bei etwa 60° Breite die Erde umziehenden Tiefdruckgürtel. Aus dem simplen Temperatur- und Druckausgleich zwischen heißem Äquator und kaltem Pol ist so ein hochkompliziertes System von Hochs und Tiefs entstanden. Dieses System ist noch dazu einem ständigen Wechsel unterworfen.

Die gleiche Coriolis-Kraft, die die Höhenströmung schon gehindert hat, den Pol zu erreichen, sorgt auch beim Druckausgleich zwischen näher beieinander liegendem Azorenhoch und Islandtief dafür, dass der Wind, der eigentlich das Bestreben hatte, als Südwind direkt von den Azoren nach Island zu strömen, nach rechts abgelenkt wird. Genau zwischen dem Hoch und dem Tief weht er entlang den **Isobaren**, den Linien gleichen Druckes. Er ist damit zum reinen Westwind geworden. Für die Nordhalbkugel bedeutet dies: Hochdruckgebiete (Antizyklone) umströmt der Wind im Uhrzeigersinn. Tiefdruckgebiete (Zyklone) umströmt der Wind gegen den Uhrzeigersinn. In Bodennähe wird die Coriolis-Kraft durch die Reibung der Luftmassen an den Erdhindernissen weitgehend aufgehoben. In Bodennähe wird der Wind deshalb abgebremst und mehr in Richtung vom Hoch zum Tief wehen. In 500 m Höhe verdoppelt sich die Windgeschwindigkeit, die Windrichtung dreht mehr nach rechts. In 1500 m Höhe schließlich hat sich die Windgeschwindigkeit verdreifacht und die Windrichtung um 30 bis max. 45° nach rechts gedreht. Über 1500 m sind Einflüsse der Erdreibung praktisch nicht mehr nachweisbar.

m/sec	Bezeichnung	Knoten	Beaufort	km/h	Auswirkung
0 –0,2	still	unter 1	0	unter 1	Rauch steigt gerade empor, spiegelglatte See
0,3–1,5	leiser Zug	1–3	1	1–5	leichter Rauchzug, kleine Kräuselwellen
1,6–3,3	leichte Brise	4–6	2	6–11	Windfahne bewegt sich, kleine Wellen
3,4–5,4	schwache Brise	7–10	3	12–19	Blätter und dünne Zweige bewegt, Wimpel streckt sich
5,5–8,9	mäßige Brise	11–15	4	20–28	Hebt Staub, loses Papier, bewegt Zweige und dünnere Äste, weiße Schaumköpfe
9,0–11,0	frische Brise	16–21	5	29–38	Kleine Laubbäume schwanken
12,0–14,0	starker Wind	22–27	6	39–49	Starke Äste in Bewegung, Wellenkämme brechen
15,0–17,0	steifer Wind	28–33	7	50–61	
18,0–21,0	stürmischer Wind	34–40	8	62–74	
22,0–24,0	Sturm	41–47	9	75–88	
25,0–28,0	schwerer Sturm	48–55	10	89–102	
29,0–33,0	orkanartiger Sturm	56–63	11	103–117	
über 33,0	Orkan	über 63	12	über 117	

Die **Windstärke** wird im Flugwetterdienst ausschließlich in Knoten angegeben. Die **Windrichtung** wird nach der Himmelsrichtung angegeben, aus der der Wind kommt.

Kaltfront-Regen 80 ... 150 km, Durchzug 2–3 Stunden, Geschwindigkeit 30–60 km/h

Warmsektor 500 ... 2000 km

Warmfront-Regen 200 ... 1000 km, Durchzug 2–3 Tage, Geschwindigkeit 15 ... 35 km/h

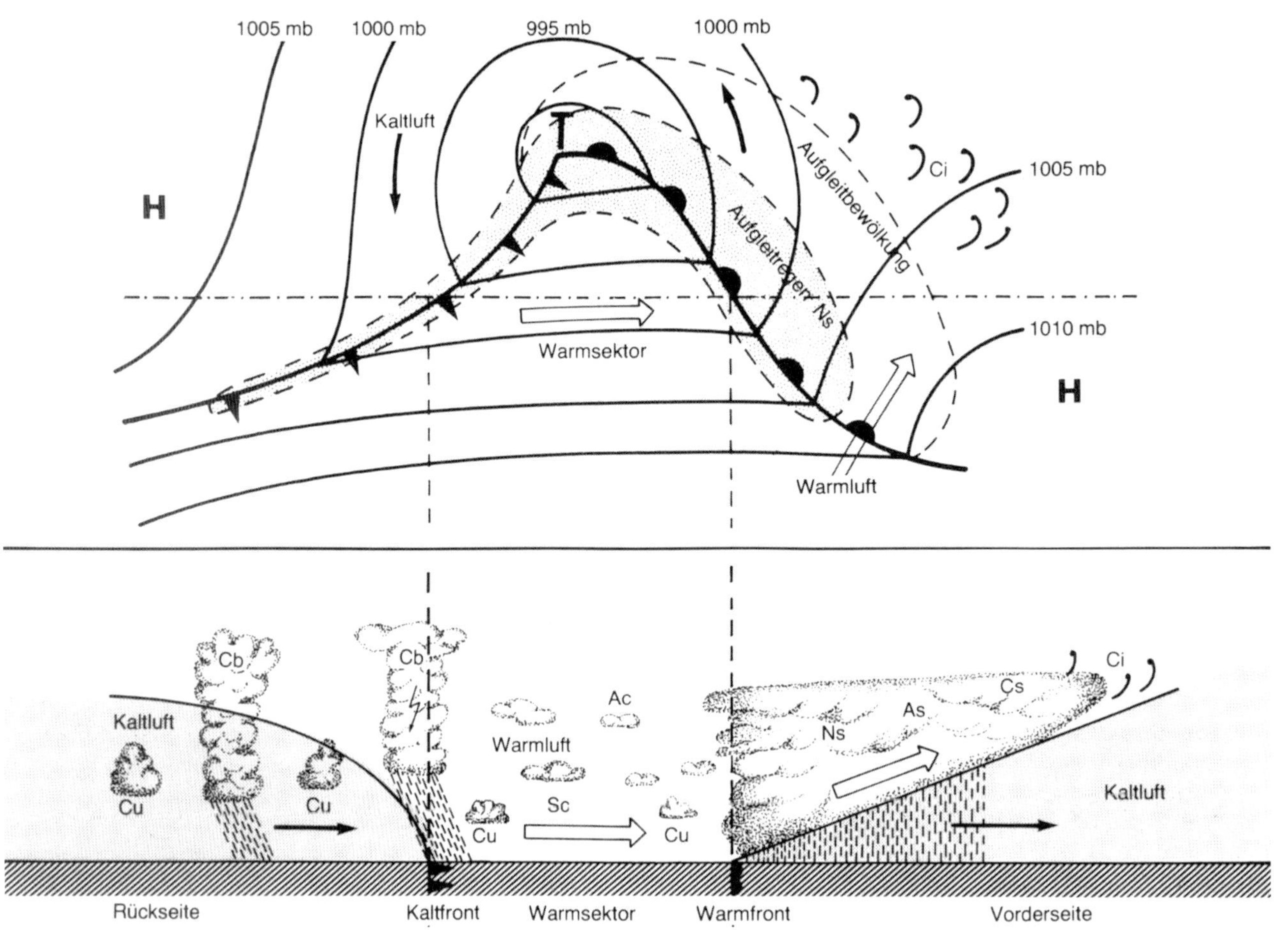

Der Wind strömt über dem Boden weg vom Hoch. Nachströmende Luft muss deshalb in der Höhe nachfließen, im Hoch absinken und sich adiabatisch erwärmen. Dies ist der Grund für die im Hoch meist geringe Bewölkung (Abb. S. 96).
Der Wind strömt hin zum Tief. Den Luftmassen bleibt also nichts anderes übrig, als im Tief aufzusteigen und sich adiabatisch abzukühlen. Dies erklärt die im Tief meist starke Bewölkung.
Doch zurück zu unseren Hochs und Tiefs. Während sich das Azorenhoch nur selten so weit ausdehnt, dass wir in den Genuss einer stabilen Hochdrucklage kommen, sind es die Tiefs, die auf der Höhe von Island entstehen und mit ihrem Frontensystem unser Wetter entscheidend beeinflussen. Wenn wir ein typisches Tief aufzeichnen, dann sehen wir, dass es auf seiner Westseite kalte, nördliche Polarluft nach Süden schaufelt, während an seiner Südseite warme Luft nach Osten und Norden vordringt. Gerade diese Trennungslinien zwischen kalten und warmen Luftmassen – Fronten genannt – sind entscheidend für unseren Wetterablauf. Dieser Wetterablauf soll nachstehend näher beschrieben werden.

Vorderseitenwetter vor einer Warmfront ist gekennzeichnet durch schlechter werdende Sicht, ansteigende Temperaturen und sich langsam verdichtende Cirren. Diese kennzeichnen den Beginn eines

Warmfrontdurchganges. Die Cirren mit oft spektakulären Halos in 11 000 m Höhe verdichten sich weiter zu Altostratus und mächtigen Nimbostratus. Lang dauernde ergiebige Regenfälle begleiten das Absinken der Wolkenuntergrenze oft bis zum Anfliegen auf dem Boden. Die Warmfront ist deshalb auch für UL nicht durch- oder unterfliegbar. Der meist nur leichte Wind verleitet immer wieder dazu. Wenn wir uns den Querschnitt durch eine Warmfront ansehen, dann wird aber ganz klar – man hat keine Chance. Nach durchschnittlich 2–3 Tagen hört der Spuk auf, wir sind im

Warmsektor. Die ganze Atmosphäre ist jetzt mit homogener Warmluft gefüllt. Es herrscht extrem stabile gute Wetterlage, die Luft ist wie Seide, das Idealwetter zum UL-Fliegen. Auch starke Sonneneinstrahlung kann keine Thermik auslösen. Dass diese Traumverhältnisse nicht zu lange dauern, dafür sorgt die folgende

Kaltfront. Die schwerere Kaltluft schiebt sich jetzt unter die Warmluft. Vor allem im Sommer entstehen durch die Hebung der warmen Luftmassen zusätzlich Frontgewitter. Ein Kaltfrontdurchzug ist immer begleitet von kurzzeitig bis zu Sturm auffrischendem Wind und starken Regenfällen mit Temperaturrückgang.
Durch das Aufgleiten der Warmluft auf den Kaltluftkeil entsteht vor einer solchen Front ein relativ schmales Band mit Aufwind. Man muss sich aber darüber im Klaren sein, dass ein Fliegen in diesem Band ein Ritt auf des Messers Schneide ist. Kommt man der Front zu nahe, wird man von der Böenwalze angesaugt. Fliegt man zu weit vor der Front, lässt der Aufwind nach.

Rückseitenwetter mit hochreichend kalter Luft und labiler Schichtung herrscht nach Durchzug der Kaltfront. Cumuluswolken am klaren Himmel erfreuen Auge und Segelflieger. Wir UL-Flieger sind weniger froh. Die Luft ist bockig und ungemütlich. Ruhige Flüge sind nur vor Einsetzen der Thermik oder am späten Abend, so kein Gewitter am Himmel hängt, möglich. Von einer **Okklusion** sprechen wir, wenn die schnelle Kaltfront die langsame Warmfront eingeholt hat. Die Okklusion beginnt in der Regel nahe dem Kern des Tiefdruckgebietes und zieht dann als eine einzige Schlechtwetterfront über uns hinweg.

Wetterberatung

Der Deutsche Wetterdienst, kurz DWD genannt, hat für die Fliegerei eine ganze Reihe von Diensten eingerichtet.
Für Überlandflüge hat sich der Pilot über die verfügbaren Flugwettermeldungen ausreichend zu unterrichten. Dafür stehen z. B. zur Verfügung:
GAFOR, Infomet, Fax-Server, PC-met.
Für Flüge nach Flugplan, z. B. ins Ausland, ist eine individuelle Flugwetterberatung Pflicht. Die Telefonnummern und eine Kurzbeschreibung der Dienste finden Sie ab Seite 162.

Die automatische Flugwetteransage (AFWA) oder auch **GAFOR** (general aviation forecast) genannt, muss innerhalb einer Stunde vor dem Start angerufen und mit den wichtigsten Daten mitgeschrieben werden. Natürlich sollte man den Zettel dann auch aufheben. Noch ein Tipp: Auf diesem Zettel sollte man sich schon vor dem Anruf die interessierenden Gebietsnummern notieren.
Für die Vorhersage ist Deutschland in zwei sich überlappende Bereiche eingeteilt, die Bereiche Süd und Nord. Bei den Ansagen für den Bereich Süd sind auch die mittleren Gebiete enthalten, nicht aber die nördlichen, und umgekehrt.
Zum genauen Lokalisieren der verschiedenen Wetterphänomene sind die Bereiche Süd und Nord wieder in eine große Anzahl von Gebieten unterteilt. Diese Gebiete werden bei der Ansage mit Ihrer Gebietsnummer einzeln oder in Gruppen angesprochen. Jede Ansage enthält folgende Angaben:

a) Gültigkeitsdauer der Vorhersage,
b) Kurzbeschreibung der Wetterlage,
c) Höhenwinde in 3000, 5000, 10 000 ft MSL (Bereich Nord auch 1500 ft) nach Richtung in Grad und Stärke in Knoten,
d) Lage der Nullgradgrenze,
e) Vorhersage der VFR-Bedingungen (VFC) nach Gebietsnummern für Gültigkeitsbeginn

bis +2 h	1. Buchstabe
+2 h bis +4 h	2. Buchstabe
+4 h bis +5 h	3. Buchstabe,

f) Uhrzeit der nächsten planmäßigen Ansage.

Die GAFOR-Gebiete

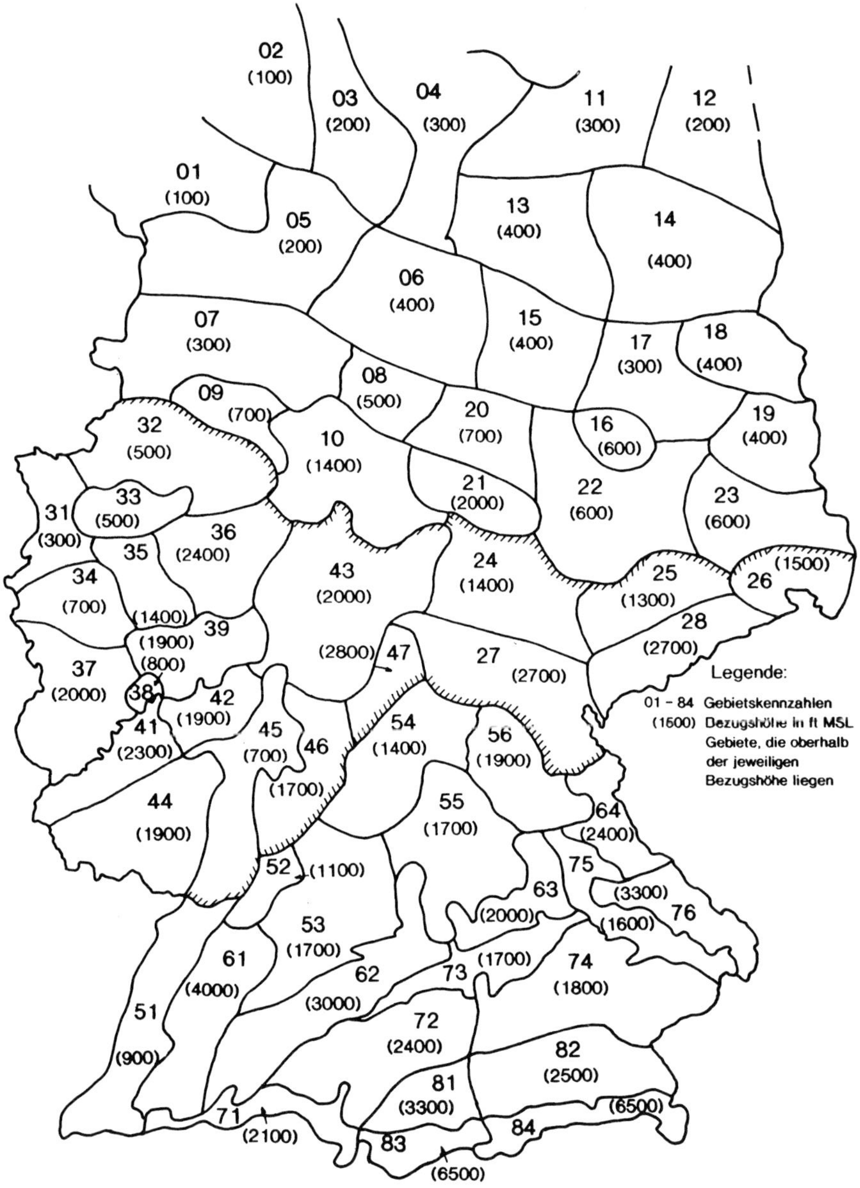

Übersichtskarte mit eingezeichneten GAFOR-Gebieten. Die englische Abkürzung hat sich gegenüber der deutschen AFWA durchgesetzt.

Die Gebietskennzahlen und Bezugshöhen der GAFOR-Gebiete

Nr.	Geographische Bezeichnung	Bezugshöhen in ft MSL
01	Ostfriesland	100
02	Nordfriesland-Dithmarschen	100
03	Schleswig-Holsteinische Geest	200
04	Schleswig-Holsteinisches Hügelland	300
05	Nordwestliches Niedersachsen	200
06	Lüneburger Heide	400
07	Westliches Niedersachsen	300
08	Hannover	500
09	Teutoburger Wald	700
10	Weser-Leine-Bergland	1400
11	Mecklenburgisches Tiefland	300
12	Vorpommern	200
13	Westliche Mecklenburgische Seenplatte und Prignitz	400
14	Östliche Mecklenburgische Seenplatte und Uckermark	400
15	Altmark	400
16	Hoher Fläming	600
17	Rhin-Havelluch und Ostbrandenburgisches Seengebiet	300
18	Barnim und Oderbruch	400
19	Spreewald und Gubener Waldland	400
25	Hannover-Braunschweig	
20	Magdeburger Börde und Nördliches Harzvorland	700
21	Harz	2000
22	Leipziger Tieflandsbucht und Elbe-Elster Niederung	600
23	Niederlausitzer Heiden	600
24	Thüringer Becken	1400
25	Mittelsächsisches Hügelland	1300
26	Oberlausitz und Lausitzer Gebirge	1500
27	Thüringer Wald, Frankenwald und Fichtelgebirge	2700
28	Erzgebirge	2700
29	Niederrheinisches Tiefland	300
32	Münsterland	500
33	Ruhrgebiet	700
34	Niederrheinische Bucht	700
35	Bergisches Land	1400
36	Sauerland	2400
37	Eifel	2000
38	Neuwieder Becken	800
39	Westerwald	1900
41	Hunsrück	2300
42	Taunus	1900
43	Nordhessisches Bergland mit Vogelsberg	2000
44	Rheinpfalz und Saarland	1900
45	Rhein-Main Gebiet und Wetterau	700
46	Odenwald und Spessart	1700
47	Rhön	2800
51	Oberrheinische Tiefebene	900
52	Kraichgau	1100
53	Neckar-Kocher-Jagst-Gebiet	1700
54	Mainfranken u. Nördliches Unterfranken	1400
55	Mittelfranken	1700
56	Oberfranken	1900
61	Schwarzwald	4000
62	Schwäbische Alb	3000
63	Fränkische Alb	2000
64	Oberpfälzer Wald	2400
71	Hochrhein u. Bodenseeraum	2100
72	Schwäbische Hochebene	2400
73	Westliche Donauniederung	1700
74	Südbayerisches Hügelland	1800
75	Östliche Donau- u. Naabniederung	1600
76	Bayerischer Wald	3300
81	Westliches Alpenvorland	3300
82	Östliches Alpenvorland	2500
83	Allgäuer Alpen	6500
84	Östliche Bayerische Alpen	6500

Wir UL-Flieger sollten folgende Zeiten wissen, sie sind wie alle Zeitangaben in der Fliegerei UTC:

Aufsprechzeitpunkt	Gültigkeitsdauer
5.30	6.00–12.00
8.30	9.00–15.00
11.30	12.00–18.00
14.30	15.00–21.00

Die Sichtflugbedingungen (VMC – visual meteorological conditions) werden nach Buchstaben klassifiziert und bedeuten:

	Ceiling (ft)	Flugsicht	offiz. Bez.	Merkwort
Charlie	höher 5000	größer 10 km		**c**uper
Oscar	höher 2000	größer 8 km	offen	**o**ffen
Delta	100–2000	5–8 km	schwierig	**d**iesig
Mike	500–1000	1,5–5 km	kritisch	**M**ist
X-Ray	niedr. 500	kleiner 1,5 km	geschlossen	**n**ix

Betrachten wir ein **Beispiel für eine Flugvorbereitung** um 8.30 LT im Sommer.
Am Flughafen herrscht Bodenwind mit 4 Kts aus 180°. GAFOR meldet für unser Gebiet Wind in 3000 ft mit 10 Kts aus 200°. Für die Flugplanung legen wir dann ganz einfach die Mittelwerte zugrunde. Hier bedeutet dies, dass bei UL-Flughöhe von 150 m der Wind mit (10 + 4) : 2 = 7 Kts aus (200 + 180) : 2 = 190° wehen wird. AFWA meldet außerdem Oskar – Delta – Mike.

Jetzt entschlüsseln wir:
Gültigkeitsbeginn der Aufsprache war 6.00 UTC. Dies entspricht 8.00 LT (local time = Bravozeit = Sommerzeit).
Es wird also bis 10.00 LT offen sein mit bester Sicht.
Von 10.00–12.00 ist mit schwieriger Sicht zu rechnen, von 12.00–14.00 verschlechtert sich die Sicht weiter und wird kritisch.

Wetterkarten

Für die Fronten (auf gedruckten Karten)

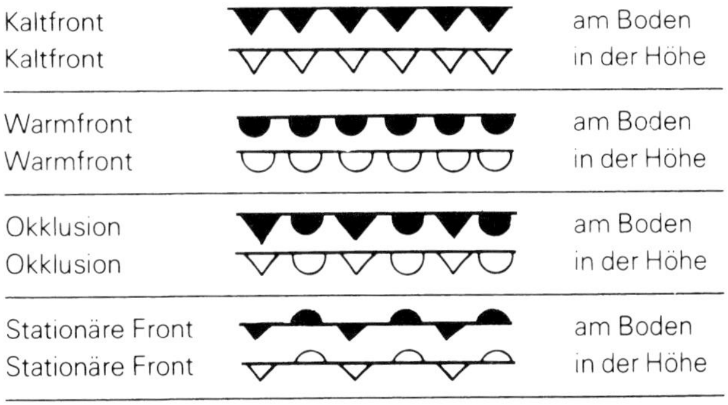

Für den Wind (Geschwindigkeit in Knoten): Die Pfeilspitze zeigt dabei in Windrichtung

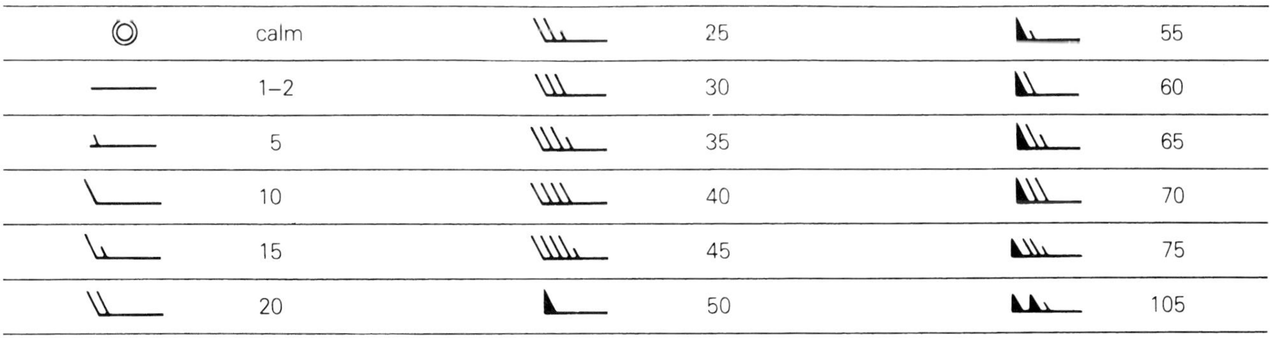

Für die Wettererscheinungen

∞	Dunst, Haze	☈	Gewitter, Thunderstorm
•	Regen, Rain	S→	Staub-/Sandsturm Dust or Sandstorm
✱	Schnee, Snow	⌐~	Rauch, Smoke
△	Hagel, Hail	,	Sprühregen, Drizzle
≡	Nebel, Fog		
▽	Schauer, Showers		

Für die Bedeckung

○	keine Wolken
⦶	ein Achtel
◔	zwei Achtel
◔	drei Achtel
◑	vier Achtel
◑	fünf Achtel
◕	sechs Achtel
●	sieben Achtel
●	acht Achtel, totale Bedeckung
⊗	Himmel nicht erkennbar (sky obscured)

Die farbig ausgelegten Wetterkarten für den Boden und verschiedene Höhen, wie sie an großen Flughäfen für die Flugwetterberatung durch die Außenstellen des DWD zur Verfügung stehen, sind für uns UL-Flieger meist nicht erreichbar.
Unsere wichtigste Informationsquelle wird die Wetterkarte aus der aktuellen Tagespresse sein. Sie zeigt zwar nicht das letzte Detail, gibt uns aber einen guten Überblick über die großräumige Wetterlage.

Meteorologische Messungen

Anemometer:
zum Bestimmen der Windgeschwindigkeit
Flügelradanemometer (ähnlich einem Windrad)
Schalenanemometer (Halbschalen an senkrechter Achse)
aerodynamische Anemometer (Staurohrprinzip)
Klappenanemometer (vom Wind beaufschlagte Klappe)
Höhenwindmessung mit Radiosonden

Barometer:
zum Bestimmen des Luftdrucks
Dosen oder Anaeroidbarometer (Veränderung einer luftleeren Dose)
Quecksilberbarometer (Höhe der Quecksilbersäule unter Vakuum)
Barografen (Druckverlaufaufzeichnung auf Trommel, Streifen oder Scheiben)

Thermometer:
als Temperaturmessgeräte
Flüssigkeitsthermometer (Ausdehnung von Quecksilber oder Alkohol)
Bimetallthermometer (Unterschiedliche Ausdehnung verschiedener Metalle)
Elektronische Thermometer (Widerstand oder Thermodement)

Hygrometer:
zur Messung der relativen Feuchte
Haarhygrometer (Ausdehnung eines Frauenhaares)
Lithiumchloridfeuchte Geber (Messung der Umwandlungstemperatur von hygroskopischem Lithiumchlorid)
Psychometer (Temperaturdifferenzen zwischen einem trockenen und feuchten Thermometer)

Pluviometer:
Bestimmen die Niederschlagsmenge mit geeichtem Auffanggerät

Außerdem werden gemessen:
Bodensicht:
Am Flugplatz (Feststellung durch einen Meteorologen entlang der Start und Landebahn)

Ceiling:
Durch Pilotballon mit bekannter Steiggeschwindigkeit
Durch optische Methoden wie Wolkenscheinwerfer, Winkelmessung oder Laserentfernungsmesser

Einstellung des Höhenmessers

Bei den Angaben über die verschiedenen Bezugsebenen, auf die der Höhenmesser eingestellt werden kann, begegnen wir wieder einem Relikt aus vergangener Zeit. Als die Flugzeuge nur über Morsefunk Verbindung zum Flughafen hatten, begannen Kodebezeichnungen mit der Buchstabenkennung **Q**. Jeder Höhenmesser ist nichts anderes als ein genauer, empfindlicher Druckmesser. Er reagiert auf Höhenveränderungen genauso wie auf wetterbedingte Druckschwankungen (auf MSL mit 8 m pro hPa).
Leider reagiert der Höhenmesser auch auf Abweichungen von der nach ICAO-Standard in der jeweiligen Höhe herrschenden Temperatur. Warme Luft ist dünner – der Höhenmesser zeigt zu hoch an, kalte Luft ist dichter – er zeigt zu tief an. Der Temperaturfehler beträgt 1% für 2,8 °C Abweichung.

QFE bedeutet:
Bezugsebene ist der am Flugplatz gerade herrschende Luftdruck. Der Höhenmesser wird vor dem Start auf 0 gestellt und zeigt damit für Flüge im Platzbereich – und nur dafür ist diese Einstellung zulässig – die Flughöhe über dem Platz an. Für Flüge zum nächsten Flugplatz ist diese Einstellung natürlich unbrauchbar.

QNH
Die LuftVO schreibt vor, dass diese Einstellung für Flüge außerhalb des Flugplatzbereiches gewählt wird. Auch dies ist ganz einfach. Vor dem Flug genügt ein Blick an den Tower, um die abgelesene Höhe auf dem Höhenmesser einzustellen. Die Bezugsebene ist nun MSL nach ICAO-Standard. Wenn der Höhenmesser eine Nebenskala hat, kann dort der auf MSL theoretisch herrschende Druck abgelesen werden.

QFF
Dieser Wert wird nur für Wetterkarten verwandt. Er bedeutet den tatsächlichen unter Berücksichtigung der Temperatur auf MSL gerechneten Luftdruck.

QNE
Bedeutet Einstellung auf ICAO-Standard 1013,25 hPa, ohne Rücksicht auf den gerade herrschenden Luftdruck. Man gibt diese Höhe dann, um Verwechslungen zu vermeiden, als **FL (flight level)** an. Die Höhenmesseranzeige in ft wird dazu durch 100 geteilt. Der Höhenmesser selbst kann also niemals in FL anzeigen.

Gewitterwolken reichen bis auf über 10 000 Meter.

Ein guter Flieger ist dann ein guter Flieger, wenn er nie in die Situation kommt, ein guter Flieger sein zu müssen.
Dieser Satz klingt im ersten Augenblick wie eine Wortspielerei, aber er enthält im Grunde eine ganze Menge der Philosophie unserer Fliegerei. Es gibt kaum einen Unfall, der als plötzliches, unabwendbares Unheil hereinbricht. Nicht ein einzelner Fehler führt zu einem Unfall, erst die Summe mehrerer kleiner, für sich allein genommen unbedeutender Fehler führt zur Überforderung von Mensch oder Maschine. Die Maschine demontiert, weil irgendein Teil die Belastung nicht mehr aushält, eine Belastung, die weit unter dem gerechneten Festigkeitswert liegt. Wenn dies passiert, dann war es sicherlich ein Vorschaden, der bei sorgfältigem Check entdeckt worden wäre. Die Piloten werden überfordert, weil sie durch mehrere gleichzeitig auftretende Widerwärtigkeiten überrascht werden, in Stress geraten und mit der Situation dann nicht mehr fertig werden. Zum Stress gehört nicht zuletzt auch verdrängte Angst oder die Angst, feige zu erscheinen.
Damit wir später von Ausnahmesituationen nicht überrascht werden, sollten wir uns mit solchen Situationen zumindest gedanklich vertraut machen. Mentales Training gibt die Möglichkeit später das Verhaltensmuster abzurufen, das uns die bestmöglichen Chancen gibt.

Ein Beispiel:
Ein Pilot fliegt einen zu kurzen Platz an (1. Fehler) und übersieht, dass die Landebahn bergauf führt (2. Fehler) und überdies in einem leichten Leegebiet liegt (3. Fehler).
Am Ende des Landeplatzes verläuft quer eine Hochspannungsleitung (4. Fehler).
Der Landeanflug gerät etwas zu lang (5. Fehler). Versucht der Pilot jetzt durchzustarten (6. Fehler), so hat er nur noch minimale Chancen.
Jeder der obigen Fehler wäre für sich alleine genommen unbedeutend, erst in ihrer Verkettung können sie tödlich sein. Bedingt durch das leichte Leegebiet und den aufsteigenden Landeplatz reicht die Steigfähigkeit des UL nicht mehr aus. Mit dem vorbereiteten Verhaltensmuster – Landebahn zu kurz, Schirm raus – wäre die Situation gerettet.

Vermeiden von Notsituationen

Der Mensch

Es sollte selbstverständlich sein, dass man sich nicht nur fit fühlt, sondern auch die eigene Person vor dem Flug auf Flugtauglichkeit abcheckt.
Unter ernsthaften Fliegern ist es Ehrensache, dass 24 Stunden vor dem Flug kein Alkohol angerührt wird – auch nicht in Bayern, wo Bier bekanntlich als Nahrungsmittel gilt. Als grober Richtwert kann gelten, dass pro Stunde etwa 0,1‰ Blutalkohol abgebaut werden. Am Abend bechern und am Morgen fliegen gibt es also nicht.
Besondere Vorsicht ist bei Erkrankungen geboten, bei denen die Druckunterschiede Probleme verursachen können:
Z. B. Stirn- und Kieferhöhlenerkrankungen und Mittelohrentzündungen.
Ein anderes Problem ist die verdrängte Angst oder die Angst, feige zu erscheinen. Hier sollten wir immer so handeln, als ob wir alleine auf dem Platz wären und nur uns selbst und unserer Sicherheit verantwortlich sind.
Es ist keine Schande, einen schon vorbereiteten Flug nicht anzutreten oder aus der Platzrunde zurückzukommen,

- weil uns das Wetter nicht gefällt,
- weil wir nicht ganz sicher sind, ein Geräteteil gecheckt zu haben,
- weil ein ungewohntes Geräusch das Motorbrummen begleitet,
- weil der Motor so ungewöhnlich schüttelt.

Es gibt hundert Gründe, die einen veranlassen können, den Flug abzubrechen oder erst gar nicht anzutreten und die im Nachhinein betrachtet harmlos erscheinen – aber wenn nur einmal sich eine Befürchtung bewahrheitet, dann hat sich unsere Vorsicht gelohnt. Weder die Familie noch Freunde oder Bekannte werden lachen. Sie werden vielmehr unsere Klugheit bestaunen, mit der wir eine mögliche Gefahrensituation schon im Ansatz erkannt haben.

Die Maschine

Neben der Aufmerksamkeit, die wir uns selbst schenken, erfordert natürlich das Fluggerät unsere ganze Sorgfalt. Es gibt keine Ausrede, auf einen ausführlichen Check vor dem Start zu verzichten.
(Näheres dazu ist im Teil Praxis nachzulesen.)

Verhalten in Ausnahmesituationen

Für das Verhalten in Notsituationen gibt es eine grundsätzlich richtige Strategie.

1. Situation erkennen
Alle Informationen sammeln. Dies gilt für Wetterveränderungen, unvermutete Turbulenzen oder Abwindgebiete genauso wie für Fehler am UL.

2. **Entscheiden**
Wichtigster Grundsatz:
Bedenkenlos das Material einsetzen. Ein Totalschaden ist besser als ein gebrochener Finger – im Augenblick der Entscheidung ist noch nicht vorhersehbar, ob nur der Finger bricht oder das Rückgrat. In Stunden erarbeitete Überlegungen können jetzt in Sekunden abgerufen werden. Deshalb – wenn möglich – Verhaltensmuster raus und

3. Handeln
Verhaltensmuster ablaufen lassen.
Kein »Es wird schon gehen« oder Abwarten.

Notlandungen

Trotz aller Sorgfalt und ausreichendem Treibstoff ist ein Motorausfall nie ganz auszuschließen. Beim Start und im Steigflug bis zur Halbbahnmarkierung ist ein Motorausfall harmlos (man landet wieder). Motorausfall zwischen Halbbahn und Bahnende ist schon kritischer. Die Höhe für eine 180°-Kurve reicht noch nicht, deshalb Generalrichtung geradeaus und im freien Feld eine Außenlandung einleiten.
Beim Streckenflug haben wir sowieso immer mit einem Auge einen Notlandeplatz im Blick und aus 600 m Höhe noch etwa 180 Sekunden Zeit für einen sauberen Anflug wie geübt.

Wir prüfen das vorgesehene Landefeld nochmals:
- kein Wassergraben,
- keine Hochspannungs- oder Telegrafenleitung,
- nicht in Lee von einem Waldstück oder einer Häuserzeile, sonst lieber mit Querwind oder Rückenwind, aber in Luv landen,
- in hügeligem Gelände immer hangaufwärts landen,
- erst wenn alles klar zur Notlandung ist, evtl. nochmals einen Anlassversuch am Motor. Chancen haben wir in der Regel nur, wenn eine Vergaservereisung durch die Motorwärme wieder abgetaut ist, sonst sind Anlassversuche vergeudete Zeit, die wir besser für einen sauberen Anflug verwenden sollten.

Können wir einem Baum nicht mehr ausweichen, die Krone mittig ansteuern und unser UL in die Äste setzen. Dort bleibt es dann mit hoher Wahrscheinlichkeit hängen. Wesentlich schlechter ist es, den Baum nur zu streifen. Der Aufschlag erfolgt dann seitlich und ungedämpft am Boden. In der Regel eine böse Sache.
Liegt unter uns ein Maisfeld oder eine Jungfichtenschonung, dann setzen wir unser UL mit Mindestfahrt auf die Spitzen. Auch eine Wasserfläche steuern wir mit Mindestfahrt an. Vorher vergewissern wir uns noch mal, wie wir am besten zwischen Spanndrähten und Verstrebungen aus dem Cockpit kommen.
Die Gurte brauchen wir noch, um den Aufprall auf der Wasseroberfläche zu überstehen. Das Gurtschloss nehmen wir in die Hand, damit wir es nach der Wasserlandung sofort öffnen können.

Erkennen:	Wo ist oben (dort ist es hell).
Entscheiden:	Wo tauche ich heraus.
Handeln:	Wir haben noch eine Menge Zeit. Das leichte UL mit dem großen Flügel geht ja nicht unter wie ein Stein.

Reicht bei einem Motorausfall über einem Hochwald der Gleitwinkel nicht aus, ein Notlandefeld zu erreichen, gibt's nur eines: Schirm raus, auch wenn das UL nicht in den Zweigen hängen bleibt, so wird sich doch der Schirm verfangen und uns abbremsen.

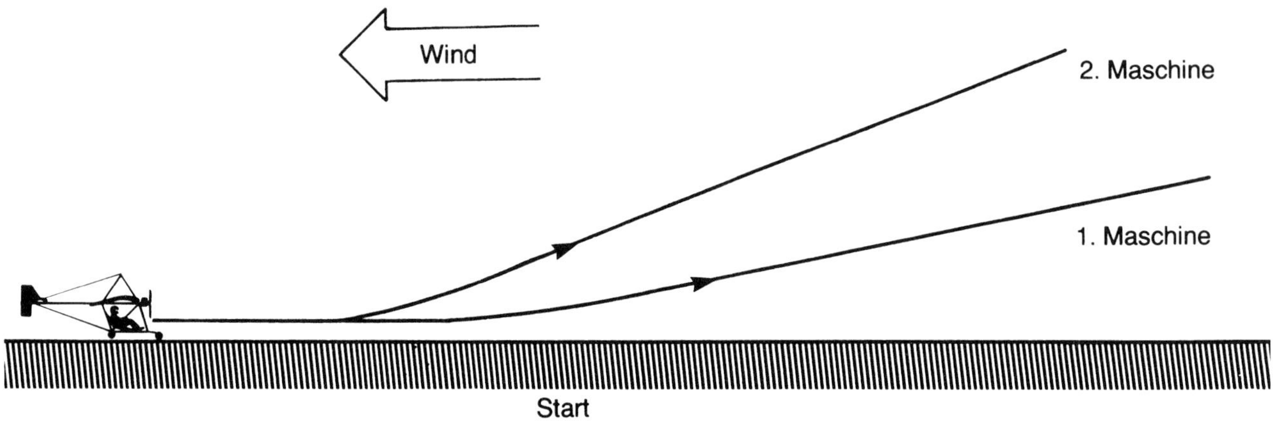

Start-
reihenfolge

Schirm raus – Zündung aus – gilt auch bei:
- Kollision,
- Ruderausfall,
- Gerätebruch,
- unkontrollierbarer Fluglage,
- Trudeln, Flattersturz,
- Motorausfall über geschlossener Nebeldecke,
- kurz vor dem Aufsetzen, wenn das Notlandefeld zu kurz ist.

Sicherheitsaußenlandung

Immer wieder gilt die gleiche Strategie: Erkennen, entscheiden, handeln.
Eine Sicherheitsaußenlandung werden wir also immer dann einleiten, wenn es zum Abwenden einer Gefahrensituation notwendig erscheint. Grundsätzlich haben wir bei der Sicherheitsaußenlandung einen größeren Entscheidungsspielraum und in der Regel auch mehr Zeit als bei der Notlandung. Der in Aussicht genommene Landeplatz wird deshalb vor der Landung möglichst einmal in geringer Höhe abgeflogen und auf Fallen wie Wassergräben oder Zäune kontrolliert. Auch auf günstigen Straßenanschluss für die Rückholmannschaft und Telefonmöglichkeit zur Information des Zielflugplatzes nicht vergessen.

Sicherheitsaußenlandungen sind sinnvoll bei
- Vergaservereisung
  (bei hoher Luftfeuchte und Temperaturen von – 5° bis + 15 °C muss damit gerechnet werden).

Noch gefährlicher wird es beim Reif oder Eisansatz an den Holmen der Gondel. Eis wird sich dann auch am Profil z. B. an der Nase oder an der Oberseite im Bereich des Unterdruckes bilden. Rapider Auftriebsverlust kann die Folge sein. Bei aerodynamisch gesteuerten UL sind auch Ruder und Klappen gefährdet.
Leichtes Schneetreiben in kalter, sonst klarer Luft birgt dagegen kaum Gefahren.

Nach einem Landeplatz sollte man suchen, wenn:
- sich das Wetter stetig verschlechtert, die Sicht immer mieser wird und auch eine Umkehr keinen Erfolg verspricht,
- wenn Gewitter in der Nähe stehen und wir die ersten kurzen, trockenen Schläge von Turbulenzen spüren,
- wenn uns bei Gegenwind die Dunkelheit überrascht,
- wenn wir uns verflogen haben.

Besonderheiten bei Start und Landung

Grundsätzlich sollte jeder Start nach dem gleichen Schema ablaufen. Die Möglichkeit, dass etwas übersehen wird, ist dann am geringsten. Also:

- Vorflugcheck,
- Anschnallen,
- Anlassen mit allen Sicherheitsvorkehrungen, warmlaufen lassen,
- Rollen zum Rollhalteort,
- Luftraum absuchen, Blickkontakt oder Funkkontakt zum Tower,
- Rollen zum Start,

Starten: Abheben, Fahrt aufnehmen, steigen, entsprechend der festgelegten Platzrunde abfliegen.
Tritt während des Starts etwas Unvorhergesehenes auf, dann bestehen 2 Möglichkeiten:

1. Start abbrechen,
2. Start fortsetzen.

Den Start abbrechen sollten wir in der Regel dann, wenn unsere Situation sich sonst verschlimmern würde, z. B. bei schwerer Unwucht durch Luftschraubenschaden. Haben wir uns aber zum Fortsetzen des Starts entschieden, so konzentrieren wir uns ganz auf den Start und lassen uns keinesfalls von der geübten Routine ablenken.
Erst in sicherer Höhe bringen wir die Sache dann in Ordnung. Ist dies nicht möglich, so fliegen wir eine Platzrunde und beheben den Fehler nach der Landung auf sicherem Boden. Starten mehrere UL nacheinander, dann das schwächste zuerst. Ähnliches gilt für die Landung. Nie durch die Wirbelschleppe einer vorher angeflogenen Maschine landen. Richtig ist, dann eine lange Landung mit hohem Anflug zu machen – man kommt dann erst in Bodennähe, wenn die andere Maschine nur noch gerollt ist und keine Induktionswirbel hinter sich herzieht.

Schwierig sind Landungen, wenn gleißender Schnee die Piste bedeckt. Dem Auge fehlen Bezugspunkte, Höhen- und Geschwindigkeitsschätzungen werden kurz vor dem Aufsetzen kaum mehr möglich sein. Hier kann man sich helfen, indem man sich einen solchen Bezugspunkt schafft. Dies kann z. B. ein abgeworfener Handschuh sein (Vorsicht Luftschraube).
Ist die Landepiste noch regennass, dann sind wir darauf gefasst, dass beim Aufsetzen des Bugrades Wasserstaub aufwirbelt und sich schlagartig unsere Sicht verschlechtert.

Rollen bei Wind

Bei Seitenwind bewährt sich hier die Technik der hängenden Fläche. Die gewichtskraftgesteuerten Trikes tun sich da leicht, sie haben die Möglichkeit, ihre Fläche auf der dem Wind zugewandten Seite etwas nach unten zu nehmen. Die »Aerodynamischen« können dies über ihre Querruder nur kurz vor einer Seitenwindlandung. Der Sinn ist immer der Gleiche, wir müssen unbedingt vermeiden, dass ein Windstoß unter die Fläche fährt. Auch wenn der Wind von hinten kommt, tun sich Trikes leichter. Durch Wegdrücken des Bügels vermeiden wir, dass eine Böe unser Gerät auf den Kopf stellt.

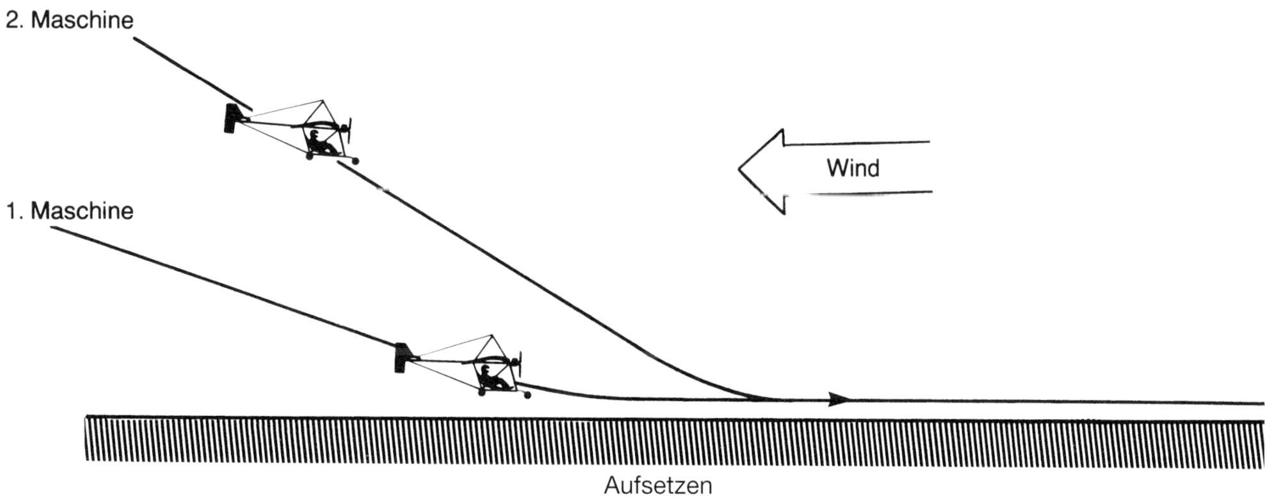

Landereihenfolge

Verhalten nach einem Unfall

Ruhe bewahren. – Dies ist leichter gesagt als getan. – In der Regel ist aber das Richtige, erst mal gar nichts zu tun. Viel wichtiger ist, dass man sich über die neue Situation – die man ja erst einmal lebend erreicht hat – klar wird. Es gilt wieder: Erkennen, entscheiden, handeln.

Schon mancher Drachenpilot hat die Baumlandung gut überstanden, dann in grundloser Hektik die Gurte geöffnet, um daraufhin den festen Boden ganz unsanft zu erreichen. Klüger ist es da, erst zu untersuchen, wie sicher unser UL hängt. Ob starke Äste zum Abklettern oder Abseilen am Schirm da sind oder ob wir uns darauf beschränken, unsere Lage zu sichern, um auf Helfer zu warten.

Das Gleiche gilt für die Helfer.

Bevor aktiv etwas getan wird, erst die Situation durchspielen – was passiert, wenn?

Nehmen wir wieder das Beispiel der »kanadischen Landung«, wenn das UL in den Bäumen hängt. Es wäre sinnlos, dem Piloten ein Seil zuzuwerfen, um damit das UL aus seiner sicheren Lage aus dem Baum zu ziehen. Auf die Urteilsfähigkeit des Piloten, der sicher unter Schockeinwirkung steht, darf sich der Helfer nicht verlassen. Lieber lassen sie den Piloten mit gutem Zuspruch eine Stunde oben hängen, bis die Feuerwehr aus dem nächsten Dorf kommt. Befindet sich der Pilot dann wieder auf festem Boden, gelten, soweit notwendig, die üblichen Erste-Hilfe-Maßnahmen. Auch wenn der Pilot sonst unverletzt ist, kann der Schock nach einem Flugunfall besonders schwer sein. Hier hilft Beine hoch, Kopf tief und vor allem guter Zuspruch und Optimismus der Helfer. Trösten, Fragen (nicht nach der Unfallursache!), Erzählen, alles ist erlaubt, was den Verunfallten ablenken kann.

Besondere Vorsicht ist geboten, wenn unser UL bei einem verunglückten Landeanflug eine Hochspannungsleitung abgerissen hat und jetzt in der Nähe der Leitung am Boden liegt. Bergungsmaßnahmen sind hier nur möglich, wenn sichergestellt ist, dass die Leitung stromlos geschaltet ist. Die Automatik im EVU schaltet nämlich nach einem Kurzschluss, wie er z. B. auch nach einem Blitzschlag passiert, selbsttätig wieder ein, d. h. der Strom fließt dann über die gerissene Leitung in den Boden. Bei Höchstspannungen reicht dieser gefährliche Spannungstrichter dann über 100 m weit ins Gelände. Die einzige Möglichkeit ist hier, EVU und Polizei anzurufen und abzuwarten.

Die neueste Generation vom UL hat eine Reisegeschwindigkeit von nahezu 300 km/h

Schwachpunkt Mensch?

Der Mensch hat im Laufe seiner Evolution erstaunliche Fähigkeiten entwickelt und seine Sinne in einer Weise perfektioniert, die es uns ermöglicht, uns in unserer Welt sicher zu bewegen, doch diese Welt hatte immer nur zwei Dimensionen. Die dritte Dimension, die Bewegung im Raum, das Fliegen, war uns verwehrt, auch wenn wir davon geträumt haben. So haben unsere Sinne nie gelernt, sich in dieser dritten Dimension zu orientieren. Wozu auch!
Informationen unserer Sensoren, denen wir Jahrhunderttausende vertraut haben, passen bei Bewegungen im dreidimensionalen Raum nicht mehr. Sie narren uns, führen zu Sinnestäuschungen, führen unser Gefühl in die Irre. Auch das viel gerühmte »Hosenbodengefühl« der Segelflieger taugt ohne Sicht nichts und ist im Übrigen das Resultat von Übung und Erfahrung. Damit sind wir beim Kernpunkt. Ein guter Pilot wird nicht geboren, er ist das Resultat von Erlerntem aus grauer Theorie, von stetem Üben, von gesammelten Erfahrungen, von verarbeiteten Fehlern – den eigenen wie denen anderer Piloten. Nur wer sich darüber im Klaren ist, dass er sich beim Fliegen in einem fremden Medium bewegt und dass er sich der Natur und ihren Gesetzen unterordnen muss, hat eine Chance, als Pilot alt zu werden.

Subjektive Gefahren

Die Fliegerei wäre ohne die geistigen und körperlichen Anpassungsfähigkeiten des Menschen kaum möglich. Aber niemand ist perfekt, jeder macht Fehler. Das gilt für Anfänger genauso wie für altgediente Berufspiloten. Unsere Fluggeräte sind wesentlich zuverlässiger als wir selbst.

So spielt der Mensch bei 80% aller Flugunfälle die Hauptrolle (human factor). Die subjektiven Gefahrenmomente gehen von uns selbst aus, von unserem Kopf. Das kann z. B. sein:
- Selbstüberschätzung, falscher Ehrgeiz, Imponiergehabe, Unangreifbarkeit, Unüberlegtheit, Impulsivität (»Das kann ich doch mit links«),
- Risikobereitschaft (z. B. »No risk, no fun«),
- Ignorieren von Gefahren (Einflug in Schlechtwetter),
- Resignieren (»Da kann man nichts machen«),
- dem Herdentrieb folgen (»Das machen doch alle so«).

Subjektive Gefahren, gegen die keiner gefeit ist, müssen nicht sein. Wenn wir unsere Intelligenz einsetzen und uns vorher schon mental mit diesen Problemen auseinander setzen, lassen sich subjektive Gefahren weitgehend vermeiden.
- Im Zweifel nein, Risiko eingehen ist dumm.
- Erst denken, dann handeln.
- Fehler machen nicht nur die anderen. Vorsicht, es kann auch mir ein Fehler passieren.
- Ich bin nicht hilflos, ich kann die Situation ändern.
- In der Regel sind die Vorschriften richtig. Folge ihnen!

Ein Entscheidungsprozess sollte in der Regel so aussehen:
1. Probleme ermitteln,
2. beurteilen, mögliche Optionen abwägen,
3. Auswählen einer angedachten Lösung,
4. Handlung festlegen,
5. handeln,
6. bewerten, ob erfolgreich.

Solange alles glatt läuft und der Pilot ein kleines bisschen Fliegerstress hat (= mittelgradiger Erregungszustand), bringt er sowieso seine beste Leistung. Dass ein Pilot fast einschläft vor Langeweile (= geringer Erregungszustand mit geringer Leistungsfähigkeit), wird kaum passieren. Daneben gibt es aber eine Reihe von Stressfaktoren, die zu einem sehr hohen Erregungsgrad führen und damit die Leistungsfähigkeit stark herabsetzen. Solche objektiven Belastungen (die von außen auf den Piloten wirken) wollen wir nachstehend näher betrachten.

Der Arbeitsplatz – objektive Belastungen

Nur wer sich in seinem Cockpit wohl fühlt, wer dort zu Hause ist, kann seine optimale Leistung bringen. Zur Ergonomie des Arbeitsplatzes gehören:
- entspannte Sitzposition mit guter Übersicht (auch bei der Landung),
- genügend Bewegungsfreiheit z. B. zum Handling der Karte,

- zweckgerechte Bedienelemente wie Hebel, Schalter, Anzeiger, Leuchten, eindeutig und gut ablesbare Flugzeuginstrumente,
- Arbeitsbedingungen wie angenehme Umgebungstemperatur,
- Belüftungsmöglichkeiten,
- Blendschutz,
- Schallschutz, z. B. Ohrhörer mit aktiver Schallunterdrückung (active noise reduction).

Die Piloten in offenen UL wie Trikes und motorisierten Gleitschirmen werden ganz besonders belastet. Hier ist das A und O die richtige Kleidung, die unbedingt winddicht sein muss. Erfrierungen drohen zwar erst bei Temperaturen unter 0 °C. Doch schon bei 10 °C können die dem Luftstrom ausgesetzten Hände ohne ausreichenden Schutz bewegungsunfähig werden. Bei Auskühlung des ganzen Körpers wird die Leistungs- und Handlungsfähigkeit ganz dramatisch eingeschränkt.

Selbstprüfung vor jedem Flug, **I'm SAFE**:
Illness (wer sich krank fühlt, sollte am Boden bleiben)
Stress (Ärger in Beruf und Familie stören die Konzentration)
Alkohol (null Promille!)
Fatigue (ein müder Pilot ist anfällig für jeden denkbaren Fehler)
Eating + Trinken + Harnausscheidung

Der letzte Punkt verdient besondere Aufmerksamkeit. Natürlich genießt auch ein Pilot seine Mahlzeiten vor dem Flug. Doch er wählt mit Bedacht leichte, bekömmliche Speisen in mäßigen Mengen. Bei ungenügender hygienischer Situation gilt: Cook it, peal it or forget it (kochen, schälen oder vergessen).
Das Problem wird meist erst 1–2 h nach der Mahlzeit akut, also im Cockpit. Nur wer solche Qualen im Flugzeug fern jeder Toilette schon mal erlebt hat, weiß, wovon ich schreibe. Auf Essen kann man ganz gut einige Stunden oder sogar Tage verzichten. Nicht so auf Wasser. Es ist unser Lebenselixier. Unser Körper besteht nun mal zum Großteil aus Wasser und die Speichermöglichkeiten sind sehr begrenzt. Voraustrinken bringt nicht viel. Sicher ist nur, dass wir die nicht speicherbaren Mengen auf der Toilette wieder ausscheiden. Bei unseren Ultraleichten stellt sich sofort die Frage, auf welcher Toilette. Entweder schaffen wir uns eine Möglichkeit, die Flüssigkeit während des Fluges loszuwerden, oder wir planen Landungen in entsprechend kurzen Abständen.
Auf längeren Flügen sollten wir die jeweils ausgeatmete, ausgeschwitzte oder über den Urin ausgeschiedene Flüssigkeit wieder ergänzen. Dies kann am Boden oder aus einer mitgeführten Trinkflasche geschehen. Dehydrierung d. h. Austrocknung, ist ein Problem, das besonders bei offenen Ultraleichten nicht unterschätzt werden darf.

Die Sinnesorgane

Sie sind häufig die Ursache von subjektiven Gefahren.

Das Auge

Für uns Flieger ist es der wichtigste Sensor. Das Auge und die von ihm erzeugten Sinneseindrücke haben einige Eigenheiten, die uns im Flugzeug in Schwierigkeiten bringen können. Doch wenn wir wissen wie, dann können wir mit diesen Problemen, die uns die Evolution als »Landtiere« mitgegeben hat, gut leben und fliegen.
Unser gesamtes Gesichtsfeld deckt etwa 180 Winkelgrad ab. Das Zentrum für wirklich scharfes und farbiges Sehen umfasst nur einen kleinen Bereich von etwa 5–10 Winkelgraden. Zum Vergleich: Die Spanne zwischen Daumen und Zeigefinger einer gestreckten Hand beträgt ca. 15 Winkelgrade.
Rund um dieses kleine Schärfefeld ist das Auge dafür in einem Bereich von weiteren 10–15 Grad bei schwachen Lichtverhältnissen (Dunkelheit) zwar empfindlicher, bildet aber leider unscharf ab. Zur Luftraumbeobachtung ist deshalb nur die Scantechnik, d. h. ein sektorweises Abtasten des Horizontes in Schritten von 10–20 Grad tauglich.
Entdecken wir nun ein Flugobjekt stationär im Gesichtsfeld, dann Alarm – wir sind auf Kollisionskurs. Um dies richtig zu erkennen, müssen wir unseren Blick aber etwa 5–10 Sekunden auf das Flugobjekt fixieren.
Die natürliche Fokussierung der Augen liegt in der Regel bei 1–2 m. Wenn das Auge in der Ferne keine festen Konturen zur Entfernungseinstellung findet (z. B. bei Wolken oder Dunst), so wird es sich auf nahe Teile des Flug-

gerätes scharf einstellen, z. B. den Fensterrahmen. Flicker-Vertigo, d. h. Schwindel, kann durch rhythmische Hell-dunkel-Änderungen z. B. durch drehende Hubschrauberblätter oder das weiße Blitzlicht entstehen.

Schutz der Augen
Blendung und grelles Sonnenlicht vermindern das Sehvermögen. 30 Minuten braucht das Auge für die Adaption, um sich nach Blendung wieder der Dunkelheit anzupassen. Hilfen:

- gute Sonnenbrillen mit UV-Schutz, Polarisationsbrillen beeinträchtigen die Sicht auf LCD-Displays,
- Schirmmützen,
- Blendschutz am Cockpitfenster,
- nicht direkt in starke Lichtquellen blicken.

Sinnestäuschungen unserer Augen:
Der Mensch ist ein Gewohnheitstier. Das gilt auch für unsere Sinnesorgane. Bei der Interpretation von Sinneseindrücken halten sie sich an Erlerntes und Gewohntes. So erscheinen:

- ansteigende Landebahnen länger und näher,
- abfallende Landebahnen kürzer und ferner.

Es besteht die Gefahr, dass wir

- schmälere Landebahnen zu tief anfliegen,
- breitere Landebahnen zu hoch anfliegen.

Bei Dunst und schlechter Sicht erscheinen Gegenstände u. U. weit entfernt. Das Schätzen von Größe und Geschwindigkeit ist erschwert. So kann es beim Landen auf einer schneebedeckten homogenen Fläche äußerst schwierig sein, Bezugspunkte zu erkennen und richtig einzuschätzen. Informationen zur Höhe fehlen dann vor allem in der letzten Phase vor dem Aufsetzen. Ausweg: Vorher einmal die Landebahn abfliegen.

Das Ohr
Schwerhörigkeit kann zu Verständigungsfehlern und damit zu kritischen Situationen führen. So weit, so klar. Doch unser Ohr ist nicht nur zum Hören da, es kann

- Drehbewegungen mit den Bogengängen (Vestibularorgan) signalisieren,
- lineare Beschleunigungen und Schwerkraftänderungen mit den Statolithen feststellen.

Zusammen mit den Muskel-, Tast- und Gelenksensoren reicht dies für eine perfekte Lageorientierung, solange wir uns auf festem Boden befinden. Sogar mit geschlossenen Augen finden wir uns dort zurecht. Die Schwierigkeiten beginnen aber sofort, wenn wir uns im Raum bewegen. Dann hängt unsere Lageorientierung zu 80–90% vom richtigen Sehen ab, d. h. auch wenn wir nur kurzzeitig die Sicht verlieren, wird die Lage fatal.
Unsere Sensoren liefern zwar jede Menge Informationen, doch unser Gehirn ist darauf programmiert, diese Informationen so zu deuten, als ob es festen Boden unter den Füßen hätte, d. h. sie sind zum Fliegen untauglich. Auch bei Sicht kann es zu einem Konflikt der verschiedenen Empfindungen kommen. Die erlebte Bewegung passt nicht zum Sinneseindruck. Räumliche Desorientierung, Drehschwindel oder Kinetose (Seekrankheit, Luftkrankheit) können die Folge sein.
Im Einzelnen unterscheidet man:

- Coriolis-Effekt durch Reizung aller Bogengänge. Das passiert wenn der Pilot im Kurvenflug gleichzeitig seinen Kopf dreht. Folge: Drehschwindel (Vertigo). Abhilfe: Ruhige, gerade Kopfhaltung.
- Schwerkraftillusion (somatografic illusion):
  Beim Beschleunigen – Illusion der Rückwärtslage oder Steigflug,
  beim Abbremsen – Illusion der Vorwärtslage oder Sinkflug.
- Elevator Illusion, Gefühl des Steigfluges. Beim Fliegen enger Kurven durch die verstärkte G-Belastung.
- Dreh-Illusion (somatogyral illusion). Beim Beenden einer Kurve Eindruck des Sinkflugs oder Empfinden einer Kurve in entgegengesetzter Richtung. Auch das unbewusste Hängenlassen einer Fläche (leans) gehört dazu.

Auch wer keine Blindfluginstrumentierung hat, dem stehen mit Kompass, Vario (Höhenmesser) und Geschwindigkeitsmesser drei Instrumente zur Verfügung, mit deren sorgfältiger Beachtung sich manch kritische Situation meistern lässt.

- Kinetose (Seekrankheit, Luftkrankheit) kann durch Angst begünstigt werden. Sie hat Müdigkeit, Schweißausbruch, Übelkeit und u. U. Erbrechen zur Folge.
- Abhilfe: Frische Luft, Sauerstoff, ruhiges Fliegen, Turbulenzen meiden, Blickkontakt zum Boden suchen. Medikamente sind für Piloten tabu.

Nicht nur, dass uns das Ohr und die mit ihm zusammenarbeitenden Sinnesorgane schon genug Schwierigkeiten machen, von außen kommende Einflüsse verlangen zusätzliche Aufmerksamkeit. Die Nasennebenhöhlen und das Mittelohr sind über die Ohrtrompete (Eustachische Röhre) mit der Umgebung verbunden und reagieren empfindlich auf Höhenänderungen. Bereits 30–50 m (100 ft) sind spürbar und eine Höhenänderung von 2000 m (6500 ft) kann unter ungünstigen Umständen zum Trommelfellriss führen.
Im Normalfall wird im Steigflug ein klein wenig Luft durch die Ohrtrompete nach außen strömen, sodass der Druck in unseren Körperhöhlen sich dem Umgebungsdruck angleicht. Das Umgekehrte passiert im Sinkflug. Jedenfalls solange wir nicht verschnupft sind. Dann wirkt die Ohrtrompete als Einwegventil. Es lässt den Überdruck bei Steigflug zwar abfließen, bei Sinkflug aber gibt es keinen Druckausgleich, dafür aber Schmerzen in Ohr und Nebenhöhlen.

Abhilfe:
- Das Valsalva-Manöver, d. h. Nase zuhalten und Luft pressen,
- oder das Toynbee-Manöver, d. h. Nase zuhalten und schlucken,
- Schlucken und Kaubewegungen können helfen,
- im Notfall auch Nasentropfen oder Spray – natürlich vor dem Flug.

Atmung

Die Luft

Jeder Motorpilot weiß, dass sein Antrieb ohne Turbolader pro 1000 m Höhe etwa 10% seiner Leistung verliert. Dieser Effekt ist weitgehend linear, sodass uns in 5000 m Höhe nur noch die halbe Motorleistung zur Verfügung steht. Der Mensch ist keine Maschine, er ist anpassungsfähig, aber beim Erreichen der Anpassungsgrenze schnell überfordert. Im Einzelnen bedeutet dies:

- 1500 m/5000 ft — ausreichende O_2-Versorgung
- ab 2100 m/7000 ft — ausreichende O_2-Versorgung, Reaktionsschwelle
- ab 3000 m/10 000 ft — nicht ausreichende O_2-Versorgung, Störschwelle
- ab 4000 m/13 200 ft — verminderte O_2-Versorgung, Leistungsabfall
- ab 6600 m/22 000 ft — kritische Schwelle – Todeszone

Höhenabhängige Selbstrettungszeit:
- 4500 m/15 000 ft — 3–5 Stunden
- 5500 m/18 000 ft — 30 Minuten
- 7500 m/25 000 ft — 3–5 Minuten
- 11 000 m — 90 Sekunden

Symptome des Sauerstoffmangels:
- Erhöhung der Puls- und Atemfrequenz
- Kribbeln in den Fingern, Kälte oder Wärmegefühl
- Kopfschmerz und Übelkeit
- Sehstörungen, eingeengtes Gesichtsfeld
- Konzentrationsstörungen, Müdigkeit
- Euphorie (besonders gefährlich)
- Reduzierung des Farbsehens
- Verlängerte Reaktionszeit, Vergesslichkeit
- Kritiklosigkeit, eingeschränktes Urteilsvermögen
- Müdigkeit

Bei Sauerstoffmangelerscheinungen gibt es zwei Möglichkeiten zur Abhilfe:
Sauerstoff aus der Flasche oder Sinkflug in tiefere Luftschichten.
Eine verbesserte Höhenanpassung ist nur über einen Zeitraum von mehreren Wochen (z. B. bei Bergsteigern) erreichbar. Hyperventilation, d. h. eine Mehratmung, die über das Stoffwechselbedürfnis eines Piloten hinausgeht, ist eher schädlich. Das kann so weit gehen, dass Bewusstseinsstörungen auftreten. Also, ruhig, langsam und tief atmen und tiefer gehen.
Für Tauchsportler hält das lebensnotwendige Medium Luft (80% O_2 und ca. 20% N_2) noch eine weitere Gefahr bereit. Die Lungen nehmen während der Tauchgänge, besonders über 5 m Tiefe, nicht nur Sauerstoff, sondern auch Stickstoff (N_2) auf. Dieser Stickstoff wird aus dem Blut nur sehr langsam wieder ausgeschieden. Wer beim Tauchen seine Dekompressionszeiten einhält, wird am Meeresstrand kaum Probleme haben.
Wenn ein Taucher vor dem Aufsuchen größerer Höhen nicht zusätzlich Pausenzeiten einhält, kann er trotz der normalen Dekompressionszeiten durch die Druckfall-

krankheit (DSC, decompression sickness) Probleme bekommen. Dabei tritt gasförmiger Stickstoff in Bläschenform in Blutgefäßen und Gelenken aus. Dies kann äußerst schmerzhaft und im schlimmsten Fall sogar lebensgefährlich sein.

Für Sportflieger gilt: Kein Tauchgang tiefer als 5 m 24 h vor dem Flug.
Generell gilt:
- Bis 9 m Tauchtiefe 12 h Pause,
- über 9 m Tauchtiefe ohne Deko-Pflicht 12–24 h Pause,
- über 10 m Tauchtiefe mit Deko-Pflicht 24–48 h Pause.

Fliegen in der Druckkabine (Airliner) entspricht 2400 m Höhe.

Schadstoffe in der Atemluft

Unangenehme Gerüche sind in der Regel ungefährlich, zum einen weil sie warnen, zum anderen weil sie meist nicht schaden. Doch gerade das gefährlichste aller Cockpit-Gifte, das Kohlenmonoxid (CO), ist absolut geruchlos, wirkt schon in kleinsten Dosen und ist ab 0,01% absolut tödlich. Der Grund:
Das Hämoglobin im Blut bindet Kohlenmonoxid (CO) 200- bis 300-mal stärker als Sauerstoff. Der Sauerstofftransport im Blut wird damit anfangs behindert, später unmöglich.

Symptome bei CO-Vergiftungen ähneln denen bei Sauerstoffmangel:
- Kopfschmerz
- Sehstörungen
- Übelkeit, Erbrechen
- Rosige Hautfarbe, bei Sauerstoffmangel jedoch blaue Färbung
- Reduzierte Nachtsehfähigkeit (Hypoxie)
- Müdigkeit

Mögliche Kohlenmonoxidquellen:
- Triebwerksabgase (undichter Brandschott)
- Defekte Wärmeaustauscher der Kabinenheizung
- Schwelbrände von elektrischen Kabeln
- Zigarettenrauch enthält 4% Kohlenmonoxid, Rauchen in 3000 m Höhe wirkt wie eine Flughöhe von 4300 m ohne Rauchen!

Abhilfen:
- Frische Luft,
- reinen Sauerstoff atmen,
- abwarten, erst nach 48 h hat der Körper das gesamte CO wieder ausgeschieden.

Schadstoffe anderer Art:
Kein Mensch denkt bei einem Glas Burgunderwein oder einem zünftigen Obstler an Schadstoffe. Doch wie so vieles im Leben haben auch diese durchaus edlen Stoffe eine gute und eine schlechte Seite. Die sei hier näher betrachtet.
Das Führen von Fluggeräten unter Alkohol- und Drogeneinfluss ist verboten. Zudem haben wir Piloten gegenüber den Autofahrern noch einen gravierenden Nachteil. Ein Autolenker, der in einem lichten Moment sein Handicap erkennt, kann seine Fahrt jederzeit abbrechen, aussteigen und zu Fuß weitergehen, eine Möglichkeit, die uns Luftfahrern verwehrt ist.
Bei uns hilft nur eines – Vorsicht ist besser als Nachsicht. Also, daran denken:
- 1 Glas Bier, 1 Glas Wein oder 1 Klarer haben etwa 0,2‰ zur Folge.
- Bereits in der Mundschleimhaut erfolgt die erste Aufnahme von Alkohol.
- Der Alkohol geht ins Blut, ganz gleich, ob man viel dazu isst oder wenig.
- Nur etwa 0,1‰ vom Blutalkohol werden pro Stunde abgebaut.
- 12 h vor dem Flug gilt absolutes Alkoholverbot.
- Auch wenn der Alkohol schon ausgeschieden ist, können Nebenwirkungen (Hangover, Kater) die Leistungsfähigkeit mindern.
- Medikamente für kurzfristigen Gebrauch und Dauermedikamente (z. B. gegen Bluthochdruck) sollten vor dem Fliegen nur nach Rücksprache mit dem Fliegerarzt eingenommen werden. Was auf dem Beipackzettel für die Autofahrer an Vorsichtsmaßnahmen empfohlen wird, gilt meist noch viel ausgeprägter für uns Piloten.

Alkohol, Drogen und Medikamente können aus dem besten Piloten einen Menschen machen, der all die subjektiven Gefahrenmomente in sich vereint, die wir schon am Anfang dieses Kapitels näher betrachtet haben.

Im Luftrecht werden die »Spielregeln« behandelt, nach denen der gesamte Luftverkehr abgewickelt wird.
In einzelnen Kapiteln ist das Lernen dieser Spielregeln eine trockene Sache. Wir sollten aber bedenken, dass unsere Sicherheit und die Sicherheit anderer Luftverkehrsteilnehmer davon abhängt, dass alle sich entsprechend dieser Spielregeln verhalten.
Weder in einer Prüfung noch im praktischen Flugbetrieb wird verlangt, dass wir einzelne Paragrafen auswendig können oder dass wir wissen, unter welchem Paragrafen einzelne Regelungen zu finden sind. Den sachlichen Inhalt der nachfolgenden Kapitel sollten wir aber lückenlos kennen.

Ultraleichtflugzeuge werden ab 1993 (wie Hängegleiter, Gleit- und Sprungschirme) den Luftsportgeräten zugerechnet.
Mit Einführung der Luftsportgeräte wurden höhere Aufgaben wie

- Gerätezulassung,
- Pilotenprüfungen usw.

in Deutschland privaten Verbänden übertragen.
Seit 1.10.2001 gibt es für die Beauftragung nur noch Ultraleichtflugzeuge, die Unterscheidung gewichtskraftgesteuert oder aerodynamisch gesteuert fällt weg.

DAeC	– Ultraleichtflugzeuge
	– Ultraleichte Segelflugzeuge
	– Sprungschirme
DULV	– Ultraleichtflugzeuge
DHV	– Hängegleiter
	– Gleitsegel
DFV	– Sprungschirme

Die im Teil Luftrecht wiedergegebenen Gesetze und Verordnungen sind gekürzt. Verbindlich ist allein die jeweils neueste Fassung des amtlichen Textes.

Rechtsvorschriften des Luftverkehrs

Die rechtliche Grundlage der Fliegerei in der BRD ist das LuftVG. Auf diesem Gesetz basieren eine Reihe von Verordnungen. Die wichtigsten Verordnungen sind nach dem LuftVG zusammengestellt.

Luftverkehrsgesetz (LuftVG)
Das Luftverkehrsgesetz ist die wichtigste Rechtsvorschrift im Rahmen des Luftverkehrs. Es ist in drei Abschnitte unterteilt:

1. Luftverkehr
   Luftfahrzeuge und Luftfahrtpersonal
   Flugplätze
   Luftfahrtunternehmen und -veranstaltungen
   Verkehrsvorschriften
   Enteignung
   Gemeinsame Vorschriften

2. Haftpflicht
   Haftung für Personen und Sachen, die nicht im Luftfahrzeug befördert werden
   Haftung für militärische Luftfahrzeuge
   Haftung aus dem Beförderungsvertrag
   Gemeinsame Vorschriften für die Haftpflicht

3. Straf- und Bußgeldvorschriften

Die Luftverkehrs-Ordnung (LuftVO)
Sie enthält die Luftverkehrsregeln und Pilotenpflichten.

Die Luftverkehrs-Zulassungs-Ordnung (LuftVZO)
Sie regelt die Zulassung von Luftfahrzeugen, Flugplätzen und Zubehör sowie die Haftpflicht- und Unfallversicherung.

Die Verordnung über Luftfahrtpersonal (LuftPersV)
Sie regelt das Ausbildungs- und Prüfungswesen.

Verordnung zur Prüfung von Luftfahrtgerät (LuftGerPV)
Sie regelt die Muster-, Stück- und Nachprüfungen.

Die Kostenverordnung der Luftfahrtverwaltung (LuftKostV)
Sie enthält die Gebühren.

Die einzelnen Verordnungen werden durch ergänzende Bestimmungen und Regelungen des BMV, der zuständigen Behörden und der Verbände vervollständigt.

Organisation der Luftfahrt in der BRD

Der Bundesminister für Verkehr, Bau- und Wohnungswesen (BMVBW)

Die Lufthoheit (also das Recht eines Staates, über seinen Luftraum zu bestimmen) liegt in der Bundesrepublik Deutschland bei der Bundesregierung. Zuständig für die Belange des Luftverkehrs ist der BMVBW.
Das BMVBW ist in verschiedene Abteilungen untergliedert. Zuständig für den Luftverkehr ist die Abteilung Luftfahrt.

Dieser Abteilung unterstehen die folgenden 4 Referate:

BMVBW
- **LBA**
- **DFS**
  - FIS
  - Kontrolldienste
  - Alarmdienst (SAR)
  - AIS
    - Notam
    - AIP
    - NFL
    - ICAO-Karte
- **BFU**
- **DWD**

Luftfahrt-Bundesamt (LBA)

Das LBA ist zuständig für
- die Prüfung der Lufttüchtigkeit von Luftfahrtgerät,
- das Luftfahrtpersonal außer PPL und CCL.

Es ist die Auftragsbehörde für die beauftragten Verbände wie DULV und DAeC.
Einige Aufgaben wurden den örtlich zuständigen Luftfahrtbehörden der Länder übertragen (Näheres S. 117).

Deutsche Flugsicherung (DFS)

Die Deutsche Flugsicherung führt die »Bewegungslenkung« im Luftverkehr durch.

Das bedeutet:

- Kontrolle durch Fluglotsen,
- Beratung von Piloten in der Luft durch den Fluginformationsdienst (FIS),
- Beratung von Piloten am Boden durch den Flugberatungsdienst (AIS),
- Koordination von Flugrettungseinsätzen durch den Flugalarmdienst,

außerdem:
- Veröffentlichung der Nachrichten für Luftfahrer (NFL),
- Veröffentlichung von NOTAMs,
- Veröffentlichung von ICAO-Karten der BRD.

Die Deutsche Flugsicherung unterhält eine Reihe von Außenstellen auf allen internationalen zivilen Flugplätzen.

Bundesstelle für Flugunfalluntersuchung (BFU)

Untersuchung von Störungen beim Betrieb von Luftfahrzeugen und Mitwirkung bei der Verhütung von Unfällen.
In Ausnahmefällen auch für UL zuständig.

Deutscher Wetterdienst (DWD)

Er hat im Bereich der Luftfahrt u. a. die Aufgabe der Wetterberatung. Er übt nur eine beratende Funktion aus, hat also keine verwaltungstechnischen Befugnisse.
Dem Zentralamt sind eine Reihe von Wetterämtern unterstellt. Diesen wiederum unterstehen die Flugwetterwarten. (Näheres S. 162/163.)

Veröffentlichungen der Flugsicherung

Die Deutsche Flugsicherungs-GmbH (DFS) ist ein bundeseigenes, privatrechtlich organisiertes Unternehmen.
Die DFS gibt Anordnungen, wichtige Informationen und Hinweise für die Luftfahrt heraus.
Man unterscheidet

Nachrichten für Luftfahrer (NfL)

Die **NfL 1** betreffen die Durchführung des Flugbetriebes (Flugsicherung, Wetterdienst, Flugplätze usw.).
Die **NfL 2** betreffen Luftfahrtgerät und Luftfahrtpersonal oder Nachrichten, die nicht in den NfL 1 einzuordnen sind.
Die Nachrichten für Luftfahrer werden in Deutsch gedruckt und auf dem Postweg versandt. Sie können im Abonnement bezogen werden.

NOTAM (notice to airman)

Man unterscheidet NOTAM Class I und NOTAM Class II:

1. **NOTAM Class I** werden in englischer Sprache über das Flugfernmeldenetz verbreitet. Sie betreffen Anordnungen, Informationen und Hinweise, deren sofortige Verbreitung notwendig ist.
   Wenn der Inhalt eines NOTAM Class I für einen längeren Zeitraum Gültigkeit hat, wird er zusätzlich in den Nachrichten für Luftfahrer und als NOTAM Class II verbreitet.
2. **NOTAM Class II** werden in deutscher und englischer Sprache auf dem Postweg verteilt.

Luftfahrt-Handbuch (AIP-VFR)

Alle für die Luftfahrt wichtigen Informationen und Bestimmungen für das Gebiet der Bundesrepublik Deutschland sind im Luftfahrt-Handbuch (AIP – Aeronautical Information Publication) veröffentlicht. Das Luftfahrt-Handbuch wird in 14-tägigen Abständen durch einen Berichtigungsdienst auf dem neuesten Stand gehalten.

Die heutigen Bände I, II und III wird es nicht mehr geben. Jedoch bleibt der Umfang annähernd unverändert, sodass auch weiterhin drei Ordner nötig sind. Im ersten Ordner wird sich SUP, GEN und ENR befinden, in den zwei weiteren Ordnern die Flugplätze in der alphabetischen Reihenfolge.

Gemäß den ICAO-Standards gilt in Zukunft folgende Einteilung:

SUP	Ergänzungen/Supplements
GEN	Allgemeine Informationen/General (Teil 1/Part 1)
GEN 1	Nationale Regelungen und Anforderungen/National Regulations and Requirements
GEN 2	Tabellen und Abkürzungen/Tables and Codes
GEN 3	Dienste/Services
GEN 4	Gebühren für Flugplätze und Flugsicherungsdienste/Charges for Aerodromes and Air Navigation Services
ENR	Streckeninformatonen/Enroute (Teil 2/Part 2)
ENR 1	Allgemeine Regeln und Verfahren/General Rules and Procedures
ENR 2	ATS-Luftraum/ATS Airspace
ENR 3	ATS-Strecken/ATS Routes
ENR 4	Funknavigationsanlagen/-systeme/Radio Navigation Ais/Systems
ENR 5	Navigationswarnungen/Navigation Warnings
ENR 6	Streckenkarte/Enroute Chart
AD	Flugplätze/Aerodromes (Teil 3/Part 3)
AD 1	Flugplätze-Einführung/Aerodromes-Introduction
AD 2	Flugplätze/Aerodromes (alle Flugplätze in alphabetischer Reihenfolge)

Luftkarten

Neben den Flugplatzkarten der AIP III ist für den Betrieb von UL-Flugzeugen vor allen Dingen die ICAO-Karte 1:500 000 wichtig. Sie wird jährlich aktualisiert und neu aufgelegt.

Die örtlich zuständigen Luftfahrtbehörden der Länder

Den Länderregierungen in der Bundesrepublik Deutschland sind im Bereich der Luftfahrt die örtlich zuständigen Luftfahrtbehörden unterstellt. Diese örtlich zuständigen Luftämter nehmen in Vertretung des Bundesministers für Verkehr eine Reihe von Aufgaben wahr. Insbesondere sind den Länderbehörden die folgenden Gebiete übertragen:

1. Anerkennung von fliegerärztlichen Untersuchungsstellen,
2. Genehmigung von Flugplätzen entsprechend § 6 LuftVG,
3. Erteilung von Außenstart- und Landeerlaubnis entsprechend § 25 LuftVG,
4. Erteilung von Privatpiloten-Lizenzen (PPL):
   PPL-Beiblatt A = Privatflugzeugführer,
   PPL-Beiblatt A = Motorseglerführer,
   PPL-Beiblatt C = Segelflugzeugführer,
   PPL-Beiblatt E = Hubschrauberführer, Freiballonführer, Fallschirmspringer,
5. Erteilung der Luftfahrzeugführer-Lizenz (CPL):
   CPL-Beiblatt A = Berufsflugzeugführer.

JAA (The European Joint Aviation Authorities)

Die JAA ist eine Vereinigung der Luftfahrtbehörden Europas. Sie arbeitet an der Vereinheitlichung der Vorschriften, z. B. für Bau und Ausbildung.

Internationale Zivilluftfahrt-Organisation (ICAO)

Die Fachausschüsse der ICAO erarbeiten internationale Richtlinien und Empfehlungen für die zivile Luftfahrt. Sie hat ihren Sitz in Montreal (Kanada).

Luftfahrtverbände in der BRD

Der Bundesminister für Verkehr hat verschiedene Aufgaben im Zusammenhang mit Luftsportgeräten auf private Verbände übertragen. Die Adressen finden Sie im Anhang dieses Buches.

Gliederung des Luftraumes

Ein Luftraum ist ein durch seine Flächenausdehnung und bestimmte Höhenangaben (Untergrenze und Obergrenze) fixiertes Gebiet, in dem gewisse durch die Art des Luftraumes bedingte Regeln gelten.
Lufträume können sich ohne weiteres überschneiden. So überdeckt z. B. das Fluginformationsgebiet die gesamte BRD, während in den darin eingelagerten Kontrollzonen weitere Bedingungen einzuhalten sind.
In der gesamten Welt ist der Luftraum nach den Regeln der ICAO aufgeteilt. Zur Luftraumstrukturierung für die Flugsicherung bietet die ICAO 7 **Luftraumklassen mit der Bezeichnung A bis G**.
Darüber hinaus sind **»Andere Lufträume«** fixiert, die nicht der Abgrenzung der Tätigkeit des Flugsicherungsunternehmens dienen, sondern z. B. zum Schutz oder für die Information der Luftfahrt eingerichtet wurden.
Bevor wir uns mit der Aufteilung des Luftraumes befassen, noch einige Erläuterungen zu den Begriffen **kontrolliert – unkontrolliert und Sichtflug – Instrumentenflug**, denn davon hängt ganz wesentlich ab, wie welcher Luftraum genutzt werden darf.

Kontrolliertes Fliegen – unkontrolliertes Fliegen

Wenn Flugrichtung und Höhe durch einen Lotsen des Flugsicherungsunternehmens vorgegeben werden, ist der Flug **kontrolliert**. Der Mitarbeiter der Flugsicherung hat dabei die Verantwortung für die »Bewegungslenkung« übernommen. Alle Flüge des Linienverkehrs, also z. B. der Lufthansa, sind kontrolliert.
Unkontrolliertes Fliegen bedeutet nicht, dass der Pilot die Kontrolle über seine Maschine verloren hat, ganz im Gegenteil. Hierbei hat der Pilot (und nicht ein Fluglotse) die Verantwortung für die Bewegungslenkung, er bestimmt also, wo's lang geht.

Sichtflug – Instrumentenflug

Jeder Pilot muss ständig die richtige Lage seiner Maschine überprüfen. Insbesondere muss er darauf achten, dass die Maschine nicht über eine hängende Fläche wegrutscht. (Gewichtskraftgesteuerte Ultraleichte und

Hängegleiter bilden hier eine Ausnahme, sie können prinzipiell bei ausreichender Geschwindigkeit nicht abschmieren; siehe Kapitel Technik, Kurvenflug.)
Zum Überprüfen der richtigen Fluglage gibt es zwei Möglichkeiten: den natürlichen und den künstlichen Horizont.
Das Fliegen nach dem natürlichen Horizont ist einfach: Der Pilot korrigiert seine Fluglage nach Sicht. Diese Art des Fliegens bezeichnet man daher als **Sichtflug** oder VFR-Flug (von visual flight rules).
Wenn durch Wolken die Sicht zum Horizont verschwindet, wird auch der Sichtflug unmöglich. Flüge sind dann nur noch mit Instrumenten möglich, die künstlich einen Horizont simulieren. Diese Art des Fliegens will gelernt sein und erfordert deshalb eine besondere Ausbildung.
Man bezeichnet solche Flüge als **Instrumentenflug** oder IFR-Flug (von instrument flight rules).
Ultraleichte fliegen immer nach VFR, also nach Sichtflugregeln.

Klassifizierung der Lufträume für die Flugsicherung

Luftraum A und Luftraum B

In Deutschland nicht eingeführt.

Luftraum C

Der Luftraum oberhalb FL 100 (bisher EDR 9) und Lufträume unter FL 100 in der Umgebung von bestimmten Verkehrsflughäfen (bisher CVFR), in ICAO-Karten grün umrandet, werden zum Luftraum C zusammengefasst. Der Einflug ist für UL nicht zulässig.

Luftraum D

Die bisherigen Kontrollzonen werden zum Luftraum D, in den ICAO-Karten sind diese Gebiete rot angelegt.

Klassifizierung des Luftraumes für die Flugsicherungen

	Luftraum C	Luftraum D	Luftraum E	Luftraum F	Luftraum G
bisherige Bezeichnung	1. ED-R9 2. CVFR	CTR	1. TMA-A 2. TMA-B 3. CTA	bisher keine Bezeichnung	bisher keine Bezeichnung
Obergrenze	1. nicht angegeben 2. siehe ICAO-Karte	siehe ICAO-Karte	1. FL 100 2. FL 100 3. FL 100	2500 ft GND	siehe Untergrenze Luftraum E
Untergrenze	1. FL 100 2. siehe ICAO-Karte	siehe ICAO-Karte	1. 1000 ft GND 2. 1700 ft GND 3. 2500 ft GND	GND	GND
Funk	dauernde Hörbereitschaft	dauernde Hörbereitschaft	nicht erforderlich	erforderlich	nicht erforderlich
Hinweise für UL	Einflug nicht zulässig	Einflug nur nach Einverständnis und kontrolliert	Einflug nur bis 3500 ft GND oder 5000 ft MSL	von UL genutzter Luftraum	normalerweise von UL genutzter Luftraum

Der Einflug für alle Luftfahrzeuge, also auch für uns UL, darf nur mit Kontrolle des zuständigen Flugsicherungsunternehmens erfolgen.
UL-Piloten, die in solche Gebiete einfliegen wollen, müssen vorher bei der Flugsicherung anrufen, deren Einverständnis einholen und absprechen, wo und auf welcher Frequenz Funkkontakt aufgenommen wird. Über Funk werden dann Anweisungen für den Anflug und die Landung gegeben.
Sprechfunkverkehr: dauernde Hörbereitschaft notwendig.

Luftraum E

Der frühere Nahverkehrsbereich TMA-A, oberhalb 1000 ft GND, der Nahverkehrsbereich TMA-B, oberhalb 1700 ft GND, der übrige Luftraum, soweit er nicht anders eingeschränkt ist, oberhalb 2500 ft GND, in ICAO nicht besonders gekennzeichnet, werden zum Luftraum E zusammengefasst.
In diesem Luftraum dürfen UL bis zur Höhe von 5000 ft MSL oder 3500 ft GND (der für uns günstigere Wert zählt) einfliegen. Sprechfunkverkehr: nicht erforderlich.

Luftraum F (Hx)

Es gelten die Sichtflugregeln.
Flugsicht 5 km (FL < 100)
Waagrechter Wolkenabstand 1,5 km/senkrecht 800 m Sicht. Der Luftraum F reicht von GND bis zum Luftraum E, d. h. soweit nicht andere Beschränkungen gelten, bis 2500 ft GND.
Auch bei Nutzung des Luftraumes in deaktiviertem Zustand ist dauernde Hörbereitschaft erforderlich. Wenn F aktiv, Verhalten ähnlich Luftraum D.

Luftraum G

Der Luftraum G umfasst alle Gebiete unterhalb 2500 ft GND, soweit das Gebiet nicht anders klassifiziert wurde. Es ist dies der Raum, in dem wir uns mit unseren UL normalerweise bewegen.
Sprechfunk: nicht erforderlich.

Klassifizierung des Luftraums (schematische Darstellung)

innerhalb FIR Berlin, Bremen, Düsseldorf, Frankfurt, München, Stuttgart

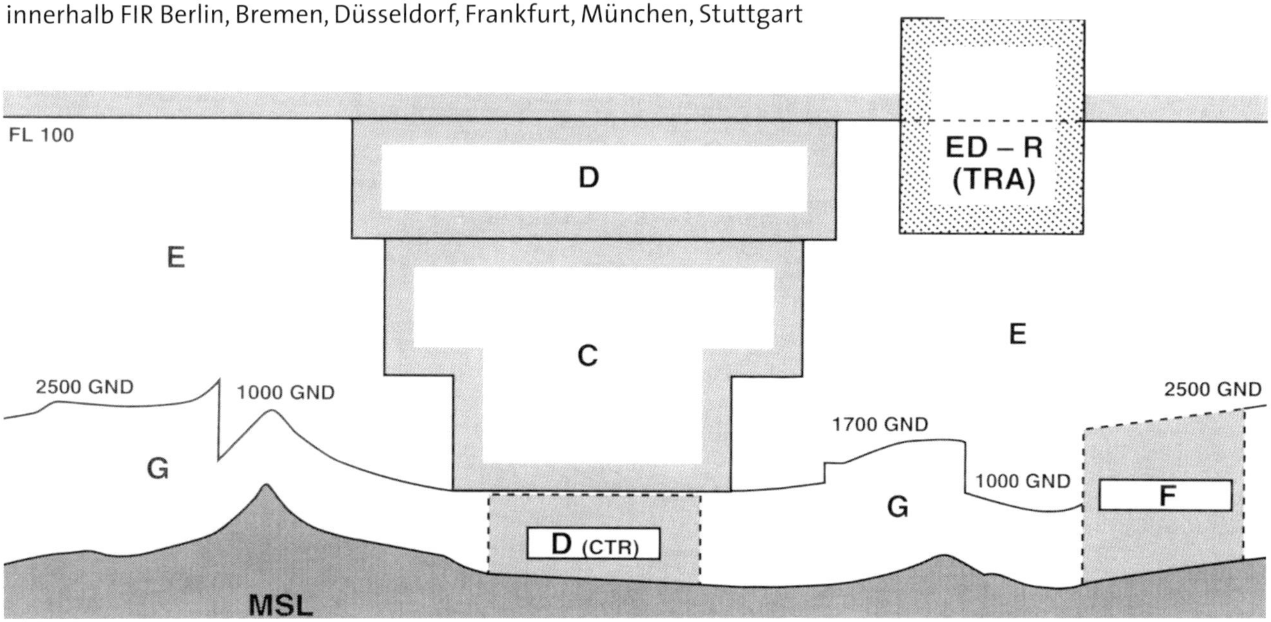

Andere Lufträume

Fluginformationsgebiet

Die **FIR** (Flight Information Region = Fluginformationsgebiet) hat flächenmäßig die Ausdehnung der BRD und reicht von GND bis FL 245. Sie regelt die Zuständigkeit des **FIS** (Flight Information Service = Fluginformationsdienst).
Der FIS kann von UL, die mit Funk ausgerüstet sind, in Anspruch genommen werden. Die Kontrolle des »unteren Luftraumes« bis etwa 7500 m Flughöhe erfolgt durch die Kontrollzentralen Bremen, Langen, Berlin und München.

Flugplatzverkehrszone

Die **ATZ** (Aerodrome Traffic Zone = Flugplatzverkehrszone) wird in der BRD nicht angewendet.

Flugbeschränkungsgebiete

Flugbeschränkungsgebiete sind in der ICAO-Karte mit blauer Schraffur umrandet, dort ist auch die Höhenausdehnung angegeben. Die Kennzeichnung eines Flugbeschränkungsgebietes setzt sich zusammen aus dem

1. Buchstaben: -E- steht für Nordwesteuropa,
2. Buchstaben: -D- steht für Deutschland,
3. Buchstaben: -R- für restricted = beschränkt,

der letzten Ziffer = laufende Nummer.
Die Angabe PPR/AIS/FIS bedeutet, dass das Flugbeschränkungsgebiet nur zeitweilig in Betrieb und nach Rückfrage bei AIS oder FIS auch von UL beflogen werden kann.

Sperrgebiete

Eine ähnliche Kennzeichnung wie die ED-R hat das Verbotsgebiet ED-P, wobei der Kennbuchstabe -P- für prohibited = verboten steht. Es gibt in der BRD kein Sperrgebiet.

Gefahrengebiete

ED-D steht für Gefahrengebiet. Der Kennbuchstabe -D- steht für danger = Gefahr, es kann auf eigene Gefahr geflogen werden.
Es wird in der BRD nur an der Ostsee angewendet.
Es ist in der ICAO-Karte mit blauer Schraffur umrandet.

Militärisches Tieffluggebiet

Das 500-ft-Tieffluggebiet umfasst die gesamte BRD in der Höhe von 500 ft bis 1500 ft GND. Aufgrund massiver Proteste wird es vom Militär z. Zt. weitgehend nicht genützt.
Das 250-ft-Tieffluggebiet ist in seiner seitlichen Ausdehnung in der ICAO-Karte mit roten Punkten gekennzeichnet und umfasst das Höhenband von 250 ft bis 500 ft GND. In diesem Bereich wird auch das 500-ft-Tieffluggebiet genutzt.

Ultraleichte Hubschrauber sind in der BRD noch nicht erlaubt.

Verschiedenes aus der LuftVO

Grundregeln für das Verhalten im Luftverkehr (§ 1 LuftVO)

1. Jeder Teilnehmer am Luftverkehr hat sich so zu verhalten, dass Sicherheit und Ordnung im Luftverkehr gewährleistet sind und kein anderer gefährdet, geschädigt oder mehr als nach den Umständen unvermeidbar behindert oder belästigt wird.
2. Der Lärm, der bei dem Betrieb eines Luftfahrzeugs verursacht wird, darf nicht stärker sein, als es die ordnungsgemäße Führung oder Bedienung unvermeidbar erfordert.
3. Wer infolge des Genusses alkoholischer Getränke oder anderer berauschender Mittel oder infolge geistiger oder körperlicher Mängel in der Wahrnehmung der Aufgaben als Führer eines Luftfahrzeugs oder sonst als Mitglied der Besatzung behindert ist, darf kein Luftfahrzeug führen und nicht als anderes Besatzungsmitglied tätig sein.

Verantwortlicher Luftfahrzeugführer (§ 2 LuftVO)

Luftfahrzeuge sind während des Fluges und am Boden von einem verantwortlichen Luftfahrzeugführer zu führen. Man beachte, dass mit diesem Paragraf der LuftVO der Gesetzgeber dem Luftfahrzeugführer die volle Verantwortung, aber auch die volle Entscheidungsfreiheit für den Betrieb des Luftfahrzeugs überträgt. Als verantwortlicher Luftfahrzeugführer sind Sie (und nur Sie, kein Startleiter, kein zufällig anwesender »erfahrener« Pilot, nach Beendigung Ihrer Ausbildung nicht einmal Ihr Fluglehrer) derjenige, der alleinverantwortlich alle Entscheidungen zu treffen hat. Wenn Ihr Mitflieger eine Pilotenberechtigung besitzt, ist vor der Inbetriebnahme zu klären, wer das Luftfahrzeug führt.

Flugvorbereitung (§ 3a LuftVO)

Dies bedeutet für den UL-Piloten, dass

1. das UL-Flugzeug verkehrssicher ist (Zulassung – Vorflugcheck – Nichtüberschreiten des zulässigen Startgewichtes usw.),
2. alle erforderlichen Papiere mitgeführt werden (wie Nachweis der Musterprüfung und der Stückprüfung, Pilotenlizenz, Personalausweis, Versicherungsnachweis und Medical),
3. für Flüge über die Umgebung eines Flugplatzes hinaus (ein Flug führt über die Umgebung eines Flugplatzes hinaus, wenn der Luftfahrzeugführer den Verkehr in der Platzrunde nicht mehr beobachten kann) eine Wetterberatung bei der zuständigen Flugwetterwarte eingeholt wurde (AFWA-Wetterberatung genügt).

Anwendung der Flugregeln (§ 4 LuftVO)

UL-Flugzeuge dürfen nur nach Sichtflugregeln (VFR – visual flight rules), also nur bei Sichtflugbedingungen (VMC – visual metrological conditions) geflogen werden.

Anzeige von Flugunfällen und sonstigen Störungen (§ 5 LuftVO)

Unfälle und Störungen bei dem Betrieb von Luftsportgeräten hat der Halter unverzüglich dem vom BMVBW Beauftragten schriftlich anzuzeigen.
Störungen bei dem Betrieb eines Luftfahrzeugs, bei denen eine Person getötet oder schwer verletzt worden ist oder ein Luftfahrzeug einen schweren Schaden erlitten oder verursacht hat, hat der **Luftfahrzeugführer,** bei dessen Behinderung der **Halter** des Luftfahrzeugs, unverzüglich der nächsterreichbaren Polizeidienststelle anzuzeigen.
Beim Betrieb eines deutschen Luftfahrzeuges im Ausland hat der Luftfahrzeugführer, bei dessen Behinderung der Halter des Luftfahrzeuges, unmittelbar an das Luftfahrtbundesamt Mitteilung zu machen.

Schwere Verletzungen sind:

1. Verletzungen, die einen Krankenhausaufenthalt von mehr als 48 Stunden erforderlich machen,
2. Knochenbrüche mit Ausnahme einfacher Brüche von Fingern, Zehen oder der Nase,
3. schwere Blutungen, Nerven-, Muskel- oder Sehschäden,
4. Verletzungen an inneren Organen,

5. Verbrennungen 2. oder 3. Grades oder an mehr als 5% der Körperoberfläche.

Schwere Schäden am Luftfahrzeug sind insbesondere Beschädigungen, die den Festigkeitsverband beeinträchtigen. Keine schweren Schäden sind Motorausfälle!

Ein schwerer Drittschaden liegt vor, wenn die Schadenssumme mehr als 500,– € beträgt.

Sicherheitsmindesthöhe und Mindesthöhe bei Überlandflügen (§ 6 LuftVO)

Überlandflüge sind in einer Höhe von mindestens 600 m (2000 ft) durchzuführen. Abweichungen sind erlaubt, wenn es die Sicherheit, die Luftraumordnung, die Sichtflugregeln oder die Flugverkehrskontrolle fordern.

Sicherheitsmindesthöhen und Abstände (§§ 6 und 12) und Sichtflugbedingungen (§§ 288 und 29)

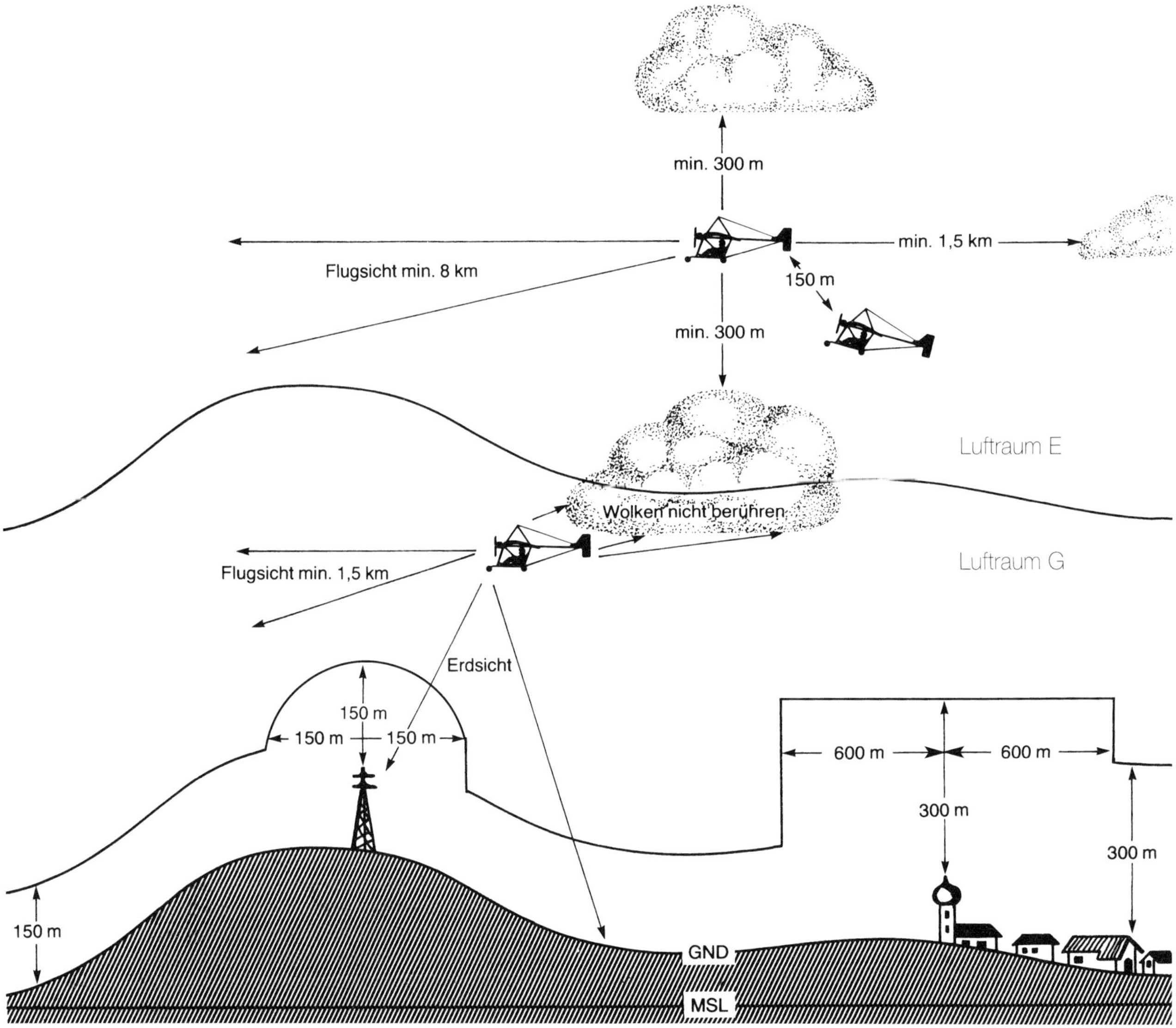

1. Sicherheitsmindesthöhe ist die Höhe, bei der weder eine unnötige Lärmbelästigung noch im Falle einer Notlandung eine unnötige Gefährdung von Personen und Sachen zu befürchten ist.
   Auch der Pilot ist eine »Person«. Ein Unterschreiten der Sicherheitsmindesthöhe liegt also auch vor, wenn wir über einem menschenleeren Waldgebiet so tief fliegen, dass wir im Falle eines Motorausfalls keinen geeigneten Notlandeplatz erreichen können.
2. Über Städten, dicht besiedelten Gebieten und Menschenansammlungen beträgt die Sicherheitsmindesthöhe mindestens 300 m (1000 ft) über dem höchsten Hindernis in einem Umkreis von 600 m.
3. In allen übrigen Fällen beträgt die Sicherheitsmindesthöhe mindestens 150 m (500 ft) über Grund und Wasser.
4. Brücken und ähnliche Bauten sowie Freileitungen und Antennen dürfen nicht unterflogen werden.
5. Für Flüge zu besonderen Zwecken kann die örtlich zuständige Luftfahrtbehörde Ausnahmen zulassen.

Abwerfen von Gegenständen (§ 7 LuftVO)

Nicht erlaubt ist

- das Abwerfen von Gegenständen (Ausnahme Seil bei UL-Schlepp und Bannerschlepp).

Kunstflug (§ 8 LuftVO)

Kunstflüge mit Luftsportgeräten sind nicht erlaubt.

Schlepp- und Reklamefüge (§ 9 LuftVO)

Reklameflüge mit Bannerschlepp bedürfen der Erlaubnis der Luftfahrbehörde. Es besteht Versicherungspflicht. Werbeaufschriften auf der Tragfläche gelten nicht als Reklame.

Uhrzeit und Maßeinheiten (§ 9a LuftVO)

Im Flugbetrieb sind die koordinierte Weltzeit (UTC = universal time co-ordinated) und die vorgeschriebenen Maßeinheiten anzuwenden. Für Ortsbestimmungen im Luftverkehr ist WGS-84 als Bezugssystem anzuwenden.

Vermeidung von Zusammenstößen (§ 12 LuftVO)

Zur Vermeidung von Zusammenstößen ist zu anderen Luftfahrzeugen ein ausreichender Abstand, mindestens jedoch 150 m, einzuhalten.
Der Abstand von 150 m kann unterschritten werden, wenn die Luftfahrzeuge »im Verband« fliegen. Im Verband darf nur nach vorangegangener Vereinbarung (entweder über Funk oder Absprache vor dem Start) geflogen werden.
Einzelstehende Hindernisse müssen im Umkreis von 150 m oder in einer Höhe von 150 m überflogen werden.

Ausweichregelungen (§ 13 LuftVO)

Mit den nachfolgenden Ausweichregelungen werden wir im praktischen Flugbetrieb ständig konfrontiert. Wir werden im Flugbetrieb keine Zeit haben, um darüber lange nachzudenken. Wir können auch nicht (wie beim Autofahren) vorsichtshalber bremsen und stehen bleiben und sollten deshalb den Ausweichregeln besondere Aufmerksamkeit widmen.

Grundsätzliches zu den Ausweichregeln:

1. Absoluten Vorrang gegenüber allen anderen Luftfahrzeugen hat ein Luftfahrzeug, das erkennbar in seiner Manövrierfähigkeit behindert ist. Eine solche Behinderung kann aufgrund besonderer Eigenschaften des Luftfahrzeugs vorliegen (z. B. Segelflugzeug im Landeanflug) oder durch einen technischen Defekt ausgelöst sein, z. B. Notlandung infolge Motorausfall).
2. Luftfahrzeugen im Endteil des Landeanflugs und landenden Luftfahrzeugen ist auszuweichen.
3. Ein Luftfahrzeug, das entsprechend den Ausweichregeln nicht auszuweichen oder seinen Kurs zu ändert hat, muss seinen Kurs und seine Geschwindigkeit beibehalten, bis eine Zusammenstoßgefahr ausgeschlossen ist.
4. Die Vorschriften über die Ausweichregeln entbinden die beteiligten Luftfahrzeugführer nicht von ihrer Verpflichtung, so zu handeln, dass ein Zusammenstoß vermieden wird.

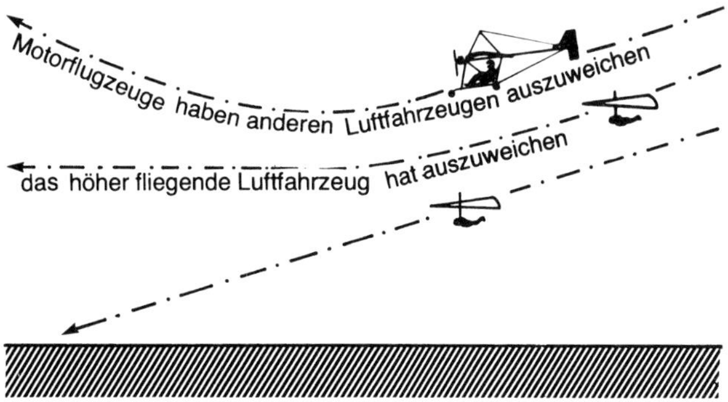

Ausweichregeln im Landeanflug:
Von mehreren einen Flugplatz gleichzeitig zur Landung anfliegenden Luftfahrzeugen, die schwerer als Luft sind, hat das höher fliegende dem tiefer fliegenden Luftfahrzeug auszuweichen. Jedoch haben motorgetriebene Luftfahrzeuge, die schwerer als Luft sind, anderen Luftfahrzeugen in jedem Fall auszuweichen. Ein tiefer fliegendes Luftfahrzeug darf ein anderes Luftfahrzeug, das sich im Endteil des Landeanflugs befindet, nicht unterschneiden oder überholen.

Ausweichregeln im Gegenflug:
Luftfahrzeuge, die sich einander im Gegenflug nähern, haben beide nach rechts auszuweichen. (Wie im Straßenverkehr.)

Ausweichregeln beim Überholen:
Das überholende Luftfahrzeug hat seinen Kurs nach rechts zu ändern. (Achtung! Diese Regelung ist anders als im Straßenverkehr. Ein Luftfahrzeug wird rechts überholt!)
Ein Luftfahrzeug überholt ein anderes, wenn es sich rückwärts in einer Flugrichtung nähert, die einen Winkel von weniger als 70° zu der Flugrichtung des anderen bildet.

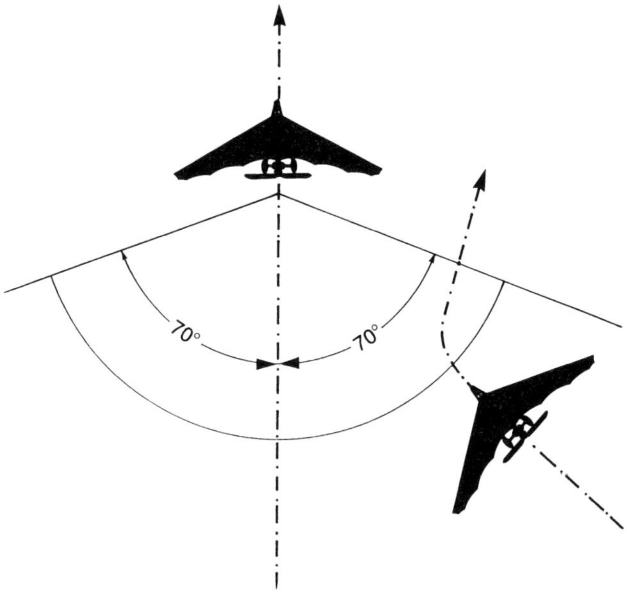

Ansicht von oben

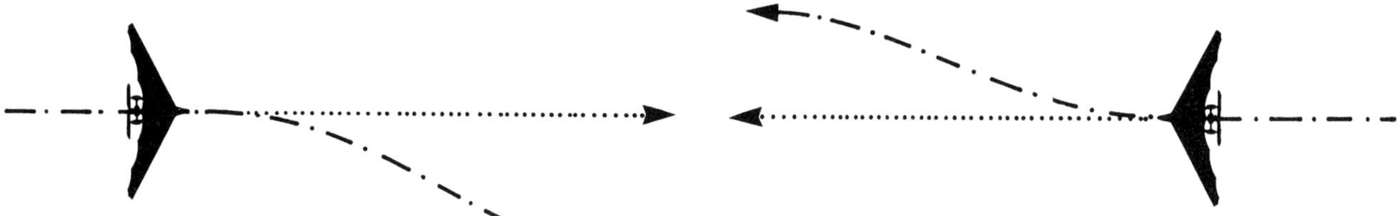

ausreichend Abstand

rechts ausweichen
(beide Luftfahrzeuge)

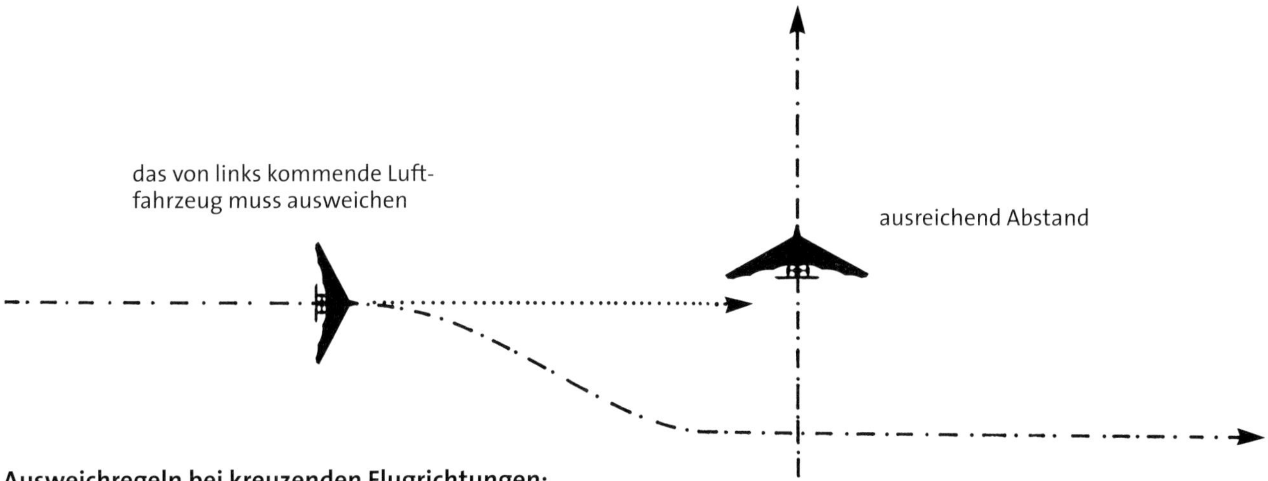

Ausweichregeln bei kreuzenden Flugrichtungen:
Kreuzen sich zwei Flugrichtungen in nahezu gleicher Höhe, so hat das »stärkere« Luftfahrzeug auszuweichen. Für die »Stärke« des Luftfahrzeugs gilt die folgende Reihenfolge:
Ballon – Segelflugzeug – schleppendes Luftfahrzeug – Luftschiff – Flugzeug.
(Anmerkung: Flugzeuge im Sinne der LuftVO sind immer schwerer als Luft und motorgetrieben. Ein Segelflugzeug ist also im Sinne der LuftVO kein Flugzeug!)
Soweit die sich kreuzenden Luftfahrzeuge »gleich stark« sind, so hat das Flugzeug, das von links kommt, auszuweichen. (Wie im Straßenverkehr – rechts vor links.)

Ausweichregelungen für UL-Flugzeuge:
Bei Anwendung der Ausweichregeln nach § 13 LuftVO gelten Ultraleichtflugzeuge als Motorsegler.
Damit sind UL mit laufendem Motor wie Flugzeuge mit stehendem Motor wie Segelflugzeuge einzuordnen.

Wolkenflüge mit Segelflugzeugen und Luftsportgeräten (§ 14 LuftVO)

Wolkenflüge mit Segelflugzeugen können von dem Flugsicherungsunternehmen erlaubt werden, wenn die Sicherheit der Luftfahrt durch geeignete Maßnahmen aufrechterhalten werden kann. Die Erlaubnis kann mit Auflagen verbunden werden. Wolkenflüge mit Luftsportgeräten sind nicht erlaubt.

Außenstarts und Außenlandungen von Flugzeugen, Drehflüglern, Luftschiffen, Motorseglern, Segelflugzeugen und Luftsportgeräten (§ 15 LuftVO)

1. Starts und Landungen von Flugzeugen, Drehflüglern, Luftschiffen Motorseglern, Ultraleichtflugzeugen und Segelflugzeugen außerhalb der für sie genehmigten Flugplätze bedürfen der Erlaubnis der örtlich zuständigen Luftfahrtbehörde des Landes.

Von Luftfahrzeugen zu führende Lichter (§ 17 LuftVO)

Von Sonnenuntergang bis Sonnenaufgang haben im Betrieb befindliche Luftfahrzeuge genau vorgeschriebene Lichter zu führen.
Nacht im Sinne des Luftrechts ist die Zeit von SS + 30 (30 min, nach Sonnenuntergang) bis SR – 30 (30 min vor Sonnenaufgang). Lichter müssen jedoch von SS bis SR geführt werden.

Gefahrenmeldung (§ 20 LuftVO)

Der Luftfahrzeugführer hat Beobachtungen über Gefahren für den Luftverkehr unverzüglich der für ihn zuständigen Flugverkehrskontrolle zu melden.

Signale und Zeichen im Luftverkehr (§ 21 LuftVO)

Priorität der einzelnen Signal- bzw. Zeichengruppen

Für die verschiedenen Informationen, die ein Luftfahrzeugführer erhalten kann, sind unterschiedliche Prioritäten festgelegt. (Ähnliches ist uns aus dem Straßenverkehr bekannt. Auch hier hat z. B. eine grüne Ampel Vorrang gegenüber einem Stoppschild.)

Es gibt folgende Prioritätenfolge:

1. Leuchtrakete oder Leuchtgeschoss,
2. Funk,
3. Lichtsignale,
4. Bodensignale.

Leuchtraketen oder Leuchtgeschosse sowie Lichtsignale müssen durch den Luftfahrzeugführer bestätigt werden, es sei denn, das Luftfahrzeug befindet sich im Quer- oder Endanflug zur Landung. Die Bestätigung erfolgt durch wechselweise Betätigung der Querruder (bzw. Seitenruder).

Landeverbot für längere Zeit.

Beim Landeanflug und bei der Landung ist wegen des schlechten Zustandes des Rollfeldes oder aus anderen Gründen besondere Vorsicht geboten.

Flugsicherungsmeldungen sind an der so bezeichneten Stelle abzugeben.

Angabe der Startrichtung, abgerundet auf die nächstliegenden zehn Grad der mißweisenden Kompaßrose.

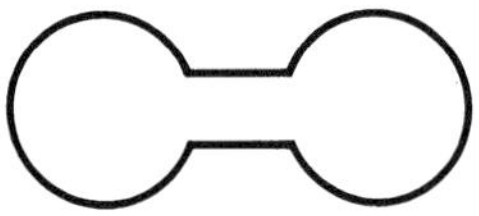

Zum Starten, Landen und Rollen dürfen nur Start- und Landebahnen und Rollbahnen benutzt werden.

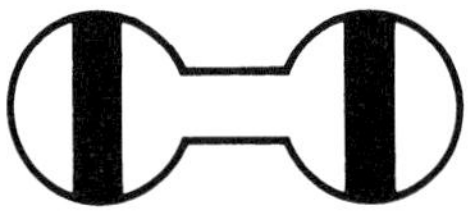

Zum Starten und Landen dürfen nur die Start- und Landebahnen benutzt werden; Rollbewegungen sind nicht auf Start- und Landebahnen oder Rollbahnen beschränkt.

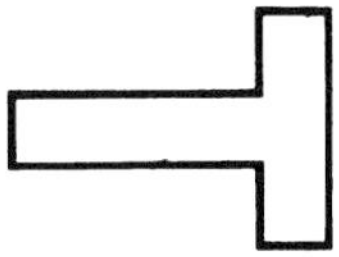

Starts und Landungen sind parallel zum Längsbalken des Lande-T in Richtung auf den Querbalken durchzuführen.

Starts und Landungen sind in der Richtung auszuführen, in die die Spitze des Tetraeders zeigt.

Der durch die Kreuze bezeichnete oder begrenzte Teil des Rollfeldes ist nicht benutzbar.

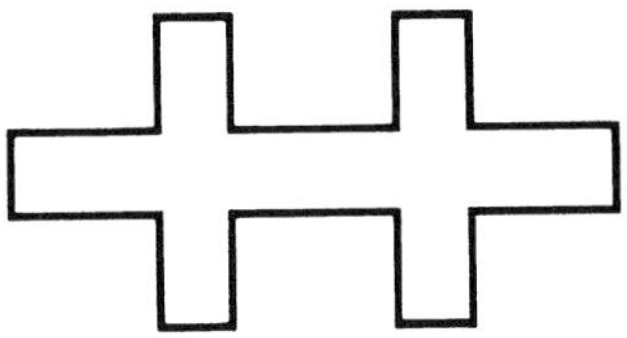

Am Flugplatz wird Segelflugbetrieb durchgeführt.

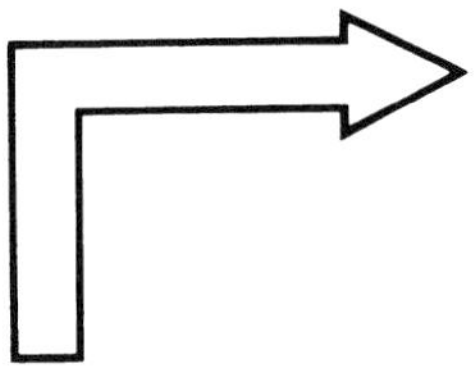

Nach dem Start und vor der Landung sind Richtungsänderungen nur nach rechts erlaubt.

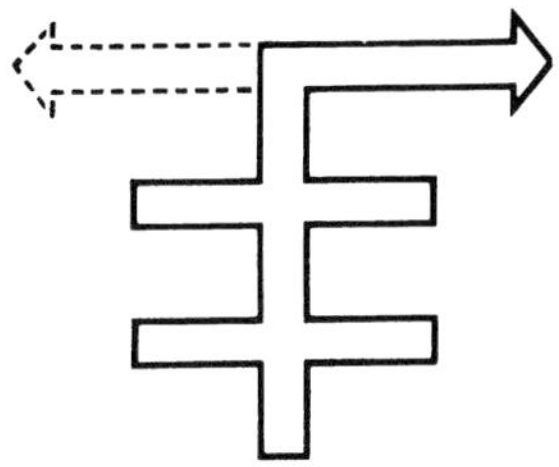

Getrennte Platzrunde für motorgetriebene Luftfahrzeuge und Segelflugzeuge. Nach dem Start und vor der Landung sind Richtungsänderungen für motorgetriebene Luftfahrzeuge nur in Pfeilrichtung, für Segelflugzeuge nur entgegengesetzt erlaubt.

Leuchtraketen oder Leuchtgeschosse

Eine Folge von Leuchtgeschossen, die in Abständen von 10 Sekunden abgefeuert werden und von denen sich jedes in rote und grüne Lichter oder Sterne zerlegt, zeigt uns an, dass wir in einem Gebiet fliegen, in dem wir nichts zu suchen haben (z. B. Truppenübungsplatz).

Eine auf einem Flugplatz abgefeuerte rote Leuchtrakete (oder rotes Leuchtgeschoss) hat die Bedeutung, ungeachtet aller früheren Anweisungen und Freigaben z. Zt. nicht zu landen.

Lichtsignale

Lichtsignale werden auf Flugplätzen eingesetzt.
Auf ein Flugzeug **im Flug** gerichtete Lichtsignale bedeuten:

1. grünes Dauersignal: Landung freigegeben,
2. rotes Dauersignal: Platzrunde fortsetzen, anderes Luftfahrzeug hat Vorflug,
3. grünes Blinksignal: zwecks Landung zurückkehren oder Anflug fortsetzen (Freigabe zum Landen und Rollen abwarten),
4. rotes Blinksignal: nicht landen, Flugplatz unbenutzbar,
5. weißes Blinksignal: auf diesem Flugplatz landen und zum Vorfeld rollen (Freigabe zum Landen und Rollen abwarten).

Auf ein Luftfahrzeug **am Boden** gerichtete Lichtsignale bedeuten:

1. grünes Dauersignal: Start freigegeben,
2. rotes Dauersignal: Halt,
3. grünes Blinksignal: Rollen freigegeben,
4. rotes Blinksignal: benützte Landefläche freimachen,
5. weißes Blinksignal: zum Ausgangspunkt auf dem Flugplatz zurückkehren.

Flugbetrieb auf einem Flugplatz und in dessen Umgebung (§§ 22 und 21a LuftVO)

Wer ein Luftfahrzeug auf einen Flugplatz oder in dessen Umgebung führt, ist verpflichtet,

1. die in den Nachrichten für Luftfahrer bekannt gemachten Anordnungen der Luftfahrtbehörden für den Verkehr von Luftfahrzeugen auf dem Flugplatz oder in dessen Umgebung zu beachten,
2. die Verfügungen der Luftaufsicht und die Anweisungen des Flugplatzunternehmers zu beachten.
3. Den Flugplatzverkehr zu beobachten, um Zusammenstöße zu vermeiden,
4. sich in den Verkehrsfluss einzufügen oder sich erkennbar aus ihm herauszuhalten,
5. Richtungsänderungen in der Platzrunde, beim Landeanflug und nach dem Start in Linkskurven auszuführen, sofern nicht eine andere Regelung getroffen ist,
6. gegen den Wind zu landen und zu starten, sofern nicht Sicherheitsgründe, die Rücksicht auf den Flugbetrieb, die Ausrichtung der Start- und Landebahnen oder andere örtliche Gründe es ausschließen,
7. auf Mitteilungen durch Funk, auf Licht- und Bodensignale sowie auf Zeichen zu achten,
8. sich vor dem Start bei der Luftaufsichtsstelle, auf Flugplätzen ohne Luftaufsichtsstelle bei der Flugleitung zu melden. Eine Meldung nach der Landung ist entsprechend LuftVO nicht vorgeschrieben. Da Sie aber nach der Landung Ihre Landegebühren bezahlen müssen und die Kasse auf vielen Plätzen räumlich sehr nahe der Flugleitung liegt, kommen Sie automatisch auch hier mit der Flugleitung in Berührung,
9. beim Rollen Start- und Landebahnen möglichst rechtwinklig und nur dann zu kreuzen, wenn sich dort kein anderes Luftfahrzeug im Landeanflug oder im Start befindet,
10. nach der Landung die Landebahn so schnell wie möglich freizumachen,
11. rechts neben dem Landezeichen aufzusetzen, **sofern nicht eine andere Regelung getroffen ist**,
12. nach dem Start unter Beachtung der flugtechnischen Sicherheit so schnell wie möglich Höhe zu gewinnen,
13. nach dem Durchstarten entsprechend Nr. 12 zu verfahren. Abweichungen kann die Luftaufsichtsstelle bzw. die Flugleitung zulassen.

Auf Flugplätzen sind aus eigener Kraft rollende Luftfahrzeuge gegenüber anderen Fahrzeugen und Fußgängern bevorrechtigt.
Motoren dürfen nur in Betrieb gesetzt werden, wenn eine sachkundige Bedienung gewährleistet ist und Personen nicht gefährdet werden können. Das Abbremsen von Motoren und das Anrollen ist so vorzunehmen, dass Gebäude, andere Luftfahrzeuge oder andere Fahrzeuge kein stärkerer Luftstrom trifft und Personen nicht verletzt werden können. Bei laufendem Motor darf sich niemand in einem für die Sicherheit nicht ausreichenden Abstand vom Luftfahrzeug aufhalten.
Unter Flugplatzverkehr ist der Verkehr von Luftfahrzeugen, die sich in der Platzrunde befinden, in diese einfliegen oder sie verlassen, sowie der gesamte Verkehr auf dem Rollfeld zu verstehen. Rollfeld sind die Start- und Landebahnen sowie die weiteren für Start und Landung bestimmten Teile eines Flugplatzes einschließlich der sie umgebenden Schutzstreifen und die Rollbahnen sowie die weiteren zum Rollen bestimmten Teile des Flugplatzes außerhalb des Vorfeldes (§ 21a LuftVO).

Prüfung der Flugvorbereitung und der vorgeschriebenen Ausweise (§ 24 LuftVO)

Auf Verlangen der für die Wahrnehmung der Luftaufsicht zuständigen Personen oder Stellen hat
1. der Luftfahrzeugführer nachzuweisen, dass er den Flug ordnungsgemäß vorbereitet hat,
2. das Luftfahrtpersonal die vorgeschriebenen Ausweise, insbesondere die Scheine und Zeugnisse für die Besatzung und das Luftfahrzeug, zur Prüfung auszuhändigen.

Die für die Luftaufsicht zuständigen Personen sind in der Praxis in erster Linie die Mitarbeiter der örtlich zuständigen Länderbehörden bzw. die Flugleiter.

Flugplanabgabe (§ 25 LuftVO)

(1) Der Luftfahrzeugführer hat der zuständigen Flugverkehrskontrollstelle einen Flugplan zu übermitteln für
1. Flüge, die nach Instrumentenflugregeln durchgeführt werden,
2. Flüge nach Sichtflugregeln bei Nacht im kontrollierten Luftraum,
3. Kunstflüge im kontrollierten Luftraum und über Flugplätzen mit Flugverkehrskontrollstelle,
4. Wolkenflüge mit Segelflugzeugen,
5. Flüge in Gebieten mit Flugbeschränkungen, soweit dies ausdrücklich bei der Festlegung der Gebiete angeordnet ist,
6. Flüge aus der Bundesrepublik oder in die Bundesrepublik. Der Bundesminister für Verkehr kann Ausnahmen zulassen, soweit die öffentliche Sicherheit oder Ordnung, insbesondere die Sicherheit des Luftverkehrs, dadurch nicht beeinträchtigt wird.

Funkverkehr (§ 26a LuftVO)

Der Funkverkehr wird als Sprechfunkverkehr im Flugfunkdienst durchgeführt. Näherers dazu im Kapitel »Sprechfunk« ab S. 144.

Flüge nach Sichtflugregeln (§ 28 LuftVO)

Flüge nach Sichtflugregeln in den Lufträumen der Klassen B bis G sind so durchzuführen, dass die jeweiligen Mindestwerte für Flugsicht und Abstand von Wolken nicht unterschritten werden.
1. Luftraum G:
   dauernde Erdsicht, Flugsicht 1,5 km, Wolken dürfen nicht berührt werden,
   Ausnahmen: Flüge von Drehflüglern, Luftschiff- und Ballonfahrten; dauernde Erdsicht und Flugsicht von 800 m, Wolken dürfen nicht berührt werden und ein rechtzeitiges Erkennen von Hindernissen muss möglich sein.
2. Luftraum E:
   Flugsicht 8 km, Abstand von Wolken in waagerechter Richtung 1,5 km, in senkrechter Richtung 300 m (1000 ft).

Sichtflugregeln (VFR)

UL-Flugzeuge dürfen nur Flüge nach Sichtflugregeln durchführen.
Nach Sichtflugregeln darf entsprechend LuftVO nur

geflogen werden, wenn gewisse Mindestwetterbedingungen (VMC) erfüllt sind.
Im Nachfolgenden treten einige Begriffe auf, die hier kurz erläutert werden sollten:

Flugsicht (FV)
Unter Flugsicht ist die mittlere Voraussicht des Luftfahrzeugführers aus dem LFZ zu verstehen.

Bodensicht
Unter Bodensicht versteht man die von einem hierfür beauftragten Meteorologen am Boden festgestellten Sichtverhältnisse. In der Praxis wird die Bodensicht nur auf Flughäfen ermittelt.

Erdsicht
Erdsicht ist gegeben, wenn der Luftfahrzeugführer die Erde sieht. Ein Flug über geschlossenen Wolken ist demzufolge ohne Erdsicht.

Hauptwolkenuntergrenze (Ceiling)
Die Hauptwolkenuntergrenze kennzeichnet die untere Schicht derjenigen Wolkendecke, die mehr als vier Achtel des Himmels bedeckt und die unter 20 000 ft GND liegt.

Halbkreisflughöhen

Bei VFR-Flügen oberhalb 5000 ft (1500 m) MSL, mindestens aber oberhalb einer Flughöhe von 3500 ft GND – wobei der höhere Wert maßgeblich ist –, wird die Nebenskala des Höhenmessers auf QNE = 1013,2 hPa (unabhängig vom gerade herrschenden Luftdruck) eingestellt. Diese Einstellung ist Grundlage für die Flugflächen, die beim Fliegen nach Halbkreisflughöhen einzuhalten sind.

Bei Flügen in östlicher Richtung 0° ... 179° (Magnetic North) sind freigegeben:
3500 ft = FL 35 = 1050 m
5500 ft = FL 55 = 1700 m
7500 ft = FL 75 = 2300 m
9500 ft = FL 95 = 2900 m usw.

Bei Flügen in westlicher Richtung 180° ... 359° (Magnetic North) sind freigegeben:
4500 ft = FL 45 = 1350 m
6500 ft = FL 65 = 2000 m
8500 ft = FL 85 = 2600 m usw.
Damit wird die Gefahr, dass sich zwei Luftfahrzeuge auf der gleichen Höhe mit Gegenkurs nähern, (fast) ausgeschlossen.

Flüge nach Sichtflugregeln über Wolkendecken (§ 32 LuftVO)

Bei Flügen nach Sichtflugregeln dürfen Wolkendecken nur dann überflogen werden, wenn
1. die Flughöhe mindestens 300 m (1000 Fuß) über Grund oder Wasser beträgt und die Flugsicht sowie der Abstand von den Wolken (§ 28 Abs. 1) nach den Werten für den Luftraum der Klasse E (Anlage 5) eingehalten werden,
2. der Luftfahrzeugführer in der Lage ist, den beabsichtigten Flugweg einzuhalten,
3. der Anflug zum Zielflugplatz und die Landung bei Flugverhältnissen, bei denen nach Sichtflugregeln geflogen werden darf, gewährleistet ist,
4. der Luftfahrzeugführer die Berechtigung zur Ausübung des Flugfunkverkehrs hat.

Verschiedenes aus der LuftPersV

Luftsportgeräteführer (§ 42 LuftPersV)

(1) Fachliche Voraussetzungen für den Erwerb der Erlaubnis für Luftsportgeräteführer sind
1. die theoretische Ausbildung,
2. die Flugausbildung,
3. die erforderliche Teilnahme an einer Unterrichtung in Sofortmaßnahmen am Unfallort und
4. die Berechtigung zur Ausübung des Sprechfunkdienstes (2).

Die theoretische Ausbildung umfasst für Ultraleichtflugzeugführer mindestens 60 Unterrichtsstunden innerhalb der letzten 24 Monate vor Ablegung der Prüfung nach § 43. Sie erstreckt sich auf die Sachgebiete
1. Luftrecht, Luftverkehrs- und Flugsicherungsvorschriften,
2. Navigation,

3. Meteorologie,
4. Technik,
5. Verhalten In besonderen Fällen,
6. Flugfunk,
7. menschliches Leistungsvermögen.

(3) Die Flugausbildung umfasst vor Ablegung der Prüfung nach § 43 eine theoretische und praktische Ausbildung mit Fluglehrer.

Prüfung (§ 43 LuftPersV)

(1) Der Bewerber hat in einer theoretischen und praktischen Prüfung nachzuweisen, dass er nach seinem fachlichen Wissen und praktischen Können die an einen Luftsportgeräteführer zu stellenden Anforderungen erfüllt.

Erteilung und Umfang der Erlaubnis, Luftfahrerschein (§ 44 LuftPersV)

(1) Die Erlaubnis wird durch Aushändigung des Luftfahrerscheins für Luftsportgeräteführer, Beiblatt F erteilt.
(2) Die Erlaubnis berechtigt zum Führen von
1. Ultraleichtflugzeugen der im Luftfahrerschein eingetragenen Muster für Flüge am Tage.

Schleppberechtigung (§ 84 LuftPersV)

(1) Führer von motorgetriebenen Luftfahrzeugen bedürfen zum Schleppen anderer Luftfahrzeuge oder anderer Gegenstände einer Berechtigung.
(2) Fachliche Voraussetzungen für den Erwerb der Schleppberechtigung für andere Luftfahrzeuge oder für andere Gegenstände ohne Fangschlepp sind:
1. eine praktische Tätigkeit als verantwortlicher Führer von motorgetriebenen Luftfahrzeugen von mindestens 30 Flugstunden nach Erwerb der betreffenden Lizenz. In der Flugzeit müssen 5 Flugstunden auf dem Luftfahrzeugmuster, auf dem die Berechtigung erworben werden soll, enthalten sein,
2. die Durchführung von 5 Flügen mit anderen Luftfahrzeugen oder anderen Gegenständen im Schlepp ohne Beanstandung unter Anleitung und Aufsicht eines Fluglehrers mit der entsprechenden Schleppberechtigung innerhalb der letzten 6 Monate vor Stellung des Antrages auf Erteilung der Schleppberechtigung,
3. für Bewerber um eine Berechtigung zum Schleppen von anderen Luftfahrzeugen die Teilnahme an 5 Schleppstarts im geschleppten Luftfahrzeug der zu schleppenden Art, sofern er die betreffende Lizenz nicht selbst besitzt.

(5) Die Rechte aus einer im Luftfahrerschein eingetragenen Schleppberechtigung dürfen nur ausgeübt werden, wenn der Inhaber der Lizenz mindestens 5 Schleppflüge in der jeweils eingetragenen Art innerhalb der letzten 12 Monate durchgeführt hat. Ist diese Voraussetzung nicht erfüllt, ist Absatz 2 Nr. 2 anzuwenden.

Passagierflugberechtigung für Luftsportgeräteführer (§ 84a LuftPersV)

(1) Luftsportgeräteführer bedürfen für Passagierflüge eine Passagierflugberechtigung.

Voraussetzung für den Erwerb:
- 5 Überlandflüge nach Lizenzerhalt – davon mindestens 2 Flüge über mindestens 200 km Strecke mit Zwischenlandung in Begleitung eines Fluglehrers,
- praktische Prüfung.

Nach dem Bestehen der praktischen Prüfung, in der der Bewerber nachweisen muss, dass er nach seinem Wissen und praktischen Können die Anforderungen für Flüge mit Passagieren erfüllt, wird die Passagierberechtigung in die Lizenz eingetragen.
Der Beauftragte kann bestimmen, dass die Gültigkeitsdauer beschränkt wird, und Voraussetzungen für die Verlängerung festlegen.
Für Inhaber von PPL-A/-B/-C gilt die Passagierflugberechtigung als Führer von aerodynamisch gesteuerten UL mit der Erteilung der Lizenz als erteilt.

Erteilung, Umfang, Verlängerung, Erneuerung und Gültigkeitsdauer der Berechtigungen (§ 87 LuftPersV)

(1) Die Berechtigungen nach den §§ 81 bis 86 werden durch Eintragung in den Luftfahrerschein erteilt. Bei der Eintragung einer Schleppberechtigung ist die Art der Aufnahme des Schleppgegenstandes festzulegen.

(3) Die Gültigkeitsdauer der Berechtigungen bestimmt sich nach der zugrunde liegenden Erlaubnis.

Lehrberechtigung (§ 95a LuftPersV)

Voraussetzungen für den Erwerb der Lehrberechtigung:

- **für Trike:** 70 Std. Flugerfahrung,
- **für aerodynamisch gesteuerte UL:** 150 Std. Flugerfahrung,
- **für leichte Luftsportgeräte:** eine »ausreichende« Flugerfahrung (wie viel das ist, legt der Beauftragte fest),
- eine Auswahlprüfung,
- die erfolgreiche Teilnahme an einem vom Beauftragten durchgeführten und anerkannten Ausbildungslehrgang (Inhalt und Umfang legt der Beauftragte fest),
- eine an den Ausbildungslehrgang anschließende Ausbildungstätigkeit (Assistenzzeit) – Inhalt und Umfang legt der Beauftragte fest.

Nach dem Bestehen einer praktischen Prüfung, in der der Bewerber nachweisen muss, dass er nach seinem Wissen und praktischen Können die an einen Fluglehrer für die Ausbildung von Luftsportgeräteführern zu stellenden Anforderungen erfüllt, wird die Lehrberechtigung in die Lizenz eingetragen.

Voraussetzungen für Bewerber mit anderen Lizenzen:
Bewerber, die eine Lehrberechtigung für andere LFZ-Arten besitzen, können ganz oder teilweise von der Pflicht zur Teilnahme am Ausbildungslehrgang und/oder an der anschließenden Ausbildungstätigkeit befreit werden.

Voraussetzungen für Gültigkeit und Verlängerung:
Die Lehrberechtigung wird mit einer Gültigkeitsdauer von 3 Jahren erteilt.

Für die Verlängerung müssen innerhalb dieser 3 Jahre mindestens 2 der nachfolgenden Voraussetzungen erfüllt werden:

- 10 Flugstunden als Lehrer oder Prüfer,
- Teilnahme an einem vom Beauftragten durchgeführten oder anerkannten Fortbildungslehrgang im letzten Jahr vor der Verlängerung,
- erfolgreiche Ablegung einer Befähigungsprüfung im letzten Jahr vor der Verlängerung (Inhalt und Form legt der Beauftragte fest).

Die Lehrberechtigung beinhaltet auch die Einweisungsberechtigung in Muster, die der Inhaber der Lehrberechtigung selbstverantwortlich führen und bedienen darf.

Prüfer von Luftfahrtgerät (§ 104 LuftPersV)

Fachliche Voraussetzungen:
(1) Prüfer von Luftfahrtgerät bedürfen einer Prüferlaubnis.
(2) Fachliche Voraussetzungen für den Erwerb der Prüferlaubnis Klassen 1 bis 5 sind:

1. eine Berufsausbildung,
2. eine beruflich ausgeübte praktische Tätigkeit an Luftfahrtgerät,
3. die theoretische Ausbildung,
4. die praktische Ausbildung.

(3) Die fachlichen Voraussetzungen nach Absatz 2 Nr. 1 und 2 sind:

5. für die Prüferlaubnis Klasse 5

a) für Prüfer von Ultaleichtflugzeugen eine Berufsausbildung als Facharbeiter oder Geselle mit Lehrabschlussprüfung auf einem für die Prüfertätigkeit förderlichen Fachgebiet,
b) für Prüfer von Sprungfallschirmen eine Berufsausbildung auf einem für die Prüfertätigkeit förderlichen Fachgebiet,
c) eine berufliche Tätigkeit von 2 Jahren bei der Herstellung oder Instandhaltung von Ultraleichtflugzeugen oder Sprungfallschirmen der beantragten oder technisch ähnlichen Art, davon 6 Monate innerhalb der letzten 24 Monate vor Stellung des Antrags auf Erteilung der Erlaubnis in einem Herstellerbetrieb für Luftsportgerät oder in einem luftfahrttechnischen Betrieb.

Alleinflüge zum Erwerb oder zur Erneuerung einer Erlaubnis (§ 117 LuftPersV)

(1) Wer eine Erlaubnis zum Führen von Flugzeugen, Hubschraubern, Motorseglern und Segelflugzeugen erstmalig erwerben, erweitern oder eine abgelaufene

Erlaubnis erneuern lassen will, darf die notwendigen Alleinflüge nur ausführen, wenn der Fluglehrer hierfür einen Flugauftrag erteilt hat. Dies gilt auch für die Ausbildung. In den einzelnen Startarten von Motorseglern und Segelflugzeugen. Satz 1 und Satz 2 gelten für die Ausbildung von Luftsportgeräteführern entsprechend. Der Fluglehrer darf den Flugauftrag nur erteilen, wenn er sich von der Befähigung des Bewerbers überzeugt hat.

(2) Außerhalb der Sichtweite des ausbildenden Fluglehrers dürfen Flüge nach Absatz 1 nur durchgeführt werden, wenn der Fluglehrer hierfür einen schriftlichen Flugauftrag erteilt hat. Der Fluglehrer darf den Flugauftrag nur erteilen, wenn der Bewerber

1. zur Ausübung des Sprechfunkdienstes berechtigt ist,
2. die für die Durchführung von Überlandflügen notwendigen Kenntnisse in den Sachgebieten
   a) Luftrecht, Luftverkehrs- und Flugsicherungvorschriften,
   b) Flugnavigation,
   c) Meteorologie,
   d) Technik besitzt,
3. eine theoretische und praktische Einweisung in besondere Flugzustände sowie in das Verhalten in Notfällen und bei Unfällen erhalten hat,
4. mindestens 2 Überlandflugeinweisungen erhalten hat.

(3) Bei Flügen nach Absatz 2 muss der Flugauftrag die Erklärung enthalten, dass die Voraussetzungen des Absatzes 2 Satz 2 Nr. 1 bis 4 erfüllt sind. Der Bewerber hat den schriftlichen Flugauftrag bei der Durchführung des Fluges als Ausweis mitzuführen.

Nachweis der fliegerischen Voraussetzungen (§ 120 LuftPersV)

(1) Luftfahrzeugführer, Flugnavigatoren, Flugingenieure und Bordwarte auf Hubschraubern im Bundesgrenzschutz und bei der Polizei haben ein Flugbuch zu führen, in dem alle Flüge oder Fahrten unter Angabe der ausgeübten Tätigkeit und des Luftfahrzeugmusters nach Datum, Art des Fluges, Abflugzeit, Landezeit mit der sich daraus ergebenden Flugdauer, Abflugort und Landeort anzugeben sind. Das Flugbuch ist während der erlaubnispflichtigen Tätigkeit mitzuführen. Angaben zum Nachweis von Voraussetzungen zum Erwerb, zur Erweiterung, Verlängerung oder Erneuerung einer Erlaubnis oder Berechtigung, die unter der Aufsicht oder in Begleitung eines Luftfahrers zu erfüllen sind, müssen von diesem unter Angabe der Art und Nummer seines Luftfahrerscheins als richtig bescheinigt werden. Der Nachweis der fliegerischen Voraussetzungen kann durch Auszüge aus dem Flugbuch erbracht werden, deren Übereinstimmung mit den Angaben des Flugbuches durch einen Beauftragten für Luftaufsicht, einen Flugleiter, einen Ausbildungs- oder Flugbetriebsleiter, ein Prüfungsratsmitglied, einen Fluglehrer oder Einweisungsberechtigten bescheinigt sein müssen.

Nachweis der theoretischen Ausbildung (§ 121 LuftPersV)

(1) Bewerber um eine Erlaubnis oder Berechtigung nach dieser Verordnung haben ein Unterrichtsbuch zu führen, in dem alle Unterrichtsstunden unter Angabe des Sachgebietes und des behandelten Unterrichtsstoffes mit Datum und Dauer sowie der Name des Lehrers einzutragen sind. Bei geschlossenen Lehrgängen tritt an die Stelle des vom Bewerber zu führenden Unterrichtsbuches ein von der Luftfahrerschule oder der Lehrgangsleitung zu führendes Unterrichtsbuch.

(2) Wird die theoretische Ausbildung in Form einer programmierten Unterweisung durchgeführt, kann die Zahl der vorgeschriebenen Unterrichtsstunden verringert werden, wenn dadurch die Vermittlung eines mindestens gleich hohen Wissensstandes nicht beeinträchtigt wird. Das Gleiche gilt für die theoretische Ausbildung einer Fernschule, die eine Ausbildungserlaubnis nach der Luftverkehrs-Zulassungs-Ordnung besitzt, wenn der Fernunterricht durch Nahunterricht ergänzt wird.

Berechtigung zur Ausführung des Sprechfunkdienstes (§ 133 LuftPersV)

(1) Die Berechtigung zur Ausübung des Sprechfunkdienstes wird durch ein gemäß den Vorschriften des Bundesministers für Post- und Telekommunikation erteiltes Flugfunkzeugnis für den Sprechfunkdienst oder den Telegrafie- und Sprechfunkdienst nachgewiesen.

Das kann sein das

- AZF,
- BZF I,
- BZF II
- oder die im Rahmen der Theorieausbildung erworbene Erlaubnis zur Teilnahme am Flugfunkverkehr.

Voraussetzungen für Erwerb der Lizenz zum Führen von aerodynamisch gesteuerten Ultraleichtflugzeugen

Bewerber – Lizenzerwerb
Mindestalter:
Ausbildungsbeginn: 16 Jahre
Lizenzerhalt: 17 Jahre
Tauglichkeit (neue) Klasse 2, bis 30 alle 5 Jahre, bis 50 alle 2 Jahre, ab 51 jedes Jahr erneuern
Tauglichkeitszeugnis ist mitzuführen
Nachweis »Sofortmaßnahmen am Unfallort«

Fußgänger
Theorieausbildung:
Flugfunk und Pyrotechnik werden durch die Flugschule unterrichtet.

Praxisausbildung:

- 30 Std. Flugzeit auf aerod. gest. UL; davon mind. 5 Std. Alleinflugzeit
- Starts und Landungen auf versch. Flugplätzen
- Außenlandeübungen mit Fluglehrer
- Mind. 2 Überlandflüge (> 200 km mit Zwischenlandung) mit Fluglehrer

Praxisprüfung

Bewerber mit gültigem unbeschränkten SPL für HG oder GS
Theorieausbildung:
Ausbildung in den Fächern Met., Menschliches Leistungsvermögen (ML) und (bei Nachweis) Flugfunk kann entfallen.
Theorieprüfung wie bei »Fußgänger«, Prüfung in Met., ML und event. Flugfunk entfällt.
Praxisausbildung:
keine Erleichterungen
Praxisprüfung

Bewerber mit gültigem PPL-A oder -B bzw PPL-N oder Lizenz nach JAR/FCL (nicht PPL-C oder -H!)
Einweisung in einer vom DULV oder DAeC registrierten Ausbildungsstätte.
Die Passagierflugberechtigung wird ohne weitere Nachweise in die Lizenz eingetragen.

Bewerber mit gültigem PPL-C oder -H
Theorieeinweisung (Technik, V.i.b.F.) ohne Prüfung.
Praxisausbildung mind. 10 Std. (max. 20 Std. auf Segelflugzeugen oder Hubschraubern werden angerechnet) – keine Einweisung!

Mit gültigem SPL für Trike
Theorieausbildung und -prüfung entfällt.
Praxisausbildung mind. 25 Std. (max. 5 Std. auf Trike werden angerechnet) – keine Einweisung!

Verlängerung der Lizenz bei aerodynamisch gesteuerten UL
Die Lizenz für aerodynamisch gesteuerte UL wird mit einer Gültigkeitsdauer von 60 Monaten vom Zeitpunkt der Erfüllung aller Voraussetzungen erteilt. Sie ist nur gültig in Verbindung mit einem gültigen Tauglichkeitszeugnis nach § 24d der Luftverkehrs-Zulassungs-Ordnung.
Fliegen mit aerodynamisch gesteuerten UL – auch bei gültiger Lizenz – darf nur, wer mindestens 12 Flugstunden auf aerodynamisch gesteuerten Ultraleichtflugzeugen, Reisemotorseglern oder einmotorigen Landflugzeugen mit Kolbentriebwerk innerhalb der letzten 24 Monate nachweisen kann. In den 12 Stunden müssen mindestens 6 Flugstunden als verantwortlicher Luftfahrzeugführer und 12 Starts und 12 Landungen sowie ein Übungsflug von mindestens einer Stunde Flugzeit in Begleitung eines Fluglehrers auf aerodynamisch gesteuerten Ultraleichtflugzeugen enthalten sein (§ 45 LuftPersV).
Diese Voraussetzungen können durch eine Praxisprüfung mit dem jeweils zuständigen Prüfer auf einem aerodynamisch gesteuerten Ultraleichtflugzeug, einem Reisemotorsegler oder einem einmotorigen Landflugzeug mit Kolbentriebwerk ersetzt werden. Die Nachweise sind im Flugbuch zu führen und durch Unterschrift des Fluglehrers oder Prüfers zu bestätigen.

Passagierberechtigung für Luftsportgeräteführer
Voraussetzungen: Nachweis von 5 Überlandflügen, davon mindestens 2 Überlandflüge mit Zwischenlandung über eine Gesamtstrecke von mindestens 200 km nach Erwerb der Lizenz in Begleitung eines Fluglehrers; Durchführung einer praktischen Prüfung.

Regelungen DULV/DAeC zur Passagierflugberechtigung § 84a
Alle Voraussetzungen nach § 84a (2) müssen nach Lizenzerhalt geflogen worden sein; der zweite Überlandflug von mind. 200 km Strecke in Begleitung eines Fluglehrers kann als Prüfungsflug gewertet werden. Der mitfliegende Fluglehrer ist zur Abnahme der Prüfung berechtigt, wenn beide Überlandflüge im Rahmen der Verantwortung einer DULV- oder DAeC-zugelassenen Ausbildungsstätte durchgeführt wurden. Der Ausbildungsleiter bescheinigt die erfolgreich durchgeführte Prüfung auf dem Antragsformular zur Passagierflugberechtigung.
Im Falle der Begleitung der Überlandflüge durch einen nicht an einer anerkannten Flugschule tätigen Fluglehrer wird die Überprüfung nach Erfüllung aller Voraussetzungen durch einen Prüfungsrat vorgenommen.
Bei Nachweis des PPL-A, -B oder -C wird die Passagierflugberechtigung bei Erteilung der UL-Lizenz in diese eingetragen.
Die 60-Stunden-Regelung kann noch – parallel zu den neuen Bedingungen – bis zum 31. 12. 2006 wahrgenommen werden. Danach müssen zum Erwerb der Berechtigung die »neuen«« Bedingungen erfüllt werden.

Voraussetzungen für Erwerb der Lizenz zum Führen von schwerkraftgesteuerten Ultraleichtflugzeugen (TRIKE)

Bewerber – Lizenzerwerb
Mindestalter:
Ausbildungsbeginn: 16 Jahre
Lizenzerhalt: 17 Jahre
Tauglichkeit (neue) Klasse 2, bis 30 alle 5 Jahre, bis 50 alle 2 Jahre, ab 51 jedes Jahr erneuern
Tauglichkeitszeugnis ist mitzuführen
Nachweis »Sofortmaßnahmen am Unfallort«
Theorieausbildung:
Pyrotechnik und Flugfunk werden durch die Flugschule unterrichtet.

Fußgänger
Praxisausbildung:
- 25 Std. Flugzeit auf Trike; davon mind. 5 Std. Alleinflugzeit und mind. 10 Std. mit Fluglehrer
- Starts und Landungen auf versch. Flugplätzen
- Außenlandeübungen mit Fluglehrer
- Mind. 2 Überlandflüge (> 100 km mit Zwischenlandung) mit Fluglehrer

Praxisprüfung

Bewerber mit gültigem unbeschränkten SPL für HG oder GS
Theorieausbildung:
Ausbildung in den Fächern Met., Menschl. Leistungsvermögen und (bei Nachweis) Flugfunk kann entfallen.
Theorieprüfung wie bei »Fußgänger«, Prüfung in Met., Menschl. Leistungsv. und evtl. Flugfunk entfällt.
Praxisausbildung:
Max. 10 Std. Flugzeit auf HG oder GS können angerechnet werden.
Praxisprüfung

Bewerber mit gültiger Lizenz für aerodynamisch gesteuerte UL, PPL-A/-B/-C/-H bzw. PPL-N oder Lizenz nach JAR/FCL
Theorieeinweisung (Technik, V.i.b.F.) ohne Prüfung.
Praxisausbildung:
Max. 10 Std. Flugzeit auf Flugzeugen, Segelflugzeugen, Reisemotorseglern oder aerod. gest. UL können angerechnet werden.
Praxisprüfung kann vom Ausbildungsleiter abgenommen werden.

Verlängerung der Lizenz bei Trike
Die Lizenz für Trike wird mit einer Gültigkeitsdauer von 60 Monaten vom Zeitpunkt der Erfüllung aller Voraussetzungen erteilt. Die Lizenz ist nur gültig in Verbindung mit einem gültigen Tauglichkeitszeugnis nach § 24d der Luftverkehrs-Zulassungs-Ordnung.
Fliegen mit Trike – auch bei gültiger Lizenz – darf nur, wer mind. 12 Std. Flugzeit in den letzten 24 Monaten

nachweisen kann. Als Ersatz kann eine praktische Prüfung entspr. § 43 abgelegt werden oder die erfolgreiche Teilnahme an einem vom Beauftragten durchgeführten Performance- oder Sicherheitstraining nachgewiesen werden.
Diese Voraussetzungen nach Absatz 2 können durch eine Praxisprüfung mit dem jeweils zuständigen Prüfer auf einem Trike ersetzt werden. Die Nachweise sind im Flugbuch zu führen und durch Unterschrift des Fluglehrers oder Prüfers zu bestätigen.

Passagierberechtigung für Luftsportgeräteführer
Voraussetzungen: Nachweis von 5 Überlandflügen, davon mindestens 2 Überlandflüge mit Zwischenlandung über eine Gesamtstrecke von mindestens 200 km nach Erwerb der Lizenz in Begleitung eines Fluglehrers. Durchführung einer praktischen Prüfung.

Regelungen DULV/DAeC zur Passagierflugberechtigung § 84a
Alle Voraussetzungen nach § 84a (2) müssen nach Lizenzerhalt geflogen worden sein; der zweite Überlandflug von mind. 200 km Strecke in Begleitung eines Fluglehrers kann als Prüfungsflug gewertet werden. Der mitfliegende Fluglehrer ist zur Abnahme der Prüfung berechtigt, wenn beide Überlandflüge im Rahmen der Verantwortung einer DULV- oder DAeC-zugelassenen Ausbildungsstätte durchgeführt wurden. Der Ausbildungsleiter bescheinigt die erfolgreich durchgeführte Prüfung auf dem Antragsformular zur Passagierflugberechtigung.
Im Falle der Begleitung der Überlandflüge durch einen nicht an einer anerkannten Flugschule tätigen Fluglehrer wird die Überprüfung nach Erfüllung aller Voraussetzungen durch einen Prüfungsrat vorgenommen.

Voraussetzungen für Erwerb der Lizenz zum Führen von Motorschirmen

(Für fußstartfähige UL gelten dieselben Bestimmungen – wobei natürlich die Worte Gleitsegel und Motorschirme jeweils durch Hängegleiter und Fußstart-UL zu ersetzen sind).

Bewerber – Lizenzerwerb
Mindestalter:
Ausbildungsbeginn: 16 Jahre
Lizenzerhalt: 17 Jahre
Nachweis »Sofortmaßnahmen am Unfallort«

Theorieausbildung insgesamt 60 UE in zwei Modulen:
Modul I (40 UE)
1. Luftrecht
2. Flugfunk
3. Meteorologie
4. Menschliches Leistungsvermögen (ML)
5. Navigation

Modul II (20 UE)
1. Motorschirm-Technik
2. Verhalten in besonderen Fällen für Motorschirm

Fußgänger
Praxisausbildung:
- Flugausbildung auf motorlosen Gleitsegeln (mindestens DHV-L-Schein – Grundstufe oder gleichwertiger Ausbildungsstand –; zusätzlich 30 von einem Fluglehrer bestätigte Flüge über eine Höhendifferenz von mehr als 100 m. Diese Flüge können am Berg oder an der Winde durchgeführt worden sein.
- Mindestens 30 Starts und Landungen mit Motorschirm (Höhenaufbau, Platzrunde, Landeeinteilung, Landung)
- 3 Überlandflüge von jeweils mindestens 1 Stunde Dauer oder 30 km Strecke

Praxisprüfung

Bewerber mit mindestens
1. **DHV-A-Schein oder österreichischem SoPi**
2. **DHV-B-Schein oder österreichischem SoPi mit Überland-Berechtigung**

Theorieausbildung:

Bei 1. können 10 UE in den Fächern des Modul I und 10 UE des Modul II angerechnet werden.
Theorieprüfung: Die Prüfung im Fach ML kann entfallen und evtl. Flugfunk kann entfallen, wenn eine entsprechende Berechtigung nachgewiesen wird.

Bei 2. können 20 UE in den Fächern des Modul I und 10 UE des Modul II angerechnet werden.
Theorieprüfung: Die Prüfung im Fach Met. und ML kann entfallen und auch evtl. Flugfunk kann entfallen, wenn eine entsprechende Berechtigung nachgewiesen wird.

Praxisausbildung – Erleichterungen bei (mindestens) gültigem A-Schein oder SoPi:

- Mindestens 30 Starts und Landungen mit Motorschirm (Höhenaufbau, Platzrunde, Landeeinteilung, Landung)
- 3 Überlandflüge von jeweils mindestens 1 Stunde Dauer oder 30 km Strecke

Praxisprüfung

Bewerber mit gültiger Erlaubnis für UL, PPL (A/B/C/D/H, PPL-N und FCL)
Theorieeinweisung im Modul I, Theorieausbildung im Modul II komplett, Prüfungsabnahme im Modul II (schriftl.) durch den Ausbildungsleiter.
Praxisausbildung wie bei »Fußgängern«, Reduzierung der notwendigen Überlandflüge auf einen Ü-Flug.
Praxisprüfung wie bei »Fußgängern«

Gültigkeit der Lizenz
Die Lizenz für Motorschirm wird entspr. § 45 (1) LuftPersV unbefristet erteilt. Der Motorschirm-Pilot muss jedoch vor Antritt eines Fluges auf Verlangen einer berechtigten Person nachweisen, dass er innerhalb der letzten 24 Monate mindestens 30 Starts und Landungen auf Motorschirm durchgeführt hat. Dazu muss er ein Flugbuch mitführen, aus dem die erforderlichen Angaben ersichtlich sind. Kann dieser Nachweis nicht erbracht werden, muss er vor Antritt des nächsten Fluges die fehlenden Voraussetzungen unter Aufsicht eines Fluglehrers mit Lehrberechtigung für Motorschirm erbringen. Alternativ kann eine Praxisprüfung vor einem vom Beauftragten anerkannten Prüfer abgelegt werden.

Passagierflugberechtigung
Zur Mitnahme von Passagieren mit doppelsitzigen Motorschirmen ist eine Berechtigung erforderlich. Voraussetzung zum Erlangen der Berechtigung ist der Besitz der Motorschirmlizenz seit mindestens einem Jahr.
Gleitsegel-Tandempiloten mit DHV-Lizenz müssen 10 Ausbildungsflüge auf doppelsitzigen Motorschirmen unter Aufsicht eines ausbildungsberechtigten Fluglehrers nachweisen, darunter mindestens 2 in Begleitung eines ausbildungsberechtigten Fluglehrers. Eine Prüfung ist nicht erforderlich.
Alle anderen Bewerber müssen eine entsprechende theoretische und praktische Ausbildung, mindestens 20 Ausbildungsflüge unter Aufsicht eines ausbildungsberechtigten Fluglehrers, davon mindestens 2 in Begleitung eines ausbildungsberechtigten Fluglehrers, und eine anschließende theoretische und praktische Prüfung nachweisen.

Verschiedenes aus der LuftGerPV

Allgemeine Vorschriften

Anwendungsbereich (§ 1 LuftGerPV)

(1) Diese Verordnung regelt die Anforderungen und das Verfahren der Prüfung von Luftfahrtgerät auf seine Lufttüchtigkeit im Rahmen der Entwicklung, Herstellung und Instandhaltung.

Prüfungen (§ 3, 9, 10a, LuftGerPV)

Musterprüfung:
Das Luftfahrtgerät wird hinsichtlich seiner flugmechanischen und statischen Eigenschaften auf seine Lufttüchtigkeit geprüft.
Die Prüfung erfolgt durch den beauftragten Verband.

Stückprüfung:
Bevor es in die Hand des Piloten kommt, wird jedes einzelne der gebauten Seriengeräte geprüft, ob es mit dem geprüften Muster übereinstimmt. Die Prüfung erfolgt durch einen vom Verband benannten Prüfer Klasse 5.
Ausnahme: Bei so genannten leichten UL (< 120 kg) führt der Hersteller diese Prüfung durch.

Einzelstückprüfung:
Wenn ein Luftfahrtgerät nicht in Serie gebaut wird, so wird der Nachweis der Lufttüchtigkeit mit einer Einzelstückprüfung erbracht. Art und Umfang der Prüfung legt der Verband fest, der auch die Prüfung durchführt.

Nachprüfung (§§ 14–20 LuftGerPV)

Die Nachprüfung von UL erfolgt in Zeitabständen von 12 Monaten durch einen vom Verband benannten Prüfer Klasse 5. In dem Nachprüfschein werden die Prüfung und etwa bestehende Mängel festgehalten.
Der zuständige Verband kann eine Nachprüfung anordnen, wenn im Betrieb Mängel festgestellt werden.

Verschiedenes aus der LuftVZO

Zulassungspflicht und Umfang der Zulassung (§ 1 LuftVZO)

(1) Luftfahrtgeräte, die der Musterzulassung bedürfen, sind:
Luftsportgeräte einschließlich Rettungs- und Schleppgeräte;
sonstiges Luftfahrtgerät als Ausrüstungs- oder Zubehörteil eines Luftfahrzeugs.
(4) Ein- oder zweisitzige Luftsportgeräte ohne Motor oder mit einem nicht fest mit dem Luftfahrzeug verbundenen Motor und mit einer höchstzulässigen Leermasse von 120 kg einschließlich Gurtzeug und Rettungsgerät sind von der Musterzulassung befreit. Für diese Luftfahrzeuge hat der Hersteller die Erfüllung der Lufttüchtigkeitsforderungen nach § 10a der Verordnung zur Prüfung von Luftfahrtgerät nachzuweisen.

Zuständige Stellen (§ 2 LuftVZO)

Die Musterzulassung wird für Luftfahrtgerät nach § 1 Abs. 1 Nr. 7 von dem Beauftragten nach § 31c des Luftverkehrsgesetzes, im Übrigen vom Luftfahrt-Bundesamt erteilt.

Musterzulassung, Rücknahme und Widerruf (§ 4 LuftVZO)

(1) Das Muster eines Luftfahrtgeräts
a) nach § 1 Abs. 1 Nr. 1 bis 10 wird durch Erteilung des Musterzulassungsscheines zugelassen; hierbei werden das zugehörige Gerätekennblatt und die Betriebsgrenzen festgelegt.

(3) Die Musterzulassung kann mit Auflagen verbunden, beschränkt und befristet werden. Sie ist ganz oder teilweise zu widerrufen, wenn die Voraussetzungen für ihre Erteilung nachträglich entfallen sind oder wenn festgestellte Mängel des Musters, welche die Lufttüchtigkeit einschränken, sich nicht durch die nach der Verordnung zur Prüfung von Luftfahrtgerät vorgeschriebenen Maßnahmen beheben lassen. Der Musterzulassungsschein ist einzuziehen.

Umfang der Zulassung (§ 6 LuftVZO)

(1) Luftfahrtgeräte, die der Verkehrszulassung bedürfen, sind
Luftsportgeräte.
(2) Luftfahrtgeräte nach § 1 Abs. 4 sind von der Verkehrszulassung befreit (sog. leichte UL).

Zuständige Stellen (§ 7 LuftVZO)

Die Verkehrszulassung der Luftsportgeräte wird von dem vom Bundesminister für Verkehr Beauftragten erteilt.

Verkehrszulassung, Rücknahme und Widerruf (§ 10 LuftVZO)

(1) Die zuständige Stelle lässt das Luftfahrtgerät durch Erteilung eines Lufttüchtigkeitszeugnisses nach Anlage 1 zum Verkehr zu, hierbei legt sie den Verwendungszweck (Kategorie) fest. Das Lufttüchtigkeitszeugnis ist bei dem Betrieb des Luftfahrtgeräts mitzuführen.
(2) Die Zulassung kann eingeschränkt, geändert, mit Auflagen verbunden und befristet werden. Die Zulassung ist zurückzunehmen, wenn die Voraussetzungen für ihre Erteilung nicht vorgelegen haben. Sie ist zu widerrufen, wenn die Voraussetzungen für ihre Erteilung nachträglich nicht nur vorübergehend entfallen sind oder eine Anzeige nach § 104 eingeht.

Vorläufige Verkehrszulassung (§ 12 LuftVZO)

(1) Luftfahrtgerät nach § 6 kann ausnahmsweise insbesondere für technische Zwecke, Ausbildungs-, Vorführungs- und Überführungszwecke vorläufig zum Verkehr zugelassen werden, wenn die Haftpflichtdeckung nachgewiesen und auf Verlangen der Nachweis erbracht ist, dass die Verwendung des Luftfahrtgeräts für den beabsichtigten Zweck unbedenklich ist.

(2) Die zuständige Stelle lässt das Luftfahrtgerät durch Erteilung einer Bescheinigung vorläufig zum Verkehr zu. Die vorläufige Verkehrszulassung kann allgemein erteilt, mit Auflagen verbunden und befristet werden. Sie ist jederzeit widerruflich. Die Bescheinigung nach Satz 1 kann auch in Form der Kennung eines nicht im Geltungsbereich dieser Verordnung ausgestellten Lufttüchtigkeitszeugnisses erfolgen.

Lufttüchtigkeitszeugnis für die Ausfuhr (§ 13 LuftVZO)

Für Luftfahrtgerät, das ausgeführt werden soll, kann die zuständige Stelle ein Lufttüchtigkeitszeugnis für die Ausfuhr oder eine entsprechende Bescheinigung ausstellen, wenn der Nachweis der Lufttüchtigkeit erbracht ist.

Eintragungen in Luftfahrzeugregister (§ 14 LuftVZO)

(2) Ultraleichtflugzeuge werden für die Verkehrszulassung von den Beauftragten nach § 31c des Luftverkehrsgesetzes in das Luftsportgeräteverzeichnis eingetragen.

Kennzeichen (§ 19 LuftVZO)

(1) Bei der Verkehrszulassung wird dem Luftfahrzeug ein Kennzeichen zugeteilt. Die Kennzeichen sind nach den Vorschriften der Anlage 1 am Luftfahrzeug zu führen.
(2) Auf Antrag kann ein Kennzeichen für Luftsportgeräte befristet vorgemerkt werden.

Widerruf, Ruhen und Beschränken der Erlaubnis (§ 29 LuftVZO) (Auszug)

(1) Die Erlaubnis ist von der nach § 22 zuständigen Stelle zu widerrufen und der Ausweis einzuziehen, wenn sich Tatsachen dafür ergeben, dass der Inhaber für die erlaubte Tätigkeit ungeeignet ist.
An Stelle des Widerrufs kann ein Ruhen der Erlaubnis oder die Auflage bestimmter Bedingungen vorgeschrieben werden.

Haftungsfragen

Zum Zeitpunkt der Drucklegung sind auf Grund des »Montrealer Übereinkommens« gravierende Änderungen zu erwarten. Alle nachfolgenden Angaben sind unverbindlich.

Haftung nach BGB (Verschuldungshaftung)

Wer schuldhaft die Gesundheit oder das Eigentum eines anderen verletzt, ist zum Ersatz des Schadens verpflichtet. Der Geschädigte muss die Schuld nachweisen. Haftungsausschlussklauseln helfen hier nichts, sie sind bei Verschulden unwirksam. Die Haftungssumme ist unbegrenzt. Die Höhe des Schadens muss vom Geschädigten nachgewiesen werden.

Beispiel: Es geht unterwegs der Sprit aus, weil der Pilot keine ausreichende Flugvorbereitung durchgeführt hat. Bei der anschließenden Notlandung wird ein Gartenzaun beschädigt. Wegen der unzureichenden Flugvorbereitung ist der Pilot schuld – er zahlt den Gartenzaun. Allerdings muss der Geschädigte zuerst die Schuld nachweisen und er muss nachweisen, was die Reparatur des Gartenzaunes kostet.

Halter-Haftpflicht (Gefährdungshaftung)

Wird beim Betrieb eines Luftfahrzeuges ein Dritter getötet oder verletzt oder wird eine fremde Sache beschädigt, ohne dass jemandem eine Schuld an dem Schaden nachgewiesen werden kann, so hat der Halter des Luftfahrzeuges (nicht der Pilot) den Schaden zu ersetzen. Der Geschädigte muss nur nachweisen, dass der Betrieb des Luftfahrzeuges die Ursache des Schadens ist. Die Haftung ist begrenzt auf 3 000 000 EURO. Der Gesetzgeber verlangt eine Haftpflichtversicherung über diese Summe.

Beispiel: Es geht unterwegs trotz perfekter Flugvorbereitung der Sprit aus, weil der Motor plötzlich dreimal soviel verbraucht als normal. Bei der anschließenden Notlandung wird ein Gartenzaun beschädigt. Weder der Pilot noch der Halter sind schuld.
Der Halter des Luftfahrzeuges muss den Schaden begleichen, doch der Geschädigte muss nachweisen, was die Reparatur des Zaunes kostet.

Passagier-Haftpflicht

Auch hier gilt nach BGB: Wer schuldhaft einem Passagier einen Schaden zufügt, haftet unbegrenzt. Für diese Haftung hat der Gesetzgeber für die Fliegerei eine gravierende Ergänzung eingeführt. Der Passagier muss nicht nachweisen, dass eine Schuld vorliegt. Es reicht aus, er behauptet, der Schaden sei schuldhaft entstanden. Der »Luftfrachtführer« hat den Beweis anzutreten, dass er nicht schuld ist.

Beispiel: Der Pilot erreicht wegen Gegenwind das Ziel nicht. Bei der Notlandung bricht sich der Passagier einen Finger. Jetzt reicht es aus, wenn der Passagier behauptet, der Pilot habe schuldhaft gehandelt.
Auch ein Unschuldsnachweis hilft dem Piloten in diesem Fall nicht, befreit ihn aber aus der unbegrenzten Haftung nach BGB. Denn für die ersten rund 125 000 EURO Schaden aus einem Passagierflug gilt die Gefährdungshaftung, d.h. er haftet bis zu diesem Betrag, ganz gleich ob schuldig oder unschuldig. Eine Versicherung hierfür ist Pflicht.

CSL-Deckung
Sowohl Halter- als auch Passagier-Haftpflicht werden hier von der Versicherung zusammengefasst und hängen am UL, d. h. sowohl Halter als auch der jeweilige Pilot sind geschützt.

Ordnungswidrigkeiten und Strafen

Wer einer Rechtsvorschrift, für uns also besonders den LuftVO, LuftVZO oder LuftPersV, zuwiderhandelt, wird mit einem Bußgeld bis 5000 Euro belegt.
Wer aber »Leib und Leben oder bedeutende Sachwerte anderer gefährdet«, muss vor Gericht mit Freiheitsstrafen bis zu 5 Jahren oder hohen Geldstrafen rechnen. Wer dies fahrlässig macht, muss mit ca. 2 Jahren Freiheitsstrafe oder Geldstrafe rechnen.

Die Kennzeichnung

Der Betrieb von UL ist nur mit entsprechenden Kennzeichen zugelassen. Das Kennzeichen besteht aus einer fünfstelligen Buchstabenkombination, von der die ersten beiden Buchstaben festliegen.

1. Buchstabe: D – Deutschland, Nationalität,
2. Buchstabe: M – Ultraleichtflugzeuge,

3.–5. Buchstabe: sind frei wählbar.

Die Höhe der Buchstaben soll unter der Tragfläche mindestens 50 cm und beiderseits des Seitenleitwerks mindestens 30 cm betragen.

Lärm und Gewicht

Es gelten folgende Grenzwerte

Einsitzig:	maximal zulässige Abflugmasse 300 kg Lärmgrenzwert 60 dB(A)
Zweisitzig:	maximal zulässige Abflugmasse 472,5 kg Lärmgrenzwert 60 dB(A)
Messverfahren:	siehe Seite 55.

Ultraleichtfliegen

Der Weg zum Ultraleichtpiloten

Bevor wir uns mit unserem UL frei wie ein Vogel in die Lüfte erheben können, hat der Gesetzgeber einige Hürden aufgestellt.

3 Voraussetzungen sind zu beachten:

1. **Wo dürfen wir fliegen?**
   Der Flugbetrieb darf nur auf einem für Ultraleichtflugzeuge zugelassenen Fluggelände erfolgen.
2. **Was dürfen wir fliegen?**
   Das Fluggerät muss die Zulassung einer vom Bundesministerium für Verkehr beauftragten Stelle besitzen.
3. **Wann dürfen wir fliegen?**
   Der Pilot muss einen Pilotenschein für Ultraleichtflugzeuge, ausgestellt von einer vom Bundesministerium für Verkehr beauftragten Stelle, besitzen.

Welche Möglichkeiten zur Erfüllung der obigen Voraussetzungen für uns gegeben sind, findet man auf den folgenden Seiten.

Wo dürfen wir fliegen?

Flugplätze

Der Begriff Flugplatz ist ein Sammelbegriff für folgende Plätze:

1. **Flughäfen**
   a) Verkehrsflughäfen
   b) Sonderflughäfen

Flughäfen sind dadurch gekennzeichnet, dass sie einen Bauschutzbereich aufweisen. Verkehrsflughäfen stehen der Öffentlichkeit zur Verfügung, Sonderflughäfen sind Privatplätze o. Ä. Der Unterschied zwischen einem Flughafen und einem Landeplatz liegt nicht in der Kontrollzone! Es gibt durchaus Verkehrsflughäfen ohne Kontrollzone.

2. **Landeplätze**
   a) Verkehrslandeplätze
   b) Sonderlandeplätze
   Landeplätze weisen keinen Bauschutzbereich, sondern nur eine Hindernisfreizone auf.

3. **Segelfluggelände**
   In Sonderfällen kann der Genehmigungsbescheid auf Motorsegler, Schleppmaschinen und auf Fallschirmabsprünge erweitert sein.

4. **Militärflugplätze**
   Die Landung ziviler Maschinen ist nur mit Zustimmung des Platzkommandanten erlaubt.

5. **Hubschrauberlandeplätze**

6. **Modellflugplätze**

Flugplatzgenehmigung und Flugplatzzwang

Flugplätze werden entsprechend § 6 LuftVG und Abschnitt II LuftVZO genehmigt.
Luftfahrzeuge dürfen grundsätzlich nur auf den für sie genehmigten Flugplätzen starten und landen.
Nach dem derzeitigen Stand ist für den Betrieb von UL-Flugzeugen auf bestehenden Flugplätzen eine Erweiterung der Flugplatzgenehmigung erforderlich. Eine solche Erweiterung der Flugplatzgenehmigung kann nur durch den Flugplatzhalter bei der zuständigen Länderbehörde beantragt werden. Zurzeit werden solche Anträge von den Länderbehörden noch sehr unterschiedlich bearbeitet. In einzelnen Bundesländern wird die Erweiterung ohne irgendeine zusätzliche Rückfrage ausgesprochen. In anderen Ländern wird von den Länderbehörden ein Anhörungsverfahren, bei dem z. B. die örtliche Polizeidienststelle, die Gemeinde, die Landesplanungsbehörde usw. befragt werden, verlangt.

Außenstart und Außenlandung

Ein Start oder eine Landung außerhalb eines für das **entsprechende Luftfahrzeug** genehmigten Flugplatzes wird als Außenstart bzw. Außenlandung bezeichnet. Soweit eine Zustimmung des Grundstückeigentümers vorliegt, kann die zuständige Länderbehörde einen Außenstart bzw. eine Außenlandung nach § 25 LuftVG genehmigen. Eine solche Genehmigung ist normalerweise auf einen bestimmten Zeitraum und auf einen bestimmten Benutzerkreis beschränkt. Sie kann auch für ein Gelände erteilt werden, auf dem bereits eine Flugplatzgenehmigung nach § 6 LuftVG für andere Luftfahrzeuge vorliegt. Über eine solche Außenstart- und -landegenehmigung kann also ein UL-Flugzeug auf einem bestehenden Flugplatz betrieben werden, ohne dass die Flugplatzgenehmigung auf UL-Flugzeuge erweitert wurde.
Das Verfahren zur Erteilung von Außenstart- und Außenlandegenehmigungen von UL-Flugzeugen ist bei den verschiedenen Länderbehörden unterschiedlich. Einzelne Länderbehörden erteilen Außenstart- und -landeerlaubnisse auf bestehenden Flugplätzen bereits nach telefonischem Antrag, bei anderen Länderbehörden ist ein schriftlicher Antrag mit schriftlicher Einverständniserklärung des Platzhalters erforderlich.

Ungewollte Außenlandung

Wir unterscheiden beim Betrieb von Ultraleicht-Flugzeugen 2 Arten von ungewollten Außenlandungen:

1. **Sicherheits-Außenlandung**
   Bei einer Sicherheits-Außenlandung liegt kein akuter Notfall vor. Eine Sicherheits-Außenlandung liegt z. B. vor, wenn ein UL-Pilot aufgrund einer sich verschlechternden Wetterlage eine Außenlandung einleitet.

2. **Notlandung**
   Bei einer Notlandung ist der Pilot aufgrund einer akuten Gefahrenlage gezwungen, das Luftfahrzeug zu landen. Eine Notlandung liegt z. B. vor, wenn ein UL-Pilot durch einen Motorschaden eine Außenlandung einleitet.

Bei jeder Außenlandung ist sofort der Zielflugplatz zu verständigen (unnötige Suchaktionen können so ver-

hindert werden). Außerdem ist die nächste Polizeidienststelle unverzüglich zu verständigen, sofern
- eine Person verletzt oder getötet wurde,
- bei der Außenlandung ein schwerer Schaden am Luftfahrzeug aufgetreten ist oder
- die Außenlandung einen schweren Drittschaden verursacht hat.

Achtung! Ein Wiederstart nach einer ungewollten Außenlandung bedarf in der Regel einer Außenstartgenehmigung des örtlich zuständigen Luftamtes!
In der Praxis bedeutet das, dass UL-Piloten nach einer Außenlandung ihr Gerät abbauen und mit einem Rückholfahrzeug zum Flugplatz fahren. Trotz des damit verbundenen Aufwandes ist dies wesentlich preisgünstiger, als mit einem unerlaubten Außenstart eine Anzeige zu riskieren!

Was dürfen wir fliegen?

Ultraleichtflugzeuge sind Luftsportgeräte. Sie dürfen nur nach
- Musterprüfung, Musterzulassung, Stückprüfung und Verkehrszulassung

betrieben werden.

Wann dürfen wir fliegen?

Erst dann, wenn wir die notwendigen Formalitäten erfüllt haben und die theoretische sowie die praktische Prüfung erfolgreich abgeschlossen haben.
Zuallererst werden wir uns klar, ob unser Ziel das aerodynamisch gesteuerte oder ein preiswerteres, durch Gewichtsverlagerung gesteuertes UL sein soll.
PPL-Piloten werden sich mit 3-achs-gesteuerten Geräten leichter tun, während Drachenfliegern die eingeübten Reflexe beim gewichtskraftgesteuerten UL zugute kommen. Das Problem der Umkehr der Wirkungsrichtung von Steuerbewegungen beim Übergang von einem System auf das andere sollte nicht unterschätzt werden. Gerade sehr erfahrene PPL-Piloten haben manchmal Probleme mit den Steuerbewegungen am Trike.
Der zweite Schritt ist, dass wir uns eine zugelassene UL-Flugschule aussuchen. Von dort bekommen wir dann auch Auskunft über die weiteren notwendigen Unterlagen, wie
- Führungszeugnis,
- Flugtauglichkeit vom Fliegerarzt, usw.

Die Theorieausbildung

Sie umfasst die 8 Fächer:
Luftrecht – Technik – Navigation – Verhalten in besonderen Fällen – Meteorologie – Funk – Pyrotechnik – Menschliches Leistungsvermögen.
Der Stoff umfasst im Wesentlichen den Inhalt des vorliegenden Buches.
Der Erfolg der theoretischen Ausbildung wird mit einer Multiple-Choice-Prüfung, bestehend aus 260 Fragen, kontrolliert. Pyrotechnik wird nicht geprüft.

Je 40 Fragen entfallen auf die Fächer
- Navigation,
- Verhalten in besonderen Fällen,
- Meteorologie,
- Technik,
- Luftrecht,
- Flugfunk.

Menschliches Leistungsvermögen umfasst 20 Fragen.

Insgesamt stehen 3 ½ Stunden zur Verfügung. Das sind ca. 50 Sekunden pro Frage. Doch braucht man zur Lösung der Navigationsaufgaben mehr Zeit. So sollte man sich im Schnitt nur 30 Sekunden pro Frage zugestehen, um für die kniffligeren Fragen etwas Reserve zu haben. Die Prüfung ist bestanden, wenn in keinem Fach mehr als 6 Fehler auftreten. Eine mündliche Nachprüfung ist möglich, wenn maximal 2 Fächer nicht bestanden sind und die Fehlerzahl zwischen 7 und 10 liegt. Eine schriftliche Nachprüfung ist möglich, wenn maximal 2 Fächer nicht bestanden sind. Bei 3 oder mehr nicht bestandenen Fächern ist die gesamte Prüfung zu wiederholen.

Nachstehend einige Tipps, die uns helfen sollen, unser erworbenes Wissen optimal und erfolgreich anzuwenden:
1. Fit und ausgeschlafen zur Prüfung erscheinen. Wenn man noch die Nacht durchlernt, kommt man

schon müde und nicht mehr voll konzentrationsfähig zur Prüfung.
2. Unterlagen vorbereiten. Benötigt werden: Schreibzeug, Radiergummi, Plotter, ICAO-Karte, Flugplatztaschenbuch, Schmierpapier für die Navigationsaufgaben, Prüfungsgebühr, Ausbildungsnachweis oder Fotokopie der Überlandberechtigung.
3. Fragen ganz und sorgfältig lesen und verstehen. Nicht schon vorher auf die Antwort schielen.
4. Im Zweifel die offensichtlich falschen Antworten aussondern.
5. Unter den verbleibenden Antworten hat die längste Antwort die höchste Chance, richtig zu sein.
6. Auf jeden Fall eine Antwort ankreuzen, am Antwortbogen ein Zeichen machen und am Schluss nochmals versuchen.
7. Verbesserungen eindeutig kennzeichnen, wenn 2 Antworten angekreuzt sind, gilt die Frage als nicht beantwortet.
8. Mut zum Risiko, nicht in eine Frage verbeißen. Die Zeit verrinnt schneller als man vermutet.
9. Kommt man trotzdem in Zeitnot, die restlichen Kreuzchen im Schnellverfahren setzen.
10. Wenn auch dazu die Zeit nicht mehr reicht, dann ergibt ein senkrechter Strich durch die restlichen Antwortkästchen immer noch eine 25%ige Trefferquote.
11. Das 11. Gebot »Du sollst dich nicht erwischen lassen« gilt auch für Multiple-Choice-Prüfungen. Die Chance zum Schummeln ist sowieso äußerst gering, da unser Nachbar mit Sicherheit andere Fragen erhält. Die Zeit für einen ausführlichen Gedankenaustausch ist außerdem einfach zu kurz.

Die praktische Ausbildung

In den Anfangszeiten der Ultraleicht-Fliegerei war der Weg durch die Grundausbildung für Piloten aerodynamisch gesteuerter und gewichtskraftgesteuerter UL meist verschieden. Die »Aerodynamischen« kamen von der ersten Stunde an in die Obhut eines Fluglehrers am Doppelsitzer – oft in einem konventionellen Sportflugzeug. Bei den »Gewichtskraftgesteuerten« war jeder sein eigener Pionier, d. h. er lernte – immer unter Anleitung eines Ausbilders – in vielen kleinen Schritten über Rollen und Hüpfen das Abc der Luft. Es wurden nicht die schlechtesten Piloten, die sich so ihren ersten Alleinflug erarbeitet haben. Inzwischen stehen für beide Gerätegattungen leistungsfähige Doppelsitzer zur Verfügung. Auch die Ausrüstung mit Funk für den Lehrer und Bordsprechanlage als Kommunikationsmittel zum Schüler haben sich durchgesetzt.

Der Ausbildungsweg kann etwa so aussehen:

- Einweisung am Gerät, Umgang mit Motor, Luftschraube, Steuerung und Bedienelementen wie Starter, Gas und Not-Aus. Erster Gerätecheck.
- Jetzt nehmen wir zum ersten Mal Platz im Flugzeug, wir lernen unseren »Arbeitsplatz« kennen und proben die Steuerbewegungen im Stand und am Boden.
- Unser Ausbilder gibt uns nun eine theoretische Einweisung über Start, Flug, Kurven und Landung.
- So vorbereitet, startet unser Lehrer mit uns, um uns das erste Flugerlebnis zu vermitteln (beim Trike sitzen wir noch auf dem hinteren Platz). 30–60 Minuten erleben wir so das neue, tragende Element Luft und machen in sicherer Höhe auch schon die ersten Steuerversuche.
- Der nächste Flug kann wieder 30–60 Minuten dauern (im Trike sitzen wir jetzt vorne). Nach dem Start in sicherer Höhe übernehmen wir die Initiative. Wir lernen die Reaktion unseres Flugzeugs auf unsere Steuerbewegungen. Noch überlassen wir die Landung und Motorbedienung unserem Ausbilder.
- Schulung von Start und Landung im Platzrundenbetrieb. Wir übernehmen nun auch die Bedienung des Motors und die Landeeinteilung.
- Ist der Ausbilder mit uns zufrieden, folgt das Hochgefühl der ersten Platzrunde im Alleinflug – wieder ein Fußgänger weniger.
- Nach Durchführen der Notlandeübung aus 150 m in einem Feld von 30 x 150 m ist die Grund- und Sicherheitsausbildung beendet.
- Auch bei den Überlandflügen steigern sich die Anforderungen mit unserem Können. Nach der obligatorischen Flugvorbereitung führen die ersten Flüge entlang hilfreicher Navigationslinien (z. B. Eisenbahn). Später begnügen wir uns mit dem Anflug markanter Ziele (z. B. See). Und schließlich fliegen wir noch einige Dreieckskurse ausschließlich nach Karte, Uhr und Kompass. Dazu müssen wir noch 2 Landungen auf fremden Plätzen mit Motorflugbetrieb nachweisen. Die Überlandausbildung hat uns nochmals etwa

15 Flugstunden gebracht. Wenn wir – und auch unsere Ausbilder – mit uns zufrieden sind, steht der Anmeldung zur nächsten praktischen Prüfung nichts mehr im Wege.

Die **praktische Prüfung** besteht aus den Prüfungsteilen:

Flugvorbereitung

Dazu gehören: Vorflugkontrolle mit sorgfältigem Gerätecheck; Erstellen eines schriftlichen Flugdurchführungsplanes, bei dem mindestens folgende Werte soweit notwendig für jeden Streckenabschnitt aufgeführt sein müssen:
TC (True Course)
CH (Compass Heading)
Flugzeit und Treibstoffverbrauch
Auffanglinie
Wetterberatung
Telefonnummer vom Start- und Zielflugplatz
Verständigen des Zielflugplatzes

Flugdurchführung

Der Streckenflug umfasst mindestens 50 km entweder als Zielflug zu einem anderen Platz oder in Form eines Dreiecksfluges. Die Prüfung gilt als nicht bestanden, wenn der Prüfling zum Beispiel

- das Ziel nicht erreicht,
- den Flug nicht innerhalb der vorberechneten Zeit (plus Toleranz) beendet,
- beim Flug gegen Vorschriften verstößt,
- unzulässige Hilfsmittel, z. B. Begleit-UL, benutzt,
- sich bei Start und Landung nicht an die gültigen An- und Abflugverfahren hält.

Der Überlandflug kann nach dem Ermessen des Prüfers wiederholt werden, wenn ein unvorhergesehener Umstand zum Abbruch gezwungen hat.

Notlandeprüfung

Dieser Prüfungsteil gilt als bestanden, wenn das Landefeld von 150 x 30 m aus 150 m Höhe bei 3 Versuchen 3 x getroffen wird. Der Schüler kann jedoch den Anflug nach Ermessen des Prüfers wiederholen. Es ist zweckmäßig, die Notlandeprüfung vor dem Streckenflug zu machen. Wird nämlich die Notlandung verpatzt, gilt die ganze Prüfung als nicht bestanden und der schönste Überlandflug war umsonst, jedenfalls für die Prüfung.

Flüge ins Ausland

Das Verfahren bei grenzüberschreitendem UL-Flug ist in vielen Ländern noch nicht geregelt. Es empfiehlt sich daher folgende Vorgehensweise:

1. Klären, ob am Zielflugplatz UL-Betrieb möglich ist. Man sollte sich nicht abschrecken lassen, wenn der Flugplatz im Ausland nach deutschen Maßstäben kaum für uns geeignet erscheint, z. B. werden in manchen Ländern auf einigen großen, kontrollierten Flughäfen UL angenommen.
2. Am Start- und Zielflugplatz muss Pass- und Zollkontrolle möglich sein. Bei kleinen Plätzen ist es oftmals möglich, dies durch die Flugleitung vornehmen zu lassen oder die Zollbeamten zum Platz zu bestellen.
3. Für jeden grenzüberschreitenden Flug ist bei der zuständigen Flugsicherung AIS (Tel.-Nr. s. S. 164) ein Flugplan aufzugeben (Österreich erlaubt den Einflug ohne Flugplan). Beim Ausfüllen des Flugplans hilft sicher die Flugleitung. Die AIS klärt unter Umständen mit der Flugsicherung des Ziellandes, ob der Flugplan angenommen wird. Geben Sie der AIS für diese Klärung ausreichend Zeit. Eventuell hilft es, den Flugplan früher aufzugeben und anschließend zu verschieben.
4. Besonderheiten des Ziellandes sollten rechtzeitig abgeklärt werden. Österreich verlangt z. B. die Mitnahme eines ELT (emergency location transmitter). Voraussetzungen für den Flug ins Ausland müssen sein:
   - einwandfreier Zustand der Maschine,
   - Funk,
   - überdurchschnittliches fliegerisches Können des Piloten, besonders in der Navigation,
   - Sicherstellen, dass die notwendige Treibstoffqualität am Zielflugplatz zur Verfügung steht. Öl nicht vergessen.

Bedenken Sie, dass es einen Riesenunterschied macht, ob Sie eine Außenlandung in Deutschland oder im Ausland durchführen. In Deutschland hilft im Zweifelsfall die Polizei weiter. Im Ausland kann es passieren, dass Sie weder die Sprache können, noch die Polizei weiß, dass es Ultraleicht-Flieger gibt.

Teilnehmen am Flugfunkverkehr darf nur, wer die entsprechende Ausbildung nachweisen kann.

- Die bestandene UL-Prüfung berechtigt zur Teilnahme am Flugfunk nur im nicht kontrollierten Bereich.
- Das BZF II berechtigt zum Flugfunk in deutscher Sprache.
- Das BZF I berechtigt zum Flugfunk in englischer Sprache.

Die Frequenz eines Platzes wird in der Regel von vielen Teilnehmern genutzt. Damit jeder zu Wort kommt und Missverständnisse ausgeschlossen sind, müssen bestimmte Regeln eingehalten und nach Möglichkeit Standard-Sprechgruppen benutzt werden. Nachstehend einige wichtige Punkte:

Buchstabieren: ICAO-Alphabet (siehe Seite 164)

Zahlen: Jede Ziffer links beginnend, einzeln aussprechen – Ausnahme: volle Tausender
z. B.: 137 = EINS – DREI – SIEBEN
3000 = DREI – TAUSEND

Zeiten: 08 Uhr 15 Min. = NULL – ACHT – EINS – FÜNF

Man unterscheidet verschiedene Arten von Meldungen, z. B. Peilfunkmeldungen, Flugsicherheitsmeldungen, Wettermeldungen und Flugbetriebsmeldungen.
Dringlichkeitsmeldungen werden abgesetzt, wenn die Sicherheit des eigenen oder eines anderen Luftfahrzeuges in Gefahr ist. Sie werden eingeleitet mit »PAN – PAN – PAN« und Art der Meldung.
Notmeldungen werden abgesetzt, wenn schwere unmittelbare Gefahr besteht. Sie werden eingeleitet mit »MAYDAY – MAYDAY – MAYDAY«. Dann folgen Art der Notlage, Absicht des Piloten, Art der gewünschten Hilfe, Standort, Kurs und Flughöhe.

Bestimmte Informationen der Flugleitung wie

- Freigaben,
- Anweisungen zur Verkehrslenkung,
- Angaben zur Höhenmessereinstellung,
- Frequenzen bei Frequenzwechsel,

sind vom Piloten wörtlich zu wiederholen.

Sprechgruppe	**Bedeutung**
Bestätigen Sie	»Teilen Sie mit, dass diese Meldung empfangen und verstanden wurde«
Positiv	»Ja« oder »Erlaubnis erteilt«
Berichtigung	»Bei der Übermittlung ist ein Fehler unterlaufen. Es muss richtig heißen: ...«
Kommen	»Setzen Sie Ihre Meldung ab«
Wie verstehen Sie mich	(Bedarf keiner Erklärung)
Ich wiederhole	(Bedarf keiner Erklärung)
Negativ	»Nein« oder »Erlaubnis nicht erteilt« oder »Das ist nicht richtig«
Kommen	»Meine Übermittlung ist beendet, ich erwarte Ihre Antwort«
Ende	»Unser Funkgespräch ist beendet, ich erwarte keine Antwort«
Wiederholen Sie wörtlich	»Wiederholen Sie wörtlich meine Meldung bzw. den bezeichneten Teil«
Verstanden	»Ich habe Ihre letzte Meldung vollständig erhalten«
Wiederholen Sie	»Wiederholen Sie Ihre letzte Meldung bzw. den bezeichneten Teil«
Sprechen Sie langsamer	(Bedarf keiner Erklärung)
Warten	(Bedarf keiner Erklärung)
Richtig	»Die Wiederholung der Meldung wird als richtig bestätigt«
Überprüfen Sie	»Prüfen Sie die Richtigkeit Ihrer Meldung und übermitteln Sie ggf. die richtige Fassung«
Wird ausgeführt	»Ich habe Ihre letzte Meldung vollständig erhalten, verstanden und werde danach verfahren«

Der Sprechfunkverkehr bei einem Flug von A-Stadt nach B-Dorf bei etwas diesigem Wetter könnte unter Verwendung der Sprechgruppen etwa so aussehen (F = Flugleitung, P = Pilot mit seinem Ultraleicht D-MZEF):

P: A-Stadt Info, D-MZEF Ultraleicht, VFR nach B-Dorf, Position Vorfeld, erbitte Rollinformation

F: Rollen Sie zum Rollhalteort, Startbahn -2-7- Gras, melden Sie startbereit

P: D-MZEF meldet startbereit, Rollhalteort -2-7- Gras (Der Pilot ist dort angekommen.)

P: D-MZEF startbereit (Wenn Verwechslungen ausgeschlossen sind, kann die Flugleitung nach dem ersten Funkkontakt das Rufzeichen für den Dialog auch auf D- und die letzten 2 Buchstaben beschränken, hier D-EF.)

F: D-EF Wind -2-5-0-, -1-3- Knoten (Der Pilot startet, ist in der Luft und kann sich die Startzeit geben lassen, muss aber nicht.)

F: D-EF Startzeit -0-5- (Nach etwa 2 Stunden Flug weiß der Pilot auch, wo er ist, aber so ganz sicher ist er nicht. Da die Frequenzangabe der ICAO-Karte bei B-Dorf unterstrichen ist, weiß der Pilot, dass dieser Platz einen Funkpeiler hat.)

P: B-Dorf Info, D-MZEF Ultraleicht, VFR von A-Stadt, Position etwa 15 Meilen südlich des Platzes, Höhe 2000 ft, bitte um Peilung

F: D-MZEF senden Sie für Peilung

P: D-MZEF sende für Pei-lung

F: D-EF Ihr QDM ist -3-4-0-

P: D-EF QDM -3-4-0-, danke (Einige Minuten später, B-Dorf taucht aus dem Dunst auf.)

P: B-Dorf Info, D-MZEF, 5 Meilen südöstlich des Platzes, Höhe 2000 ft, erbitte Landeinformation

F: D-EF, Landebahn -2-4-, QNH -1-0-2-4-, melden Sie Queranflug

P: D-EF, QNH -1-0-2-4-, melde Queranflug zur -2-4-

P: D-EF im Queranflug zur -2-4-

F: D-EF Wind -2-4-0-, -1-0- Knoten, achten Sie auf landende Piper

P: D-EF Verkehr in Sicht (nach der Landung)

P: D-EF erbitte Rollinformation

F: Rollen Sie parallel zur Landebahn, bis zum Abstellplatz

P: D-EF danke, verlasse die Frequenz

Funkausfall bei einem Platz ohne Flugsicherungskontrolle: Überprüfen Sie erst mal, ob die richtige Platzfrequenz eingestellt ist. Kommt trotzdem kein Funkkontakt zustande, so machen Sie einen korrekten Anflug und achten besonders auf Lichtzeichen von der Flugleitung (siehe auch Seite 127).

Cockpit eines Trikes. Das Funkgerät steckt rechts im Einschub.

Gerätecheck

Das UL kann noch so sorgfältig aufgebaut sein, eines ist sicher: Alle Verbindungen, die sich lockern können, werden irgendwann auch einmal locker und dies nach dem Gesetz von Murphy – im ungeeignetsten Augenblick. Jeder Flugtag sollte deshalb mit einem ausführlichen Gerätecheck beginnen. Der Flugtag endet mit einem sorgfältigen Reinigen der ganzen Maschine – besonders bei Regenwetter. Mechanische Veränderungen fallen nur auf, wenn sie nicht unter Schmutz und Schmiere verborgen sind.

Vor dem Reinigen Minus-Kabel von Batterie lösen. Zum Reinigen genügt ein feuchter Lappen. Für die durch Auspuffrückstände verschmutzten Teile wie Motorträger oder Luftschraube sollte man fettlösende Mittel wie Aceton oder Tri verwenden. Achtung mit solchen Mitteln am Segel, sie könnten das Material schädigen. Das Reinigen nach dem Flug hat noch einen weiteren Vorteil. Eventuell defekte Teile wie angerissene Auspuffkrümmer oder eine beschädigte Luftschraube fallen sofort auf. Besonders nach Regenflügen sollte der Prop genau untersucht werden. Das Wasser kann an der Anströmkante ganz böse Auswaschungen hervorrufen. Die Geschwindigkeit der Blattspitzen liegt immerhin bei 150–200 m/s.

Als Gehcimtipp unter UL-Fliegern gilt: Die Luftschraube vor einem Regenflug mit Autowachs spiegelblank polieren. Auch wenn wir einmal gezwungen waren, im hohen Gras oder auf einem Sandplatz zu starten, sollten wir der Luftschraube besondere Aufmerksamkeit schenken. Schäden können dann bis zum nächsten Flug mit feinem Schleifpapier und Spraylack aus der Dose behoben werden. Der nachstehende Gerätecheck ist nur ein Vorschlag, den jeder UL-Flieger auf die speziellen Bedürfnisse seines Gerätes abwandeln sollte. Ganz Sorgfältige machen es wie die Profis von der Verkehrsfliegerei – sie schreiben sich alle Punkte zusammen und machen den Check dann anhand ihrer individuellen Liste.

Alle an den Aggregaten erreichbaren Schrauben sind beim Check grundsätzlich mit dem passenden Schlüssel auf festen Sitz zu prüfen – die »Wackel-Probe« mit der Hand alleine genügt nicht.

Checklistenvorschlag für ein aerodynamisch gesteuertes UL

1. Triebwerk:

- Propeller auf Beschädigung und festen Sitz des Spinners prüfen.
- Auf eventuelle Schleifspuren an der Cowling im Bereich der Propeller achten (diese lassen auf defekte Motoraufhängung oder nicht ordnungsgemäße Cowlingbefestigung schließen).
- Auf eventuelle Leckage unter der Motorcowling achten.
- Kontrolle Kühlmittel und Schmierstoff.
- Festsitz der Motorverkleidung.
- Sauberkeit der Kühler (Ölkühler, Wasserkühler).
- Kühlluftöffnungen frei.

2. Fahrwerk:

- Festsitz aller Teile (Radkappen, Bremszylinder, Bremsscheiben).
- Sichtbare Verformung.
- Luftdruck im Gasdruckdämpfer beurteilen (Flugzeug muss gerade stehen; am Flugzeug einfedern lassen, Gasdruckdämpfer muss wieder vollständig ausfedern).
- Luftdruck und Reifenzustand beurteilen.

3. Linke Tragfläche:

- Flächenholmanschlüsse gesichert?
- Flächenstreben richtig angeschlossen und gesichert?
- Hilfsstreben mit Schnellverschlüssen gesichert?
- Fahrtmesserdüse fest und frei von Schmutz und Wasser?
- Umlenkhebel und Stoßstangen des Querruderantriebs kontrollieren durch Öffnen der Reißverschlüsse an der Tragflächen-Unterseite.
- Zustand der Bespannung (Risse oder Ähnliches).
- Sitz der Profilstreben.
- Verformung des Randbogens oder der Flügelrohre.
- Befestigung und Anschlüsse Querruder und Landeklappen.

4. Rumpf – linke Seite:

– Zustand GFK-Verkleidung (Risse, Löcher oder Ähnliches).

- Festsitz der GFK-Verkleidung (evtl. fehlende Schrauben an Trennlinie zwischen Ober- und Unterseite).
- Höhenruderumlenkhebel durch Kontrollöffnung in Rumpfseite.
- – Tankdeckel fest verschlossen?

5. Leitwerk:

- Anschluss und Sicherung der Höhenleitwerksdämpfungsflächen am Rumpf.
- Kontrolle Rudergelenke (Sicherung).
- Verbindung der Höhenruder.
- Befestigung und Anschluss der Trimmklappe.
- Anschluss der Höhenruderstoßstange.
- Befestigung der Höhenleitwerksstreben – Deformation?
- Anschluss und Sicherung der Seitenruderseile.
- Kontrolle Bespannung (Risse, Scheuerstellen).

6. Rumpf – rechte Seite:

- Zustand GFK-Verkleidung (Risse, Löcher oder Ähnliches).
- Festsitz der GFK-Verkleidung (evtl. fehlende Schrauben).

7. Rechte Tragfläche:

- Siehe linke Tragfläche.

8. Cockpit außen und innen:

- Äußerer Zustand der Verglasung, Türen einschließlich der Verriegelung.
- Freigängigkeit der Steuerung (Steuerknüppel, Pedale, Landeklappenhebel mit Arretierung).
- Kontrolle des Bremshebels einschließlich Standarretierung.
- Anschluss und Sicherung der Querruderumlenkhebel.
- Sichtkontrolle der Querruderseile mit Umlenkrollen.
- Kontrolle Brandhahn.

9. Instrumente:

- Stromversorgung.
- Höhenmesser-Einstellung.
- Kraftstoffvorrat.
- Funktion von Funkgerät und Intercomanlage.

10. Rettungsgerät

- Befestigung der Fangleine.
- Bei elektrischer Auslösung Funktionsbereitschaft prüfen.
- Sicherung des Auslösegriffes.
- Bei mechanischer Auslösung Führung der Reißleine und Verschluss des Containers.

Startvorbereitung

Ohne Papiere geht gar nichts. Im Einzelnen müssen wir mitführen:

- Lufttüchtigkeitszeugnis für Luftsportgeräte,
- Eintragungsschein für Luftsportgeräte,
- Luftfahrerschein,
- Nachprüfschein,
- Flughandbuch,
- Medical.

Zu den Startvorbereitungen gehört natürlich auch die Treibstoffkontrolle vor jedem Flug. So unglaublich es klingt – eine der häufigsten Ursachen für Außenlandungen in der Fliegerei ist immer wieder der trivialste aller Fehler – kein Sprit.

Noch am Vorfeld lassen wir den Motor unter den gewohnten Sicherheitsbedingungen warmlaufen, d. h.

- Luftschraubenebene frei,
- keine Personen in der Nähe,
- besondere Achtung auf Kinder und frei laufende Hunde.

Nach einer Minute Warmlaufen mit erhöhter Leerlaufdrehzahl können wir die Belastung steigern und gegen Ende – wenn die Zylinderköpfe gut handwarm sind – eine kurze Volllastprobe machen.

Vor allem doppelsitzig zugelassene UL entwickeln einen vehementen Schub. Das Festhalten durch einen Helfer ist ohne weitere Hilfsmittel nicht möglich. Es besteht vielmehr die Gefahr, dass unser Helfer ganz einfach überrollt wird. Also verlassen wir uns besser auf unsere Bremse, oder wir verwenden ordentliche Bremskeile – die gibt's preisgünstig als Kfz-Zubehör.

Ist alles in Ordnung, so können wir uns in unserem UL häuslich einrichten. Auch hier sollten wir uns eine Pro-

Start eines motorisierten Gleitschirms

zedur angewöhnen, die wir vor jedem Flug nach dem gleichen Schema durchführen. Die Chance, etwas Entscheidendes zu vergessen, ist dann am geringsten. Ein solches Verfahren kann wie folgt aussehen:

- Alle Taschen am Overall schließen,
- ICAO-Karte an Oberschenkel oder Hüfte befestigen,
- von rechts einsteigen, links hängt meist irgendwo ein Gaszug,
- Fluginstrumente kontrollieren,
- Gurte anlegen und lose Enden sichern,
- Helm aufsetzen und Kinnbund festziehen. Das Visier muss so gesichert sein, dass es vom Fahrtwind unter keinen Umständen hochgezogen werden kann,
- so vorhanden, Brille sichern, auf keinen Fall für späteren Einsatz auf die Stirn ziehen, eine verlorene Brille reicht für einen Totalschaden an der Luftschraube,
- Kommando: »Propeller frei«, »Zündung ein«.
  Diese Kommandos müssen vom Starthelfer jeweils im Wortlaut oder mit »Positiv« bestätigt werden.

Nun können wir zum Rollhalteort rollen. Dieser liegt noch außerhalb, aber am Beginn der Startbahn. Dort bleiben wir im rechten Winkel zur Startbahn stehen und prüfen den Luftraum auf Maschinen im Endanflug – sie haben Vorflug.
Wir prüfen auch den Abflugsektor. Es passiert vor allem bei drehenden Winden immer wieder, dass Maschinen gegen das Lande-T landen. Trike-Piloten lassen am Rollhalteort, vor allem wenn eine Maschine zur Landung ansetzt, eine Fläche hängen und signalisieren damit Passivität. Dann erfolgt Rollen zum Startpunkt.

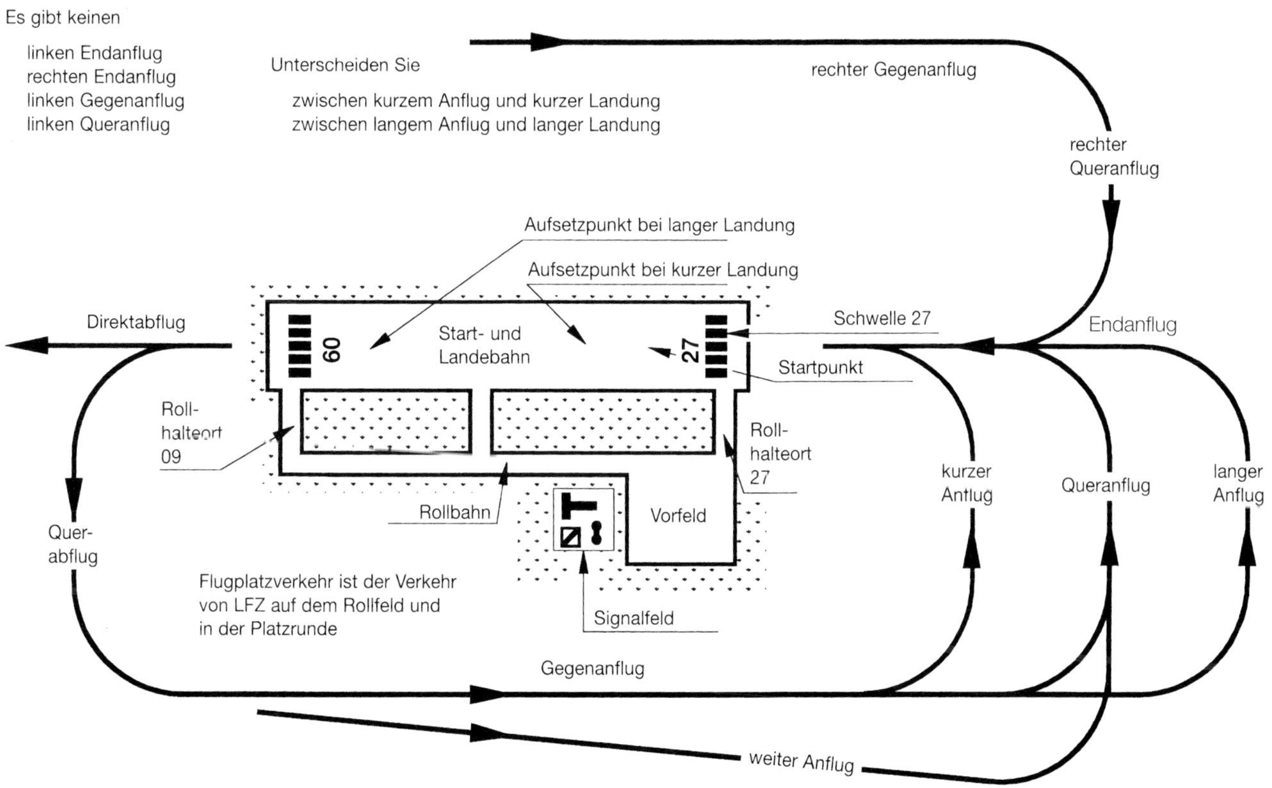

Bezeichnungen im Platzbereich

Der Start für gewichtskraftgesteuerte Geräte

Dazu Fuß auf die Bremse, Vollgas und Motor auf volle Drehzahl kommen lassen oder zügig einrollen und Vollgas geben. Die kürzere Startrollstrecke ergibt meist Verfahren eins, das auch den Vorteil hat, dass der Motor im Stand nochmals auf volle Leistung geprüft wird.
Bügel drücken und Fläche – auch bei Seitenwind – absolut gerade halten und Fahrt aufholen, die Richtung wird alleine mit der Bugradsteuerung gehalten. Zuerst verliert das Bugrad den Kontakt zum Boden. Unmittelbar darauf ist unser UL ganz in der Luft. Bei Seitenwind dreht der Flügel nach Freiwerden der stabilisierenden Hinterräder sofort mit dem richtigen WCA in den Wind, sodass unser Track – die Landebahnmitte – wieder stimmt.
Mit einer weichen Bewegung ziehen wir nun den Bügel wieder an und holen über der Startbahn weiter Fahrt auf. Wenn wir jetzt merken, dass unser UL trotz gezogenem Bügel zu steigen beginnt, Bügel bis zur Gleichgewichtsstellung nachgeben und UL mit voller Motorleistung in sich steigen lassen. Besonders bei modernen schnellen Flächen hilft beim Übergang vom Start in die Steigphase ein aufmerksamer Blick zum Fahrtmesser.
In der Regel sollte man die richtig getrimmte Maschine mit locker gehaltenem Bügel »in sich« steigen lassen. Auch in unruhiger Luft sucht sich unser UL den besten Weg ganz alleine, und die Summe aller Abweichungen ist wieder eine Gerade. Lediglich stärkere Abweichungen erfordern unser helfendes Eingreifen.

Die Platzrunde

Am Beginn jeder Fliegerei stehen die Platzrunden, aber auch später ist die Platzrunde zur Abwicklung eines geregelten Flugplatzverkehrs wichtig. Platzrunden werden, wenn nicht anders geregelt, mit Linkskurven geflogen. Sonst genügt ein Blick ins Flugplatztaschenbuch oder auf das Signalfeld. Ein abgewinkelter Pfeil nach rechts gibt uns den richtigen Hinweis zur Platzrunde nach rechts. Kein Pfeil heißt immer Linksplatzrunde. Für manche Flugplätze hat die Flugleitung für UL auch eine eigene Regelung getroffen. Meist liegt die UL-Platzrunde innerhalb der Runde für den normalen Platzverkehr und ist auch in der Höhe niedriger gestaffelt. Deshalb ist für uns UL-Flieger ein Gang zur Flugleitung immer der beste Weg, verbindliche Angaben über die UL-Platzrunde zu bekommen.

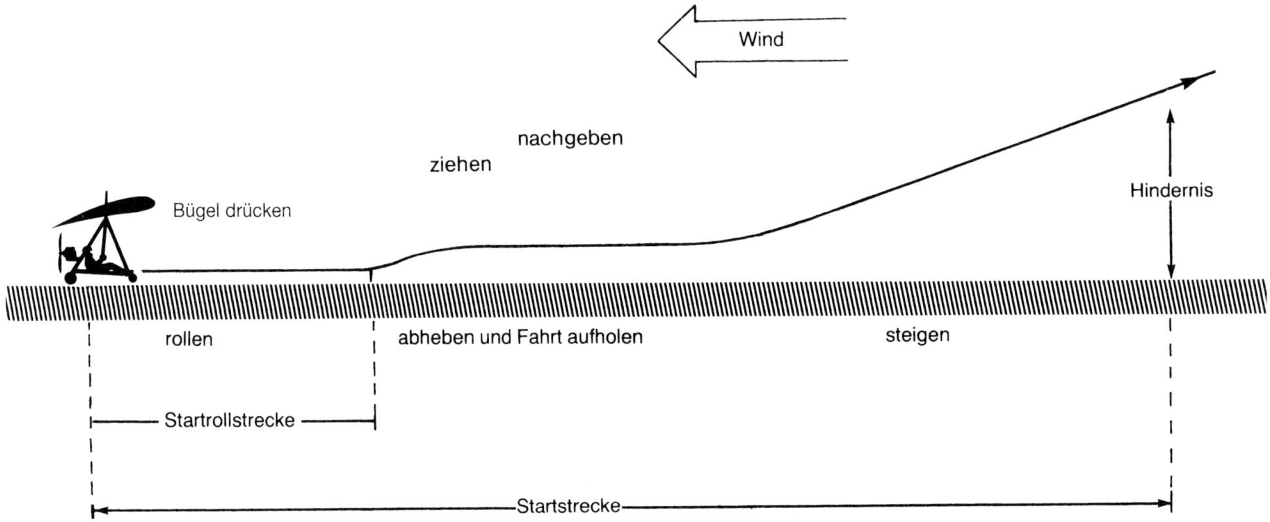

Anflug von fremden Plätzen

Auch wenn wir über Land 600 m GND geflogen sind, gleiten wir zum Anflug des Platzes wieder auf die für die Platzrunde vorgeschriebene Höhe zurück. Zum Einfädeln in die Platzrunde halten wir uns schon aus eigenem Sicherheitsinteresse wieder vom übrigen Flugverkehr frei und beziehen unser niedriges Stockwerk. Das Einschwenken in die Platzrunde erfolgt immer in den Gegenanflug, der damit grundsätzlich Bestandteil jedes Landeanflugs wird. Sind wir uns absolut sicher, welche Landebahn in Betrieb ist (z. B. 09 oder 27), kurven wir von der Strecke kommend direkt etwa in der Mitte des Gegenanfluges ein.
Bei drehendem Wind kann die Bahnrichtung zwischen Start und Landung aber auch einmal geändert werden. Für UL mit Funk ist dies kein Problem. Ohne Funk fliegen wir weit über Platzrundenhöhe im rechten Winkel über die Landebahn, um zu sehen, wie das Lande-T liegt. Im Zweifelsfall sollten wir aber das zu praktizierende Anflugverfahren mit der Flugleitung vorher oder über Funk absprechen.

Landung gewichtskraftgesteuerter Geräte

Aufgrund der geringen Gleitzahl der UL – sie liegt bei den Trikes in der Regel bei 4 bis 6 – sind punktgenaue Landungen kein Problem. Wichtig ist allerdings, dass wir ein für unser UL-Modell maßgeschneidertes Landeverfahren einüben und dieses dann grundsätzlich und immer praktizieren – es sei denn, besondere Wind- oder Geländegegebenheiten erfordern einen speziellen Anflug (siehe dazu auch den Abschnitt »Landung bei Seitenwind«).
Grundsätzlich kann man wählen zwischen einem flachen Anflug mit etwas Gas, wie er bei aerodynamisch gesteuerten Maschinen üblich ist, und einem steilen Landeanflug, bei dem der Motor nur im Leerlauf dreht. Dieses zweite Anflugverfahren hat mehrere Vorteile:

- Bodennahe Turbulenzen werden schneller durchstoßen.

Unbefestigte Plätze sind ausreichend für UL.

- Das UL verhält sich ähnlich wie bei einem Motorausfall. Wenn uns dieses Missgeschick einmal im Gelände passieren sollte, haben wir sein Verhalten, weil bei jeder Landung trainiert, bestens im Griff.

Für beide Anflugverfahren gilt: Der Gleitwinkel wird mit mehr oder weniger Überfahrt korrigiert, nicht mit dem Gas.
Spielen wir so eine Landung nun einmal durch: Endanflug aus der Platzrunde, meist aus 150 m GND. Nun peilen wir über irgendein Teil unseres UL, das vor uns liegt, die Richtung auf die Landepiste. Natürlich haben wir vorher ausprobiert, welches Teil sich dazu am besten eignet.
Da uns über Funk die Windinformation vom Tower vorliegt, richten wir uns beim Anflug auch danach. Je stärker der Gegenwind, desto steiler wird unser Gleitpfad sein. Erscheint nun unter unserem Peilpunkt die Mitte zwischen Landebahnschwelle und Halbbahnmarkierung, so nehmen wir das Gas auf Leerlaufstellung zurück und beginnen den Sinkflug mit deutlicher Überfahrt. Den Gleitwinkel korrigieren wir nun ganz elegant mit etwas mehr oder weniger Überfahrt. So überfliegen wir die Landebahnschwelle mit genügend Höhenreserve und haben andererseits noch reichlich Landebahn für eine sichere Landung vor uns. Die Überfahrt halten wir bis kurz über dem Boden – dies ist wichtig

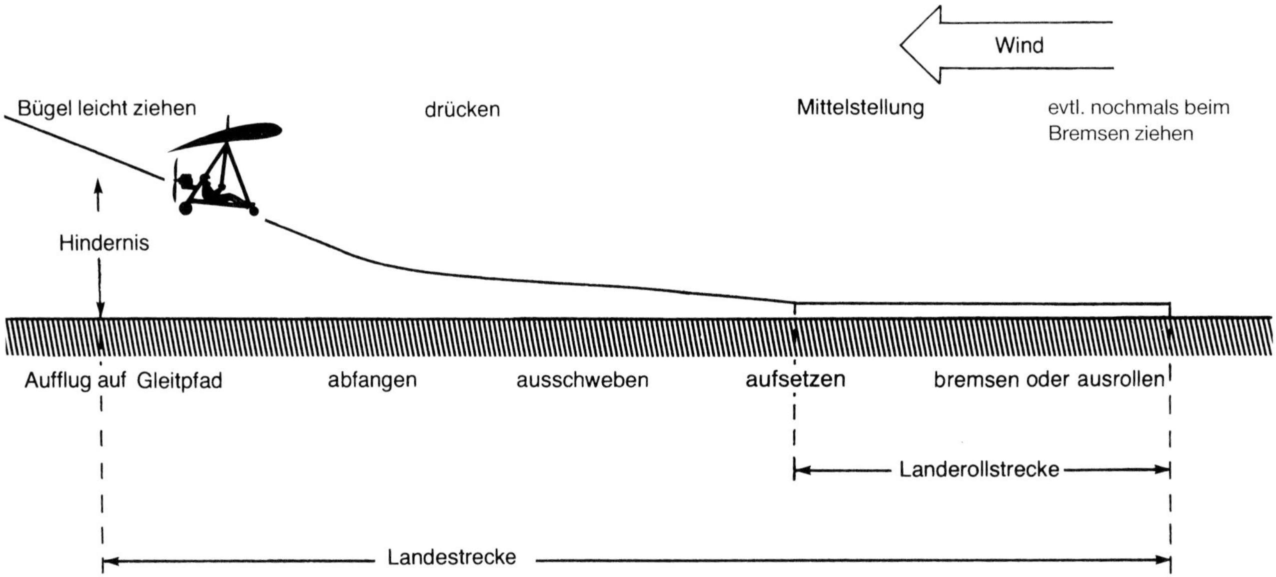

auch wegen des Windgradienten. Dann erst fangen wir unser Gerät mit weichem Bügeldruck ab und lassen es knapp über dem Boden bis zum weichen Aufsetzen ausschweben.
Schon beim Ausrollen verlassen wir die Landebahn in Richtung Taxiway. Nachfolgende Maschinen haben so sofort freie Bahn, und es besteht nicht die Gefahr, dass wir von hinten überrascht werden.

Landung bei Seitenwind

Bedingt durch die niedrige Fluggeschwindigkeit reagieren UL auf Seitenwind empfindlicher als andere Flugzeuge. Wie viel Seitenwind unser UL verträgt, steht im Betriebshandbuch. In der Praxis hängt die verkraftbare Seitenwindkomponente nicht nur vom Gerätetyp, sondern mehr noch von unserem Können und dem praktizierten Anflugverfahren ab.
Spielen wir so einen Fall einmal praxisnah durch: Beim Start am Heimatflugplatz ist noch alles in Ordnung. Doch während des Fluges frischt der Wind auf. Das ist kein Problem, bis wir den Zielflugplatz unter uns sehen. Die Piste liegt quer zur Windrichtung. Damit nicht genug, lassen eine Waldkante und die Towergebäude in Luv üble bodennahe Turbulenzen befürchten. Doch das kann uns nicht schrecken, wenn wir nach folgendem Schema vorgehen:

- Wir überfliegen den Platz in sicherer Höhe und suchen uns zum Aufsetzen den Teil der Piste aus, der von den wirbelbildenden Hindernissen möglichst weit entfernt ist.
- Wir fliegen mit höherer Geschwindigkeit an als normal.
- Auf den letzten 20 Metern vor dem Abfangen ziehen wir die Maschine nochmals kräftig nach unten.
- Ist die Piste breit genug, so landen wir etwas schräg. Die Landerichtung liegt dadurch besser in Windrichtung als die Piste. Das Abfangen ist nun härter und schneller als normal.
- Wir setzen unser UL kräftig und mit höherer Geschwindigkeit auf als sonst.
- Beim Ausrollen halten wir den Bügel gezogen und beim Wenden den Luvflügel etwas gesenkt. So vermeiden wir, dass uns eine Böe unter die Fläche fährt und unser gutes Stück doch noch auf den Kopf stellt.

Wie bei vielen Dingen gilt auch hier: Nur Übung macht den Meister. Es ist deshalb sinnvoll, dieses Anflugverfahren zunächst ohne Seitenwind in der Vertrautheit des Heimatplatzes zu trainieren.

Landung mit Rückenwind

Mit Rückenwind sollte eigentlich nie gelandet werden. Im Endanflug erhöht sich die Geschwindigkeit über Grund um die Windgeschwindigkeit. Rückenwindlandungen geraten deshalb leicht zu lang.
Signalisiert uns das Lande-T wirklich einmal eine Rückenwindlandung (Blick auf den Windsack!), dann gibt es bei sehr viel Wind 2 Möglichkeiten:

- Erstens: Auf der Piste mit allem Risiko in der vorgeschriebenen Richtung landen.
- Zweitens: Neben der Piste – aber gegen den Wind. Aber nur, wenn dies zum Abwenden einer Gefahr für Mensch oder Maschine notwendig ist. Hierbei auf ausreichenden Sicherheitsabstand zur Piste achten!

Start und Landung mit aerodynamisch gesteuerten Geräten

Der Start verläuft grundsätzlich nach dem gleichen Schema. Rollen – abheben – Fahrt aufnehmen – steigen.
Wie Steuerknüppel und Pedale für einen optimalen Start auch bei Seitenwind zu bedienen sind, hängt neben dem unterschiedlichen Verhalten von Bug- und Spornradfahrwerk auch von der konstruktiven Auslegung des UL ab. Auch geübte PPL-Piloten werden hier um eine Einweisung und um sorgfältiges Üben des UL-spezifischen Verhaltens nicht herumkommen.
Für **die Landung** gilt das Schema wie bei den Trikes: Sinkflug – abfangen – ausschweben – aufsetzen.
Bei Seitenwind wird bis kurz vor dem Aufsetzen schiebefrei mit dem jeweils passenden WCA vorgehalten, sodass unser Track – die Landebahnmitte – wieder stimmt.
Die Geschwindigkeitsreserve von UL ist relativ gering, deshalb dürfen wir unser UL beim Landeanflug auf keinen Fall aushungern. Ein überzogener Flugzustand endet sehr oft mit einem Abschmieren über die Fläche. Sicher und weich wird die Landung, wenn wir den Motor unseres UL knapp unter Reiseleistung drosseln und unser Gerät etwa mit Reisegeschwindigkeit (d. h. mit neutraler Ruderstellung) quasi von selbst landen lassen. Landungen mit vielleicht 60 km/h sind überhaupt kein Problem. Für ein sanftes Aufsetzen sorgt hier der Bodeneffekt. Erst im Moment des Bodenkontaktes wird das Gas dann ganz zurückgenommen.
Auch bei den aerodynamisch gesteuerten Geräten sollten wir uns konsequent nach dem für unseren UL-Typ maßgeschneiderten Anflugverfahren richten. Wir achten dabei besonders auf eine immer ausreichende Geschwindigkeitsreserve – wir erinnern uns nochmals, dass die Ruderwirkung im Quadrat der Geschwindigkeit abnimmt und dass beim Strömungsabriss die Ruder ihre Wirksamkeit verlieren.

Durchstarten

sollte man immer dann, wenn im Landeflug etwas Unvorhergesehenes passiert.
Dies kann z. B. sein:

- Anflug zu hoch,
- Menschen oder Tiere auf der Landebahn,
- Unklarheit über das Verhalten eines anderen Piloten am Rand der Piste,
- der Tower »schießt« rotes Dauerlicht oder eine Leuchtkugel.

Wir geben Vollgas, ziehen unser UL mit einer weichen Bewegung nach rechts, bis wir etwa 20–30 m rechts von der Landebahn weiterfliegen – so werden wir nicht von einem schnelleren und stärkeren Luftverkehrsteilnehmer von hinten überrollt. Nach einer weiteren, wie gewohnt geflogenen Platzrunde setzen wir dann zu einer neuen Landung an.

Fotos aus dem UL

Für Luftaufnahmen ist das UL für viele Fälle ein ideales Gerät. Die Fluggeschwindigkeit ist gering, die Flughöhe relativ niedrig, keine Front- und Seitenscheiben stören die klare Rundumsicht.

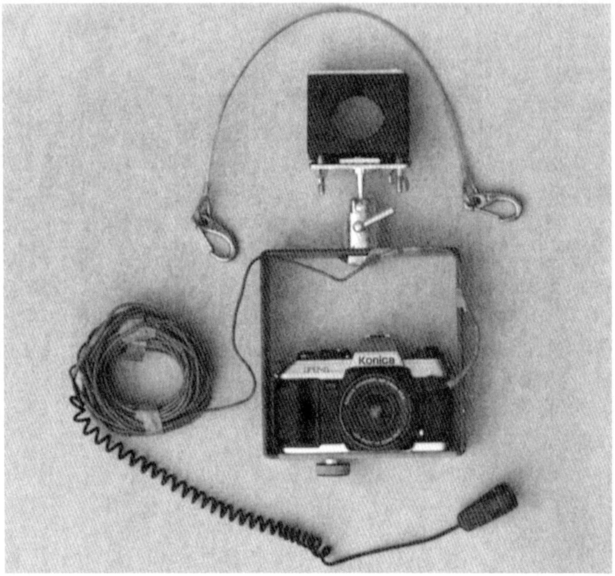

Am besten verwenden wir eine kompakte Kleinbildkamera mit integriertem Motor, die wir beim Start ohne Schwierigkeiten im Overall verstauen können. Im Flug genügt zur Bedienung eine Hand und ein Auge, die andere Hand gehört an das UL und das zweite Auge den Notlandeplätzen und dem Kurs. Die Kamera bleibt natürlich immer mit dem Umhängeriemen gesichert. Zubehörteile wie Sonnenblenden werden mit Klebeband gesichert und Wechselobjektive bleiben vorsichtshalber am Boden.

Bei Kameras mit Blendenautomatik fixieren wir die Zeit bei $^1/_{250}$ oder besser $^1/_{500}$, je nach Lichtverhältnissen, sodass wir dann – bezogen auf volle Öffnung – mit etwa 1–2 Stufen Abblendung fotografieren können. Hochwertige optische Systeme erreichen hier schon die für Luftaufnahmen notwendige hohe Auflösung bei gutem Kontrast.

Die großen Blendenöffnungen mit geringer Schärfentiefe sind bei Luftaufnahmen, die in der Regel über Distanzen von über 100 m gemacht werden, kein Problem.

Die besten Ergebnisse werden deshalb mit hochauflösenden niedrig- bis mittelempfindlichen Filmen erzielt (50–100 ASA). Je nach gewünschtem Geländeausschnitt empfehlen sich Weitwinkel (z. B. 24 oder 28 mm) für Übersichten oder Normal- und leichtes Teleobjektiv (50–100 mm) für Ausschnitte oder Gebäudeansichten. Längere Brennweiten können für spezielle Fälle eingesetzt werden. Man sollte sich jedoch im Klaren sein, dass der Gebrauch der sehr erschütterungsempfindlichen und unhandlich langen Brennweiten so viel Aufmerksamkeit erfordert, dass vom Einsatz im einsitzigen UL abzuraten ist, zumal auch keine optimalen Ergebnisse (Verwackeln) zu erwarten sind.

Recht reizvoll und spektakulär sind dagegen Aufnahmen, bei denen der Pilot als bildgestaltendes Element mit einbezogen ist. Die motorgetriebene Kamera wird dazu in eine schwenkbare Halterung eingebaut, gesichert und vom Piloten selbst mit einem Fernauslösekabel betätigt. Am einfachsten geht die Adaptierung, wenn unser UL ein offenes Querrohr hat. Auf keinen Fall darf die Halterung über das Segel so auf das Rohr geklemmt werden, dass die Beweglichkeit der Segel in irgendeiner Richtung behindert wird.

Zur Anwendung kommen hier die Brennweiten vom Fisheye mit 180°-Bildwinkel für Übersichten bis zu 100 mm, mit denen wir dann schon Selbstporträts schießen können. Vor Überraschungen schützt auch hier wieder ein Klebeband an der Entfernungseinstellung und – wenn vorhanden – am Zooming.

Mensch und Natur

Der Schutz von Natur und Umwelt hat in der heutigen Gesellschaft einen Stellenwert gewonnen, der vor Jahren noch nicht vorstellbar war – und das ist gut so.
Endlich wächst das Bewusstsein, dass die Natur, ihre Grundstoffe wie Wasser und Luft sowie ihre Attribute Ruhe und Unberührtheit keine Verbrauchsgüter sind, die unbegrenzt zu unserer beliebigen Verfügung stehen.
Als Mitglieder der Gesellschaft, in der wir leben, müssen wir diese Naturgüter zu unserem eigenen Wohle und zum Nutzen unserer Nachkommen schützen und erhalten. Nur wenn wir diese elementare Notwendigkeit anerkennen und auch danach handeln, haben wir die Chance, unseren herrlichen, immer noch jungen Sport ohne einschneidende Beschränkungen auszuüben.

Der Mensch

Nun, zuerst mal liegt es an uns selbst, unseren Sport im Rahmen der vorhandenen Möglichkeiten umweltbewusst auszuüben. Eine der einfachsten und auch effektivsten Übungen ist die Wahl der Flughöhe. Im neu formulierten § 6 der LuftVO gibt es für Ultraleichtflugzeuge keine Ausnahmen mehr. Die Vorschrift, Überlandflüge sind in einer Höhe von mindestens 600 m über Grund durchzuführen, gilt also auch für uns, einschließlich der Piloten motorisierter Gleitschirme.
Damit, so sollte man meinen, ist das Problem sowieso erledigt. Doch wie fast überall gibt es auch hier Ausnahmen, die es uns gestatten, das Band zwischen der Sicherheitsmindesthöhe – Überland 150 m – und der normalerweise einzuhaltenden Mindesthöhe von 600 m zu nutzen, sei es, dass uns vorübergehende starke Turbulenzen zum Tiefergehen zwingen, sei es, dass uns ein Luftraum C eine maximale Höhe von 300 m erlaubt. Durch die Halbierung des Abstandes zum Boden erhöht sich aber das für unsere Mitmenschen hörbare Geräusch um 6 dB(A) (siehe dazu auch Seite 55/56).
Damit liegt es jetzt sehr wohl an uns, ob wir die Ruhe am Badesee stören oder ob wir durch geschickte Wahl der Flugroute etwas für die Mitmenschen und unser Image tun und ganz einfach unhörbar bleiben. Größere Waldflächen umfliegen wir ja auch, und das aus eigenem, ganz elementarem Sicherheitsbedürfnis.
Unabhängig von den Vorschriften vermittelt das Fliegen in Höhen von 600 m und darüber einen Genuss ganz eigener Art. Fast zeit- und schwerelos erscheint das Schweben im Luftraum hoch über dem Tiefflugband der Tornados und Phantoms.
Auch die Sichtnavigation macht in solchen Höhen Spaß. Das Land unter uns ist erst in größerer Höhe identisch mit der Darstellung auf der ICAO-Karte; ganz gleich, ob Wälder, Seen oder markante Straßen, es herrscht Übereinstimmung zwischen dem Landschafts- und dem Kartenbild, und das trägt nicht wenig zum unbeschwerten Fluggenuss bei. Ein einziger Ultraleichtflieger, der alle guten Vorsätze vergisst und seine Kurven da zieht, wo andere Ruhe suchen, macht mehr kaputt als 100 verantwortungsvolle Piloten wieder gutmachen können. Genauso verantwortungslos und umweltfeindlich handeln Kameraden, die glauben, durch modifizierte und damit mangelhafte Schalldämpfer ihrem UL mehr Power geben zu können, ganz abgesehen davon, dass die Betriebserlaubnis erlischt. Es ist zu hoffen, dass solche Kollegen langsam aussterben, und wenn Ihr mal einen trefft, liebe Freunde, dann handelt aus purem Eigennutz und Selbsterhaltungstrieb. Redet mit ihm, klärt auf, weist ihn hin auf die Verantwortung allen gegenüber.

Die Technik

Die den UL angelasteten Umweltbelastungen haben ihren Ursprung fast ausschließlich in der Antriebseinheit, d. h. in Motor und Luftschraube. Die für Ultraleichtflugzeuge erstmals im gesamten motorisierten Flugbetrieb mit solcher Konsequenz geforderten Lärmgrenzwerte haben natürlich auch Probleme gebracht, mit denen die Fliegerei bis dahin nicht konfrontiert war.

Hat man Luftschrauben seit Anbeginn der Fliegerei – und das ist immerhin schon fast 100 Jahre her – nach dem Wirkungsgrad und anderen Parametern optimiert, so ist das Lärmproblem in dieser Größenordnung neu. Jetzt spielen in der Luftschraube plötzlich physikalische Vorgänge eine Rolle, denen man vorher wenig Beachtung schenken musste.

Die Deutsche Versuchsanstalt für Luft und Raumfahrt (DVFLR) hat im Auftrag des Umweltbundesamtes einen Forschungsbericht zu diesem Thema erstellt. Auch der Autor hat zusammen mit dem Bayerischen Landesamt für Umweltschutz Fluggeräuschmessungen an UL mit anschließender Frequenzanalyse durchgeführt.

Mit den nachstehenden Ergebnissen sollen Zusammenhänge aufgezeigt werden.

Aber denken Sie daran, auch geräuschmindernde Maßnahmen müssen mit dem zuständigen Verband, also mit DAeC oder DULV, abgestimmt werden.

Es wäre zu wünschen, dass sich eine kompetente Institution wie eine Universität oder technische Hochschule mit dem Thema geräuscharmer Antriebseinheiten für Ultraleichtflugzeuge befasst, die vorliegenden theoretischen Erkenntnisse in die Praxis umsetzt und auch veröffentlicht. Bis dahin sind die Ultraleichten vielfach auf den Leidensweg von Versuch und Irrtum angewiesen.

Die nachstehenden Ausführungen sind zum leichteren Verständnis vereinfacht wiedergegeben.

Die Luftschraube

Bei Luftschrauben hängt die Geräuschentwicklung in erster Linie von der Umfangsgeschwindigkeit der Blattspitzen ab. Das Dickengeräusch und das Belastungsgeräusch haben periodischen Charakter. Die Grundfrequenz dieser Geräusche ist abhängig von der Drehzahl. Man fasst diese Geräusche deshalb unter dem Namen Propellerdrehklang zusammen.

Der Propellerdrehklang (bei UL vor allem das Belastungsgeräusch) ist bei ungefährer Umfangsgeschwindigkeit MH $\geq$ 0,5 dominant, bei turbulent angeströmten Props vermutlich herunter bis 0,4; bei MH unter 0,4 muss das Hauptaugenmerk dem Breitbandgeräusch gewidmet werden.

Bei laminar angeströmten Luftschrauben (Zugschrauben) dürften die erlaubten Pegel mit Blattspitzengeschwindigkeiten von MH = 0,4 erreichbar sein. Es genügen konventionelle Bauformen, wie schon im NACA-Report 640 festgehalten (Blatttiefe ca. 7%). Dies entspricht folgenden Drehzahlen:

Ø 1,00	m	–	2400	U/min
1,35	m	–	1950	U/min
1,65	m	–	1600	U/min
2,00	m	–	1300	U/min

Bei turbulent angeströmten Luftschrauben wird man auf Blattspitzengeschwindigkeiten von MH $\leq$ 0,35 zurückgehen müssen, um die zulässigen Grenzwerte einzuhalten.

Dazu sind evtl. weitere Maßnahmen notwendig, z. B. breitere Blattformen, um die Leistung bereits bei geringeren Drehzahlen in die Luft zu bringen. Durch elastische Blattaufhängung lässt sich nicht nur die Geräuschabstrahlung vermindern; auch die mechanischen Rundlaufprobleme großer Luftschrauben, die ihre Ursache sicher in der turbulenten Anströmung haben, erscheinen lösbar.

Es bleibt allerdings zu überlegen, ob sehr große Luftschrauben, die auch aufwändige Getriebe zur Drehzahlreduzierung notwendig machen, überhaupt notwendig sind, wenn alle anderen konstruktiven Möglichkeiten genutzt werden.

MH = 0,35 entspricht folgenden Drehzahlen:

Ø 1,00	m	–	2100	U/min
1,35	m	–	1700	U/min
1,65	m	–	1400	U/min
2,00	m	–	1150	U/min

Der Motor

Das Motorgeräusch hat verschiedene Ursachen. Die Entstehung und Wertigkeit der Geräusche soll nachstehend näher betrachtet werden.

Ansauggeräusch:

Hat tonalen Charakter.
Frequenz: Grundfrequenz proportional zur Drehzahl und Zylinderzahl.
Abstrahlrichtung: Kugelförmig.
Entstehung: Geschwindigkeitsänderung des angesaugten Luftstromes.
Abhilfe: Durch vorgeschaltetes Volumen gut zu dämpfen.
Wertigkeit: Der Anteil am Gesamtgeräusch ist relativ gering.

Auspuffgeräusch:

Hat tonalen Charakter.
Frequenz: Grundfrequenz proportional zur Drehzahl und Zylinderzahl. Oberwellengehalt beim 2-Takter sehr hoch (= heller Klang).
Abstrahlung: Kugelförmig.
Entstehung: Die Abgase explodieren beim 2-Takter förmlich in dem Auslassschlitz, der ja bereits öffnet, während der Verbrennungsvorgang noch läuft. Beim 4-Takter dagegen werden die ausgebrannten Gase vom hochkommenden Kolben in den Abgaskanal geschoben. 4-Takter sind deshalb von vornherein leiser, der Oberwellengehalt des abgestrahlten Schalls ist gering.
Abhilfe: Drehzahl vermindern. Auch hier gilt, dass der nach dB(A) gemessene Schall in 5. Potenz proportional der Drehzahl ist (bei gleicher Drehzahl die Leistung zu reduzieren hilft praktisch nichts!). Zum Harmonisieren des impulsartigen Abgasstromes ist Volumen notwendig. Nachgeschaltete Absorptionsschalldämpfer (VW-Endrohr) wirken in erster Linie auf die Oberwellen. Sie machen den Klangeindruck dunkler und angenehmer. Anzustreben ist ein Resonanzdämpfer mit nachgeschaltetem Volumen zum Dämpfen der Grundfrequenz und Absorptionsschalldämpfer gegen die Oberwellen. Die Entwicklung von effektiven 2-Takt-Dämpfern für Luftschraubenantriebe steckt noch in den Kinderschuhen. Die Probleme liegen bei 4-Taktern einfacher und können als gelöst betrachtet werden.
Wertigkeit: Sehr hoch, erst bei sehr guten Dämpfungsmaßnahmen auf der Auspuffseite gewinnen auch andere Schallquellen an Bedeutung.

Körperschall:

Hat tonalen und breitbandigen Charakter.
Abstrahlung: Kugelförmig.

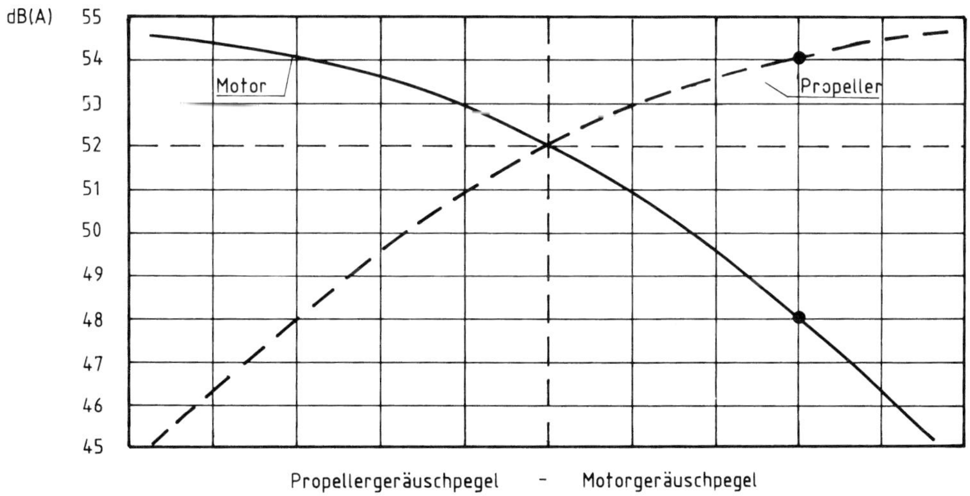

Addition von Motor- und Luftschraubengeräusch. Zu addieren jeweils 2 senkrecht übereinander liegende Werte. Sie ergeben dann das Gesamtgeräusch von in diesem Fall 55 dB(A). Die Skalierung kann für Nachfeldmessungen auch geändert werden, z. B. von 70 auf 80 dB(A).

Entstehung: Schwingende Oberflächen strahlen wie eine schwingende Lautsprechermembran Schall ab. Das Verbrennungsgeräusch regt vor allem die Zylinderrippen, aber auch das gesamte Motorgehäuse an. Das Gleiche gilt für mechanisches Spiel in den Lagern. Die impulsartig austretenden Auspuffgase regen die Oberfläche der Schalldämpfer zur Schallabstrahlung an. Achtung hier besonders auf Resonanzdämpfer mit so genannter Prallwand.
Abhilfe: Am besten die Oberflächen am Schwingen hindern bzw. bedämpfen. Dies kann man durch entsprechend steife Gehäuse erreichen.
Wassergekühlte Motoren sind in der Regel leiser als luftgekühlte. Bei den luftgekühlten sollte man die Zylinderrippen mit Silikongummi bedämpfen. Letzter Ausweg ist die Kapselung der Antriebseinheit.
Wertigkeit: Hängt sehr von der Motorkonstruktion bzw. Schalldämpferkonstruktion ab.

Zusammenfassung

Nur wenn die Dämpfungsmaßnahmen an Luftschraube und Motor aufeinander abgestimmt sind, ist Erfolg zu erwarten. Bei der Addition von Geräuschen ist das lautere Geräusch am Gesamteindruck dominierend beteiligt. Daher sollten sich die Bemühungen zunächst auf das lautere konzentrieren. Optimal ist, wenn beide Geräusche in gleichen Teilen am Gesamtergebnis beteiligt sind.

Beispiel
Wenn die Luftschraube 54 dB(A) erwarten lässt, sind für den Motor noch 48 dB(A) zulässig.
In unserem Fall bedeutet dies, dass wir uns zunächst auf die Luftschraube konzentrieren. Denn ein Verbrennungsmotor, der im UL noch 48 dB(A) erwarten lässt, ist nach dem derzeitigen Stand der Technik sowieso nicht machbar. Am günstigsten ist es, wenn sowohl Motor als auch Luftschraube 52 dB(A) abstrahlen (siehe Seite 157).

Pyrotechnisches Raketenrettungssystem mit mechanischer Auslösung

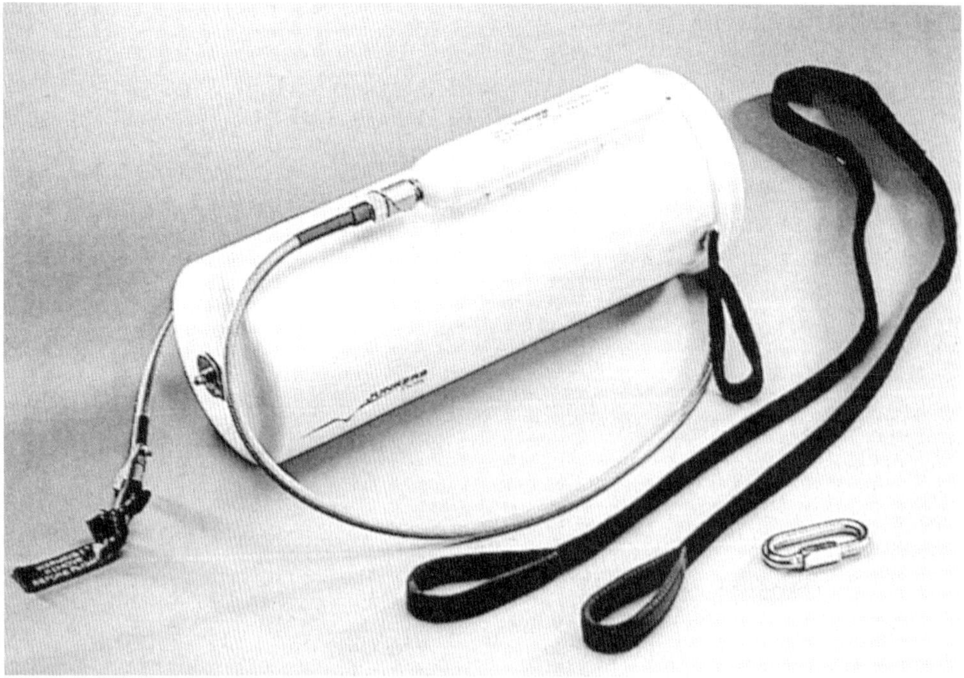

Raketen-Rettungssysteme

Raketenmotore, wie sie für den Auszug der Rettungssysteme zum Einsatz kommen, enthalten ca. 100–150 g einer hochbrisanten Treibladung. Sie und die Personen, die damit umgehen, unterliegen dem Gesetz über explosionsgefährliche Stoffe (Sprengstoffgesetz – SprengG).
Die Treibsätze sind als pyrotechnische Gegenstände für technische Zwecke der Unterklasse T2 definiert und müssen mit dem Zulassungszeichen der Bundesanstalt für Materialforschung und -prüfung (BAM) und ... PT2 gekennzeichnet sein. Das gesamte Rettungssystem muss außerdem vom DULV oder DAeC zugelassen sein.
Nur Personen, die das 16. Lebensjahr vollendet haben und legitimiert sind, dürfen solche Rettungsgeräte mit pyrotechnischen Treibsätzen erlaubnisfrei erwerben, transportieren, aufbewahren und verwenden. Die Legitimation kann im Rahmen der UL-Theorieprüfung erworben werden.
Nachstehend haben wir einige wichtige Punkte, die beim Umgang mit Gegenständen der Klasse T2 zu beachten sind, zusammengestellt. Durch Hinweis in der Gebrauchsanleitung oder andere Vorschriften können andere oder weitere Vorsichtsmaßnahmen vorgeschrieben werden.

Transport und Lagerung

- Der Transport unterliegt der Gefahrgutverordnung.
- Kein Postversand.
- Keine Mitnahme in öffentlichen Verkehrsmitteln, außer der Betreiber stimmt zu, oder in öffentlichen Lokalen.
- Transport im eigenen Pkw ja, Aufbewahrung im Kofferraum maximal 72 Stunden nur auf dem eigenen oder nichtöffentlichem Gelände.
- Aufbewahrung bis 5 kg nur in unbewohnten Räumen.
- Aufbewahrung bis 10 kg in einem unbewohnten Nebengebäude.
- Verschlossene Behälter, z. B. Kisten und Schränke, sind zu kennzeichnen.
- In unmittelbarer Nähe keine leicht entzündlichen oder brennbaren Stoffe lagern, auch keine Druckgaspackungen, Spraydosen oder Zündstoffe.
- Ein Feuerlöscher muss jederzeit erreichbar sein.
- Transport von mehreren Gegenständen der Klasse T2 bis 50 kg sind zulässig.
- Bei der Lagerung sind 50 °C für maximal 4 Wochen zulässig. Ab 75 °C muss mit Selbstentzündung gerechnet werden.
- Ist die Gebrauchsdauer abgelaufen, ist das gesamte Rettungssystem an den Hersteller zur Wartung zurückzugeben. Das Zerlegen eines Treibsatzes ist nicht erlaubt.
- Der Verlust eines Treibsatzes ist unverzüglich bei Polizei, Gewerbeaufsicht oder beim Landratsamt zu melden.
- Ein Unfall beim Umgang oder dem Gebrauch eines Treibsatzes ist in jedem Fall anzeigepflichtig.

Betrieb

- Ausschließlich der Hersteller des UL schreibt vor, wo und wie das Rettungsgerät anzubringen ist. Dies gilt auch für den Ersatz von Einzelteilen, z. B. Fangleine.
- Im Auslösefall muss eine Kollision von Rakete und Fangleine mit der rotierenden Luftschraube vermieden werden. Der DULV schreibt für Trikes deshalb einen automatischen Stoppschalter vor.
- Zusätzliche Teile, z. B. Verkleidungen, dürfen am UL nur so angebracht werden, dass sie den Auszieh- und Streckvorgang nicht behindern.
- Vor jedem Start ist beim mechanisch ausgelösten pyrotechnischen System, soweit vorhanden, der Sicherungsstift am Auslösegriff zu entfernen. Tipp: Schlüssel für das Zündschloss an den gleichen Ring hängen.
- Bei elektronisch gezündetem System ist der Ladezustand der Stromquelle zu prüfen. Diese Systeme sind ebenso wie die mechanisch ausgelösten Systeme gegen versehentliche Zündung über elektrostatische Aufladung gesichert.
- Verantwortlich ist immer der Inhaber der Legitimation, er muss den Treibsatz bei Transport, Betrieb und Lagerung gegen unbefugte Benutzung und Diebstahl sichern.

So international einheitlich heute in der Fliegerei vieles geregelt ist, so verwirrend sind immer noch die verschiedenen Maßangaben. Nicht selten ist der Pilot deshalb gezwungen, Angaben von einer Einheit in eine andere umzurechnen. Wohl sind alle diese Berechnungen leicht mit den verschiedenen Navigationsrechnern zu bewältigen, dennoch ist oft ein Blick in eine Tabelle noch einfacher. Deshalb folgt hier noch die Gegenüberstellung der wichtigsten Maßeinheiten.

Celsius – Fahrenheit

°C	°F	°C	°F	°C	°F
−40	−40,0	−5	23,0	25	77,0
−35	−31,0	0	32,2	30	86,0
−30	−22,0	5	41,0	35	95,0
−25	−13,0	10	50,0	40	104,0
−20	−4,0	15	59,0	45	113,0
−15	5,0	20	68,0	50	122,0
−10	14,0				

Näherungsformeln für den praktischen Gebrauch

m = ft : 3 − 10%	**m/s** = Kts : 2	**km** = NM x 2 − 10%	**m/s** = ft/min : 200	**m/s** = km/h : 4 + 10%	**US-Gall** = Ltr : 4
ft = m x 3 + 10%	**Kts** = m/s x 2	**Kts/NM** = km : 2 + 10%	**ft/min** = m/s x 200	**km/h** = m/s x 4 − 10%	**Ltr** = US-Gall x 4

Genaue Umrechnungsfaktoren

m = ft x 3,2808	**m/s** = Kts x 0,5148	**km** = NM x 1,8532	**m/s** = ft/min x 0,00508	**m/s** = km/h x 0,2777	**US-Gall** = Ltr x 0,2642
ft = m x 0,3048	**Kts** = m/s x 1,9426	**Kts/NM** = km x 0,5396	**ft/min** = m/s x 196,85	**km/h** = m/s x 3,6	**Ltr** = US-Gall x 3,7852

Auswertung von Fotos

Am besten geeignet sind die Bilder von Sofortbildkameras und Dias oder Negative von Kleinbildkameras. Mit einem Objektiv fester Brennweite von 100 bis 200 mm erreicht man brauchbare Abbildungsgrößen. Die Rechnung ist dann ganz einfach.

Beispiel:	Objektivbrennweite	100 mm
	Spannweite-UL	9 m
	Abbildungsgröße	12 mm

$$\text{Höhe} = \frac{100 \times 9\ \text{m}}{12} = 75\text{m}$$

$$\text{Höhe (m)} = \frac{\text{Objektivbrennweite (mm)} \times \text{Spannweite (m)}}{\text{Abbildungsgröße der Spannweite (mm)}}$$

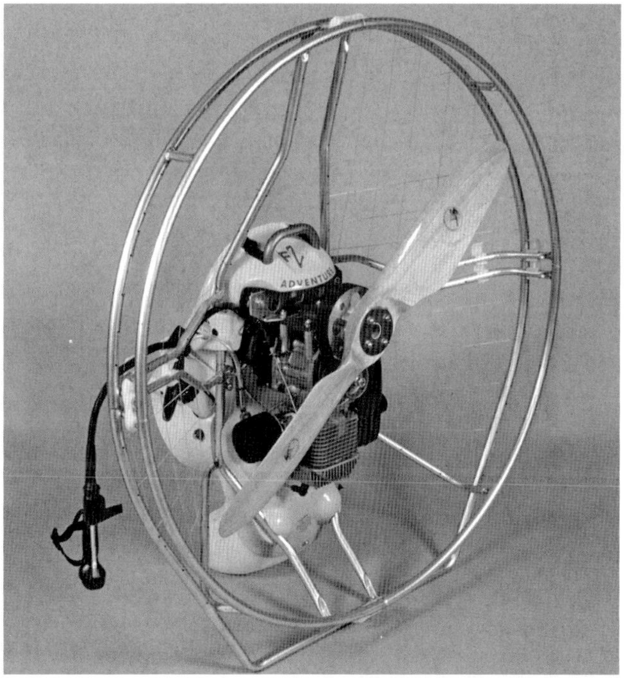

Oben links: Rotax 912 ULS, 100 PS, 65 kg, 4-Takt, bewährtes Kraftpaket, Turbo bis 115 PS

Oben rechts: Hirth 3503 E, 70 PS, 36 kg, 2-Takt, modernste Technik, Kennfeldeinspritzung

Unten links: BMW 1150, 80 PS, 70 kg, 4-Takt, zuverlässiges Massenprodukt

Unten rechts: Rucksackmotor, 15–20 PS, Gewicht 20–25 kg, die einfachste Motorisierung

Einige nützliche Adressen

Bundesministerium für Verkehr, Bau und Wohnungswesen
Krausenstr. 17–20, 10117 Berlin, Tel. 030-20 08–0

Luftfahrt-Bundesamt
Postfach 3054, Lilienthalplatz 6, Flughafen, 38108 Braunschweig, Tel. 0531-2 35 50

Deutsche Flugsicherungs-GmbH
Kaiserleistr. 29, 63067 Offenbach, Tel. 069-8 05 40

Deutscher Hängegleiter-Verband
Miesbacher Str. 2, 83703 Gmund, Tel. 08022-70 31, Fax 08022-70 32

DULV Deutscher Ultraleichtverband e. V.
Dilleniusstr. 13, 71522 Backnang, Tel. 07191-8 42 65, Fax 07191-8 57 99

Deutscher Aero-Club – Bundesgeschäftsstelle
Hermann-Blenk-Str. 28, 38108 Braunschweig, Tel. 0531-2 35 40-0, Fax 0531-2 35 40-11, Internet: http:/www.daec.de

Deutscher Wetterdienst
Kaiserleistr. 42, 63067 Offenbach, Tel. 069-80 62-26 94 und -26 95, Fax 069-80 62-20 14

Einige nützliche Internetadressen

www.dulv.de
Auch wenn man nichts Bestimmtes sucht, so lohnt sich doch immer ein Blick auf die Seite »News«.

www.daec.de
Hier findet man jede Menge Links zu allem, was die Luftfahrt betrifft, sogar zu speziellen Suchmaschinen.

www.wetter.online.de
Diese Adresse für Wetterinfos ist nicht nur leicht zu merken, sie bietet auch Links zu anderen Diensten.

Dienste des DWD für die Luftfahrt

GAFOR
Automatischer Ansagedienst, zum Interpretieren muss man den Schlüssel kennen (siehe Seite 99); 0,62 €/Min. aus dem deutschen Festnetz.

GAFOR Nord	0900-1 19-15 19
GAFOR Süd	0900-1 19-16 19

Die Ansagedienste für begrenzte Gebiete sind eingestellt.

Individuelle Flugwetterberatung
Hier hat man den Meteorologen selbst am Telefon, man erhält neben aktuellen Wetterdaten auch eine Beratung; 1,24 €/Min. aus dem deutschen Festnetz.

Schaltung zur nächstgelegenen Luftberatungszentrale	0900-1 07 72-20
LBZ Nord, Hamburg	0900-1 07 72-21
LBZ Ost, Berlin	0900-1 07 72-22
LBZ West, Essen	0900-1 07 72-23
LBZ Mitte, Offenbach	0900-1 07 72-24
LBZ Süd, München	0900-1 07 72-25
LBZ Südost, Leipzig	0900-1 07 72-26
LBZ Südwest, Stuttgart	0900-1 07 72-27

Infomet
Auch hier hat man einen Gesprächspartner, der hat jedoch nur Zugriff auf vorliegende Daten und Prognosen verschiedener Wetterstationen; 0,62 €/Min. aus dem deutschen Festnetz.

INFOMET Hamburg	0900-1 08 83-31
INFOMET Berlin	0900-1 08 83-32
INFOMET Köln/Bonn	0900-1 08 83-33
INFOMET Leipzig	0900-1 08 83-34
INFOMET Frankfurt	0900-1 08 83-35
INFOMET München	0900-1 08 83-36

FAX-Abruf
Abruf von lokalen Informationspaketen. Auswahl aus über 100 verschiedenen Produktpaketen, Wetterkarten und Berichten. Zum Empfang ist ein Fax mit Pollingfunktion erforderlich;

GAFOR Nord	0900-1 09 94 40-16 62
GAFOR Süd	0900-1 09 94 40-16 63
3-Tage-Prognose Nord	0900-1 09 94 40-16 59

3-Tage-Prognose Mitte	0900-1 09 94 40-16 60
3-Tage-Prognose Süd	0900-1 09 94 40-16 61

0,62 €/Min. aus dem deutschen Festnetz.
Weitere Angebote über den Fax-Server: Warnungen, Flugwetterübersichten sowie Spezialzusammenstellungen für VFR-Piloten, Segelflieger und Ballonfahrer. Eine Übersicht aller Fax-Abrufnummern erhalten Sie unter der Fax-Abrufnummer: 069-80 56 00 02

Segelflugwetterbericht

Schleswig-Holstein, nordwestl. Niedersachsen, Hamburg und Bremen	0900-1 11 69-41
Lüneburger Heide und das östliche und südliche Niedersachsen	0900-1 11 69-43
Mecklenburg-Vorpommern, Brandenburg und Berlin	0900-1 11 69-44
Nordrhein-Westfalen	0900-1 11 69-45
Sachsen-Anhalt, Sachsen und Thüringen	0900-1 11 69-46
Hessen, Rheinland-Pfalz und Saarland	0900-1 11 69-47
Baden-Württemberg	0900-1 11 69-48
Bayern	0900-1 11 69-49

0,62 €/Min. aus dem deutschen Festnetz.

METAR und TAF
sind stark verschlüsselte Informationen über das Wetter.

VOLMET
Flugplatzwetterinformation über Flugfunk.

DWD-Internetdienste

www.dwd.de

PC-met-Software
Umfangreiche Wetterinformationen und Grafiken. Vor allem für Flugplätze interessant.
Kostenpflichtig: Software einmalig 116,–€; Datenzugang/Jahr 87,–€.

PC-met-Internetservice
Etwas eingeschränkter Datenumfang, aufbereitet für gebräuchliche Browser.
Kostenpflichtig: Datenzugang/Jahr 87,–€.

DWD-Wetter-Shop
www.dwd.shop.de/Luftfahrt
- 3-Tage-Prognose für VFR und Luftsport
- Flugwetterübersicht für GAFOR-Gebiete
- GAFOR

Der Abruf eines Berichts kostet 0,70€.

PC-met-WAP-Service
http://wap.pcmet.de
Voraussetzung ist ein WAP-fähiges Handy. Zur Verfügung stehen:
- METARs
- TAFs
- Ballonticker
- GAFOR (nur für PC-met-Kunden)

Die wichtigsten Flugfunkfrequenzen

UL/HG/GS	Ausbildung	123,425
UL/HG/DS	Betrieb, Bord-Bord	120,975
Allgemein	Wachfrequenz FIS	123,200
Allgemein	Wachfrequenz Kontrollstellen	119,700
Allgemein	Bord-Bord	122,800
Motorflug	Ausbildung	122,300
Segelflug	Betrieb	123,350
Segelflug	Rückholer	123,400
Ballon	Rückholer	122,250
Notfrequenz	**International**	**121,500**

Frequenzen des Fluginformationsdienstes (FIS)

Berlin		132,650
Bremen	Nord	125,100
	Süd	119,825
Langen	West, Nord, Ost	123,525
	Süd, Ost	128,950
München	Süd	126,950
	Nord	125,800

AIS-Stellen

AIS-Stellen	Telefon	Telefax
AIS-Centre	069-78 07 25 00 01803-33 72 47 (9 Cent/min)	069-78 07 25 05 01803-32 92 47 (9 Cent/min)
NOTAM-Office	069-78 07 26 56	069-78 07 26 60

Das ICAO-Alphabet

Buchstabe	Schlüsselwort	Buchstabe	Schlüsselwort
A	**A**lpha	**N**	**N**ovember
B	**B**ravo	**O**	**O**scar
C	**C**harlie	**P**	**P**apa
D	**D**elta	**Q**	**Q**uebec
E	**E**cho	**R**	**R**omeo
F	**F**oxtrott	**S**	**S**ierra
G	**G**olf	**T**	**T**ango
H	**H**otel	**U**	**U**niform
I	**I**ndia	**V**	**V**ictor
J	**J**uliet	**W**	**W**hiskey
K	**K**ilo	**X**	**X**-ray
L	**L**ima	**Y**	**Y**ankee
M	**M**ike	**Z**	**Z**ulu

Ultraleichtflugschulen des DAeC

für Dreiachser

Stand: Januar 2007

Flugschule	Postleitzahl/Ort		Telefon
UL-Fliegerschule »August der Starke«	01561	Lampertswalde	0351-2 51 60 18
UL-Flugschule im Airpark Riesa GmbH	01589	Riesa	03525-73 39 50
Ultraleicht-Airsport GmbH Freital	01705	Freital	0351-6 41 29 84
Ultraleichtflugclub Brauna e.V.	01917	Kamenz	03578-31 26 00
Flug-Center Milan	01917	Kamenz	03578-30 11 54
Flug Service Bautzen GmbH	02625	Bautzen	03591-4 50 71
Oberlausitzer Flugsportclub e.V.	02681	Wilthen	03592-3 16 36
Flugschule Heinz Storch	02708	Ebersdorf	035891-4 72 10
UL-Flugsportzentrum Bautzen/Oberl.	02625	Bautzen	03591-39 61 61
Lausitz-Flug GmbH	03058	Neuhausen	035605-2 62
Fliegerschule Spree-Neiße-Flug	03197	Jänschwalde	035607-7 32 33
Lips Flugdienst GmbH	04275	Leipzig	0341-3 93 91 70
X-RAY Flugsportzentrum Leipzig	04347	Leipzig	034205-8 69 17
UL Flugschule Schumacher	04509	Roitzschjora	034208-7 23 95
Fliegerclub Böhlen e.V.	04463	Großpösna	034203-6 23 45
Luftfahrt & Vercharterung Reinicke	06268	Döcklitz	0172-3 42 16 41
UL-Flugschule am Flugplatz Hoym	06493	Ballenstedt	039483-8 04 67
Luftsportverein Laucha Dorndorf (Unstrut) e.V.	06636	Laucha	034462-2 21 05
Flugschule Zwickau	08141	Reinsdorf	0375-6 90 10 15
Falke-Air GmbH	08393	Meerane	03764-22 87
Flugsportverein Werneuchen e.V.	12621	Berlin	030-56 49 82 98
Aero-Light Club	12689	Berlin	030-93 77 18 18
Flugsport-Berlin Ultraleichtflug GmbH	13409	Berlin	030-4 92 14 13
Flugplatz Bienenfarm GmbH	14641	Selbelang	033237-8 82 80
Flugschule & Charter »Otto Lilienthal«	14712	Rathenow	03385-50 38 21
UL-Flugschule Planetal	14806	Locktow	033843-4 18 18
Fläming Air	14913	Zellendorf	033742-6 03 31
Flugschule »Hans Grade« GmbH	14959	Schönhagen	033731-8 02 87
Luftsportclub Schönhagen e.V.	14959	Schönhagen	030-60 91 37 70
UL-Flugschule »Märkische Schweiz«	15374	Eggersdorf-Siedl	033432-4 05
Ultraleichtflugschule Franz	15374	Eggersdorf-Siedl	033432-74 73 74
UNIVER GmbH	15517	Fürstenwalde	03361-30 10 84
Ultraleichtflugschule Sprenger	16356	Ahrensfelde	030-9 37 21 56
UL-Flugschule Koss GmbH i.G.	16866	Kyritz	033971-3 22 95
Tollense-Flug GmbH	17039	Trollenhagen	0395-4 22 38 11
Usedomer Fliegerclub e.V.	17449	Karlshagen	038379-2 39
UL-Luftfahrerschule Greifswald e.V.	17491	Greifswald	03834-82 05 89
UL-Flugschule Herz	18236	Kröpelin	038292-72 78

Flugschule	Postleitzahl/Ort		Telefon
Ostseeflug GmbH	18299	Weitendorf	038454-2 11 25
Gadebusch-Ratzeburger LSV	19246	Zarrentin	038851-8 02 22
Hamburger Verein für Luftfahrt e.V.	21033	Hamburg	040-89 00 50 44
H. Haidorfer GmbH	22143	Hamburg	040-6 77 65 33
UL-Flugschule Hartenholm	23826	Bockhorn	04558-98 19 55
Flugsportclub Neumünster e.V.	24537	Neumünster	04321-3 94 98
Aero-Club Kropp e.V.	24768	Rendsburg	04331-6 30 52
Deutscher Ultraleicht-Segelflugverband	24790	Schülldorf	04331-9 24 19
UL-Nord	24797	Rendsburg	04337-5 91
UL-Professionell	24811	Owschlag	04336-99 39 35
UL-Flugschule KRONICH	24855	Jübek	04625-18 77 97
Luftsportverein Flensburg	24941	Flensburg	0461-9 12 15
Albatros Flugdienst GmbH & Co.KG	26209	Hatten	
Flight Center GmbH	27777	Ganderkesee	04222-37 89
Bremer Verein für Luftfahrt e.V.	28832	Achim	04202-8 21 03
Flugcenter H. Ott	29410	Salzwedel	036333-6 17 72
DAeC LVN e.V.	30179	Hannover	0511-60 10 04
Flugschule Uhlenflug Peine e.V.	31208	Peine	05171-2 11 11
Luftsportclub Nienburg/Weser e.V.	31582	Nienburg	05021-91 37 15
Segelflugschule Oerlinghausen e.V.	33813	Oerlinghausen	05202-79 01
UL-Flugschule	34379	Calden	05674-49 41
UL-Flugschule Reinhard Kamper	35091	Cölbe	06427-93 11 93
Hessischer Luftsportbund e.V.	35321	Laubach	06405-68 00
UL-Flugschule Reichelsheim	35435	Wettenberg	06035-33 34
Luftsportgem. Braunfels e.V.	35606	Solms	06442-9 40 20
Air Colleg	35789	Weilmünster	06472-91 13 90
Segelflugschule Wasserkuppe	36129	Gersfeld	06654-3 64
Segelfliegergr. Kaliwerk Hattdorf e.V.	36269	Philippsthal	06620-91 92 93
Flugschule Northeim	37154	Northeim	05551-91 19 29
UL-Flugschule Hildesheim GmbH	37170	Uslar	05571-80 03 18
Aerowest Flug-Center GmbH	38108	Braunschweig	0531-35 13 30
LSG Schäferstuhl e.V.	38259	Salzgitter	05341-3 28 65
Flugdienst Magdeburg GmbH	39120	Magdeburg	0391/6 21 62 15
UL-Flugschule & Charter GbR	39120	Magdeburg	0391-4 08 92 35
Mobil-Air Charter	39524	Klietz/Scharlibbe	08232-7 48 41
UL-Fluggelände Kückhoven GmbH	41812	Erkelenz	02431-7 40 13
DAeC LVNRW e.V.	47003	Duisburg	0203-7 78 44-15
Niederrheinischer Flugdienst GmbH	47929	Grefrath	02158-91 14 10
Fun Flight Ultraleicht Münsterland GmbH	48167	Münster	02506-73 41
Luftsportvereinigung »Dr. Hermann Köhl«	48249	Dülmen	02594-94 54 54
Air Stadtlohn Flugbetriebs-GmbH	48703	Stadtlohn	02563-9 77 33
Aero Club Osnabrück e.V.	49076	Osnabrück	0541-12 52 40
Nordwestflug Damme	49401	Damme	05493-52 61

Flugschule	Postleitzahl/Ort		Telefon
FUL Fachschule für UL-Flug GmbH	49401	Damme	05491-42 88
Westflug Aachen Luftfahrtgesellschaft	52146	Würselen	02405-4 85 10
UnLimited Flight	52351	Düren	02421-29 20 04
Albatros Air	53757	St. Augustin	02241-92 37 40
Flugschule Hangelar GmbH	53757	St. Augustin	02241-9 27 00
Theorie-Trainings-Center	53757	St. Augustin	
UL-Fluggruppe Nordeifel e.V.	53919	Weilerswist	www.ul-weilerswist.de
UL-Flugverein Ernzen e.V.	54306	Kordel	06505-5 06
Drive & Fly GmbH	54343	Föhren	06502-98 07 87
Fliegerclub Region Trier e.V.	54343	Föhren	0681-30 93-6 07
Eagle Fly GmbH	52372	Kreuzau/Stockheim	0175-2 01 45 41
LSV Rhein-Main e.V. Hochheim	55129	Mainz	06142-77 54 96
Luftsportverband Rheinland-Pfalz e.V.	55561	Bad Sobernheim	06751-23 08
Aero-Club Koblenz e.V.	56077	Koblenz	0261-7 44 02
Rhein-Mosel-Flug GmbH & Co. KG	56333	Koblenz-Winn.	02606-8 66
UL-Flugschule Mahncke	56753	Pillig	02605-95 21 21
Luftsportclub Hamm e.V.	59065	Hamm	02381-3 27 07
UL-Flugschule Weitkamp	59348	Lüdinghausen	02594-79 16 61
LSC Recklinghausen	59384	Lüdinghausen	02594-8 68 30
Luftsportclub Arnsberg e.V. Flugschule	59757	Arnsberg	02373-96 43 27
Ultraleichtflugsch. Brilon-Hochsauerland	59955	Winterberg	02985-82 50
Flugschule Monte Baldo	60316	Frankfurt	069-44 00 52
Skyline Ultraleichtflugschule	61118	Bad Vilbel	0172-2 00 23 23
Aero-Club Gelnhausen e.V.	63571	Gelnhausen	06051-33 28
Flight Update GmbH	63762	Großostheim	06026-99 51 36
Flugsportclub Miltenberg e.V.	63883	Miltenberg	06074-40 06-49
UL-Flugschule im Aero-Club Odenwald e.V.	64702	Erbach	
LSC Babenhausen e.V.	64825	Babenhausen	06073-22 20
Sportaviation Saar GdbR	66663	Merzig	0163-2 87 52 34
FSV UL-Flug Ikarus Saar	66806	Ensdorf	06831-5 24 40
Ultraleichtflugschule UL Technik Echo Fox Kilo	67459	Böhl-Iggelheim	06324-7 63 45
Aero-Service Worms GmbH	67547	Worms	06241-20 73 33
Donnersberger Flugschule	67814	Dannenfels	06357-72 93
Skydreamer Flugschule Pfalz	67822	Niederhausen	06362-16 21
BWLV e.V.	70003	Stuttgart	0711-2 27 62-0
UL-FG Heselbach-Durrweiler e.V.	71083	Herrenberg	07032-3 11 75
SUN AIR UL-Flugschule	73432	Aalen	07367-41 40
UL-Verbund Karl Grandy	73450	Neresheim	07367-46 96/86
BWLV Segelflugschule Hornberg	73529	Schwä. Gmünd	07171-8 21 04
UL-Flugschule Flight-Shop	74405	Gaildorf	07971-44 02
Caesar-Flug	74821	Mosbach	06261-1 24 37
Fliegergruppe Ikarus e.V.	74847	Obrigheim	06261-6 54 81

Flugschule	Postleitzahl/Ort		Telefon
UL-Flugschule Schwaben	74912	Kirchard	07266-27 00
Flugschule Nikolaus GmbH	78166	Donaueschingen	0771-46 58
UL-Flug Konstanz	78467	Konstanz	07531-92 44-0
Roland Aircraft	78579	Neuhausen o. E.	07467-91 02 22
Markgräfler Luftsportverein e.V.	79371	Mühlheim	07631-26 26
Aero-Service Dreiländereck GmbH	79427	Eschbach	07634-55 21 60
Luftsport-Verband Bayern e.V.	81677	München	089-45 50 32-16
Flugschule Jesenwang GmbH & Co. KG	82287	Jesenwang	08146-9 49 00
UL Training- und Charterservice	83071	Stephanskirchen	0172-8 96 68 83
Deutsche Alpensegelflugschule Unterwössen e.V.	83246	Unterwössen	08641-69 87 87
Flugschule Isartal	84130	Dingolfing	08731-29 65
Aero-Service André	83536	Gars	0172-6 76 80 16
UL-Schule Birzer	85276	Pfaffenhofen	08441-8 44 38
Flugschule Josef Sporer	86609	Donauwörth	0906-10 51
Flugschule Hellweg	86633	Neuburg	08431-35 19
Luftfahrtunternehmen Michael Bergmann	87468	Durach	0831-5 70 04 14
Deutscher Alpenflug	87471	Durach-Kempten	0831-6 59 29
UL-Flugschule »Kolibri«	87488	Betzigau	08304-8 03
LSC der Zeppelinstadt Friedrichshafen e.V.	88046	Friedrichshafen	07541-37 21 37
UL-Berg	88276	Berg	07504-3 26
Comco Ikarus Gerätebau GmbH	88367	Hohentengen	07572-6 00 80
Tannheimer FFZ GmbH	88459	Tannheim	08395-12 44
Flugschule Kondor	88512	Mengen	07733-9 84 69
Donau-Air Service GmbH	88512	Mengen	07573-53 57
Flugschule DULF e.V. im DAeC	88605	Sauldorf-Boll	
Luftsportverein Günzburg e.V.	89312	Günzburg	09071-32 72
Flugsportgruppe Allersberg e.V.	90530	Wendelstein	09129-71 92
Donauwings UL-Schule	91086	Aurachtal	09132-79 63 89
JURA AIR	91171	Greding	08463-6 00 84
Flugsportverein Pegnitz e.V.	91252	Pegnitz	09123-1 31 11
Fränkische Fliegerschule Feuerstein	91320	Ebermannstadt	09194-79 75 75
Noris-Flug	91330	Eggolsheim	09545-77 22
Kulmbacher Flugschule	95326	Kulmbach	09221-87 93 12
Fliegerschule Strößenreuther	95469	Speichersdorf	09275-4 28
Aero-Club Bamberg e.V.	96149	Breitengüßbach	09544-6 82 04
Flugtechn. Arbeitsgem. e.V. Coburg	96450	Coburg	09561-6 53 96
Flight Team	97072	Würzburg	09339-12 97
Motorflugclub Haßfurt e.V.	97433	Haßfurt	09521-94 99 22
Flugsportgruppe Hammelburg e.V.	97754	Hammelburg	09704-58 28
UL-Verein Dörzbach e.V.	97980	Bad Mergentheim	
UL-Flugdienst Henke	98693	Ilmenau	03677-87 74 63
Thüringer Fliegerclub e.V.	99086	Erfurt	0361-7 31 56 90
Aero-Club Arnstadt e.V.	99310	Osthausen-Wülf.	036200-6 01 08

Flugschule	Postleitzahl/Ort		Telefon
IKARUS UL-FLUGSCHULE GmbH	99441	Umpferstedt	0172-3 74 49 42
Flugservice Sömmerda GmbH	99625	Dermsdorf	03635-23 88
Aero-Club Gotha e.V.	99867	Gotha	

Ultraleichtflugschulen des DULV

Stand: Januar 2007

Tr: Trike Mi: Minimum Mo: Motorschirm Dr: Dreiachser Ts: Tragschrauber

Flugschule	Postleitzahl/Ort		Telefon	
Flugschule Heinz Storch	02708	Löbau	035891-4 72 10	Dr Mi Tr
Flugsportzentrum Bautzen GmbH & Co.KG Eurostar Vertrieb & Service	02736	Oppach	035872-35 98 78	Dr
X-RAY Flugsportzentrum Leipzig	04347	Leipzig	034205-8 69 17	Mo Dr
Ostdeutsche Drachen- und Ultraleichtflugschule	04838	Eilenburg	03423-60 66 78	Tr Dr
Flugschule Norbert Kaminski	06647	Billroda-Tauhardt	036377-8 02 78	Dr
Fluschule Charter & Service	06729	Rehmsdorf	03441-53 95 01	Dr Tr
Ostthüringer Gleitschirmschule GbR	07338	Leutenberg	036734-3 03 57	Mo
Flugschule Gunar Barthel	08358	Grünhain	03774-3 59 09	Mo
Ultraleichtflugschule Peter Funke	09306	Seelitz b. Rochlitz		Dr
Flugschule Il Diavolo	10561	Berlin	030-34 70 91 23	Mo
UL-Flugschule SGS Berlin	13347	Berlin	030-4 56 19 02	Tr
Flugsport-Berlin Ultraleichtflug GmbH	13409	Berlin	030-4 92 14 13	Dr Mo
Gyrokopter Air Service & Flugschule	13467	Berlin	030-33 02 33 55	Ts
Flugschule Ultralight	14165	Berlin	030-84 59 19 30	Tr
UL-Flugservice Wildenbruch	14552	Michendorf-Wildenb.	033205-5 46 75	Tr
Fly Ranch Berlin Brandenburg	14558	Nuthetal	033200-8 24 24	Dr Tr
Flugplatz Reinsdorf Betriebs-GmbH	14913	Reinsdorf	033746-69 80	Dr
Flugschule Hamburg e.K.	22525	Hamburg	040-8 51 585 43	Dr
NC-Wings	23936	Grevesmühlen	038817-1 29 95	Dr Mo
Aero-Club Kropp e.V.	24791	Alt Duvenstedt	04338-99 99 88	Tr
Nordwest Airservice GmbH & Co. KG	26789	Leer	049145-4 43 46	Dr
Trikeflugschule Harry Klawitter	26789	Leer	04954-93 84 68	Tr
Flugschule Cuxland	27624	Bad Bederkesa	04745-78 10 40	Dr Mo Tr
Ultraleicht-Flugzentrum Rotenburg (Wümme)	28357	Bremen		Mo Ts
Fresh Breeze Paramotor High School	30900	Bissendorf	05130-3 76 99 22	Mo
UL-Flugschule	31137	Hildesheim	05121-1 76 22 03	Ts
UL-Flugschule Hildesheim GmbH	31137	Hildesheim	05121-28 09 80	Dr
AC Hildesheim-Hannover e.V.	31137	Hildesheim	05121-5 30 06	Dr
UL-Point Flugschule & Charter	31177	Harsum	05127-21 46 71	Tr

Flugschule	Postleitzahl/Ort		Telefon	
UL-Flugschule Weserbergland	31683	Obernkirchen	05724-34 24	Mo Mi Dr
Flugschule Gerhard Dahlmanns GbR	33647	Bielefeld	05214-1 06 64	Dr
Ultraleichtflugschule Kassel-Calden »light wings«	34379	Calden	05674-49 41	Dr Tr
Flugschule Willingen	34508	Willingen	05632-96 81 00	Mo Tr
Flugschule Sauerland	34508	Willingen	05632-65 34	Mo Tr
Flugschule Air-touch motorfly	35099	Burgwald	06451-2 19 11	Mo
Flugschule Skyline GmbH	35398	Gießen	06403-7 66 67	Dr Tr
Rhöner Drachen- und Gleitschirmflugschulen	36129	Gersfeld	06654-75 48	Mo
Flugschule im Aero-Club Lauterbach e.V.	36341	Lauterbach		Mi Tr Dr
Flugschule Northeim	37154	Northeim	05551-91 19 29	Dr
Luftsportgemeinschaft Schäferstuhl e.V.	38244	Salzgitter	05341-3 28 65	Dr
Harzer Gleitschirmschule	38667	Bad Harzburg	05322-14 15	Mo
Flugschule Andreas Kalisch	39264	Nedlitz		Mo
academy 4 pilots	39576	Stendal	0391-8 10 69 77	Ts Dr
Ultraleicht Fluggelände Kückhoven GmbH	41803	Erkelenz	02431-7 40 13	Dr
UL-Flugschule Bergisches Land	42929	Wermelskirchen	02196-304203	Mo Mo-Tr
ASO Flugsport GmbH	46244	Bottrop	02858-83 73 73	Tr Dr
Ultraleicht-Flieger e.V.	46244	Bottrop	02045-41 21 56	Dr
Flugschule Sky-Fly	47058	Duisburg	0203-5 18 87 32	Tr Mi Dr
UL-Flugschule Lompa	48282	Emsdetten		Dr Ts
Flugschule Bielefeld	49324	Melle	05422-92 48 14	Mo Dr Mi Tr
FUL – Fachschule f. Ultraleicht- & Motorflug GmbH	49401	Damme	05491-42 88	Tr Dr
Eagle-Fly GmbH	52372	Kreuzau/Stockheim	02421-5 29 81	Dr Tr
UL-Flugschule UnLimited Flight	52397	Düren	02421-29 20 04	Dr
Luftsportverein Neumagen-Drohn e.V.	54347	Neumagen-Drohn	06507-28 50	Dr
Flugschule Rhein-Main	55126	Mainz	06131-6 22 42 55	Dr Ts
Solid Air UL-Bau Franz GmbH	56288	Hundheim	06762-9 31 01 48	Tr Dr Mi
Flugschule Rudolf Fiedler	56828	Alflen		Dr
Flugschule Siegen	57080	Siegen	0271-38 23 32	Mo Mo-Tr
Flugchar – UL-Flugschule und Charter	57368	Lennestadt	02723-95 92 50	Dr
Flug-Sport-Schule	58300	Wetter (Ruhr)	02335-7 08 21	Mi Tr Mo
CB-Luftsport	59955	Winterberg		Mo Mo-Tr
Aero-Club Schotten e.V.	63679	Schotten		Dr
Flight Update GmbH/UL-Flugschule Aschaffenburg	63762	Großostheim	06026-99 51 36	Dr
UL-Verein Saar-Pfalz e. V.	66871	Ehweiler	0631-3 55 26 32	Tr Dr
ASW Aero-Service Worms GmbH	67547	Worms	06241-20 73 33	Mo Dr
Flugschule im Flugsportverein Roßberg e.V.	67806	Bisterschied	06364-4 11	Tr Dr
Donnersberger Flugschule GbR	67814	Dannenfels	06357-72 93	Mo Dr Tr Mi
Skydreamer Flugschule Pfalz	67822	Niederhausen	06362-99 42 92	Dr Tr
Flugbetrieb Aero-Beta GmbH & Co.KG	70629	Stuttgart	0711-9 48 48 40	Dr
Luftsportverein Backnang-Heiningen e.V.	71507	Backnang	07191-6 43 34	Dr
FSV Nagold	72221	Haiterbach	07459-6 44	Dr
Fliegergruppe 1928 Donzdorf e. V.	73072	Donzdorf	07162-20 33 20	Dr

Flugschule	Postleitzahl/Ort		Telefon	
Flugschule Ultraleicht Verbund	73450	Neresheim	07367-92 39 36	Dr
MSR	73614	Schorndorf	07181-30 44	Mo
UL-Flugschule Günter Holl (easy bird)	74379	Ingersheim	07142-5 10 34	Dr
ULTRALEICHT Flugschule	74417	Gschwend	07971-26 05 02	Tr Dr Mo
Caesarflug	74821	Mosbach	06261-1 24 37	Dr
Airbase-K	74909	Meckesheim	06226-78 46 60	Mo Ts
Flugschule UL-Schwaben	74912	Kirchardt	07266-27 00	Tr Dr Mi
Flugsportverein 1910 Karlsruhe e.V.	76287	Rheinstetten	0721-51 90 24	Tr Dr
Flugschule für Luftsportgeräte	76307	Karlsbad/Mutschelbach	07202-94 29 40	Mo Dr
Sky-Team	76593	Gernsbach	07224-99 33 65	Mo
UL-Center Lahr	77933	Lahr	0041-7 94 03 59 84	Tr Dr
Ortenauer Drachen- und Gleitschirmflieger e.V. Flugschule	77933	Lahr	07821-7 73 77	Dr Tr
Flugschule Kondor	78234	Engen	07572-60 09 40	Dr
Ultraleichtflug Konstanz GmbH	78467	Konstanz	07531-9 24 40	Dr
Flugschule Rottweil	78727	Oberndorf-Bettendorf	07423-8 62 72 21	Mo Mo-Tr
ASD Aero-Service Dreiländereck GmbH	79427	Eschbach	07634-55 21 60	Dr
Ultraleichtflugschule München	80801	München	089-39 28 17	Tr
Flugschule Schmidtler	80801	München	089-39 28 17	Tr
AFIT GmbH – Advanced Flight Instruction and Theory Verkehrsfliegerschule	82049	Pullach im Isartal	089-45 09 95 30	Dr
Air Charter Luftfahrt GmbH	82287	Jesenwang	08146-9 41 70	Dr
Flugschule Jesenwang GmbH & Co.KG	82287	Jesenwang	08146-9 49 00	Dr
UL Training u. Charterservice – UTC Flugschule	83071	Stephanskirchen	08031-9 08 25 77	Dr
AlpinFly GmbH	83435	Bad Reichenhall	08651-76 86 81	Dr
Flugschule Körfer	84104	Rudelzhausen-Tegernbach	08752-86 93 66	Mo
Fliegerclub Kirchdorf/Inn e.V.	84375	Kirchdorf am Inn	08571-92 41 38	Dr
Aero Service Albert Dietrich – ASAD	84478	Waldkraiburg	08638-88 16 66	Dr
cavok.flugsport.münchen	85646	Anzing	08121-37 05	Tr
Flugschule Klaus Pöllmann	85653	Aying	08095-87 02 58	Dr
Flugschule Oßwald	86757	Wallerstein	09081-2 55 44	Dr
Flugschule Ernst-Thomas Wagner	87616	Marktoberdorf		Dr
Delta Sportflugschule Starek	87700	Memmingen	08331-8 27 46	Tr Dr Mi
Allgäuer Flugschule	88175	Scheidegg	08381-62 65	Mo Mi
Ultraleicht Flugschule	88459	Tannheim	08395-77 03	Tr Mi
Tannheimer Flieger- und Freizeitzentrum GmbH	88459	Tannheim	08395-9 31 39	Dr
Flugschule im LV Illertissen e. V.	89335	Oxenbronn	08223-4 08 43 39	Dr
Nürnberger Flugschule	90478	Nürnberg	0911-4 72 03 61	Mo
Jura-Air	91171	Greding	08463-6 00 84	Tr Dr
Aero Club Rothenburg e.V. – Flugschule	91616	Neusitz/Schweinsdorf	09861-74 74	Dr
AERO-DYNAMIC Werner Iberler	92342	Freystadt	09179-9 02 90	Ts
Luftsport Ebnet	92521	Schwarzenfeld	09435-54 15 21	Ts
Flugschule Skyrider	92533	Wernberg	09604-16 35	Tr Mo Dr Ts
Flugschule Ostbayern GmbH	92637	Weiden	0961-3 77 28	Dr Tr

Flugschule	Postleitzahl/Ort		Telefon	
Aerocenter GmbH	9302	Kronbühl	0041-71-2 20 00 04	Mo Mo-Tr
Schönleber Metallbau GmbH – Flugschule Schönleber	93186	Pettendorf	09404-84 73	Tr Mi Dr
Flugschule Kulmbach	95326	Kulmbach	09221-54 44	Dr Tr
KRONICH UL	96126	Maroldsweisach	09567-98 18 70	Dr
Flight Team Flugschule	97072	Würzburg	09339-12 97	Mo Mi Dr
Motorflugclub Ochsenfurt e.V. (MFCO) – Flugschule	97084	Würzburg	0931-66 16 35	Dr
TS-Airsupply Tragschrauberschule	97232	Giebelstadt	09334-97 98 86	Ts
Segelfluggemeinschaft Bad Kissingen e.V.	97688	Bad Kissingen	09738-88 49	Dr
Flugschule im Luftsportverein Wertheim e.V.	97877	Reicholzheim	09342-2 23 61	Dr Tr Mi
Flugschule im UL-Verein Dörzbach e.V.	97980	Bad Mergentheim	07931-5 22 68	Dr
Drachen- u. UL-Flugschule Dolmar	98547	Kühndorf	036844-4 61 02	Tr Dr Mi
Flugschule Horst Ehrhardt 1112	98724	Neuhaus/Rwg.	03679-72 34 16	Dr
FUL – Fachschule für Ultraleicht- & Motorflug GmbH	99819	Wenigenlupnitz (Hörselberg)	036920-71 79 99	Dr Tr Ts

Die Prüfungsfragen können von den beauftragten Verbänden jederzeit geändert werden. Die nachfolgenden Prüfungsfragen sind deshalb nicht identisch mit dem jeweils gültigen Fragenkatalog.

Technik

Frage 1:
Unter dem Begriff »Umschlagpunkt« versteht man
① das Abkippen des Luftfahrzeugs zu einer Seite bei Strömungsabriss
② den Wechsel von turbulenter zu laminarer Strömung
③ das Erreichen von ca-max
④ den Wechsel von laminarer zu turbulenter Strömung

Frage 2:
Der am Tragflügel entstehende Auftrieb
① greift immer am Massenschwerpunkt des Luftfahrzeugs an
② ist immer genauso groß wie die Fluggewichtskraft, sonst könnte das Luftfahrzeug nicht fliegen
③ wirkt immer rechtwinklig zur Längsachse des Luftfahrzeugs
④ setzt sich aus Sogkräften auf der Oberseite und Druckkräften auf der Unterseite des Profils zusammen, wobei im Normalfall die Sogkräfte überwiegen

Frage 3:
Entscheidend für die aerodynamische Wirkung ist die
① Windgeschwindigkeit (WS)
② angezeigte Geschwindigkeit (IAS)
③ wahre Geschwindigkeit (TAS)
④ Geschwindigkeit über Grund (GS)

Frage 4:
Welche Kraft ist beim Gleitflug gleich groß wie die Gewichtskraft des Luftfahrzeugs?
① Die Resultierende aus Auftrieb und Widerstand
② Die senkrechte Komponente des Auftriebs
③ Die Resultierende aus Auftrieb und Geschwindigkeit
④ Der Auftrieb

Frage 5:
Vor Antritt eines Fluges soll man eine Vorflugkontrolle nach Klarliste durchführen. Dies ist
① zweckmäßig und üblich
② nur notwendig, wenn Passagiere befördert werden
③ vorgeschrieben
④ notwendig, um die Mechaniker zu kontrollieren wegen sauberer und zuverlässiger Wartung des Luftfahrzeugs

Frage 6:
Das bei Piloten meistverwendete Polardiagramm ist
① die Geschwindigkeitspolare
② das Lilienthal'sche Polardiagramm
③ das Sinkgeschwindigkeitsdiagramm
④ das aufgelöste Polardiagramm

Frage 7:
Der Winkel, der zwischen der Richtung der Luftströmung und der Profilsehne gebildet wird, heißt
① Einstellwinkel
② Gleitwinkel
③ Steigwinkel
④ Anstellwinkel

Frage 8:
Die zulässige Höchstgeschwindigkeit für ein Luftfahrzeug ist im Flughandbuch angegeben. Sie
① ist für Kunstflug vorgeschrieben
② darf auf keinen Fall überschritten werden
③ kann bei einem senkrechten Sturzflug ohne Motorleistung nicht erreicht werden
④ darf nur in ruhiger Luft überschritten werden

Frage 9:
Durch welchen Faktor wird die Startleistung am stärksten beeinflusst?
① Hohe Luftfeuchte
② Leichter Regen
③ Platzhöhe
④ Dichtehöhe

Frage 10:
Längsstabilität ist erreichbar
① durch Höhenleitwerk und/oder Pfeilung in Verbindung mit Schränkung
② nur durch S-Schlag-Profile
③ durch Seitenleitwerk und/oder Pfeilung in Verbindung mit Schränkung
④ durch V-Stellung und/oder Pfeilung in Verbindung mit Schränkung

Frage 11:
Wie wird das Drehen eines Luftfahrzeugs um die Hochachse bezeichnet? Als
① Gieren
② Rollen
③ Kippen
④ Schieben

Frage 12:
Welche Flügelform hat den größten induzierten Widerstand?
① Die Trapezform
② Ellipsenform
③ Rechteckform
④ Doppeltrapezform

Frage 13:
Wodurch wird das Segel Ihres Trikes nachhaltig angegriffen?
① Durch häufiges Fliegen in Turbulenzen (Dehnung)
② UV-Strahlung (Sonne)
③ Harte Landungen (Dehnung)
④ Feuchtigkeit (Regen)

Frage 14:
Unter einer Ente oder einem Entenflügel versteht man ein FLZ
① aufgebaut als Eineinhalbdecker
② mit klassischem Aufbau (wie z. B. eine Cessna)
③ das ein vor der Tragfläche liegendes Leitwerk hat
④ das mit Gewichtsverlagerung gesteuert wird

Frage 15:
Durch welche Ruder werden in der Regel Bewegungen um die Längsachse eines UL eingeleitet?
① Höhenruder und Querruder
② Querruder
③ Querruder und Seitenruder
④ Seitenruder und Höhenruder

Frage 16:
Was passiert, wenn der Steuerknüppel nach links ausgeschlagen wird? Das
① linke Querruder bewegt sich nach oben und das rechte nach unten
② linke Querruder bewegt sich nach unten und das rechte nach oben
③ Seitenruder bewegt sich nach links
④ Seitenruder bewegt sich nach rechts

Frage 17:
Mit welchem Ruder wird eine Bewegung um die Querachse eingeleitet? Mit dem
① Höhenruder
② Seitenruder
③ Querruder
④ Seitentrimmruder

Frage 18:
Die Steuerung um die Querachse erfolgt mit Hilfe
① des Seitenruders
② der Querruder
③ des Höhenruders
④ der Seitenruder-Trimmung

Frage 19:
Auf welches Ausgangsniveau bezieht sich auf jeden Fall die Anzeige des barometrischen Höhenmessers? Auf die
① Platzhöhe
② Druckfläche des auf der Druckskala eingestellten Druckes
③ Geländehöhe unter dem Luftfahrzeug
④ Höhe über dem mittleren Meeresspiegel (MSL)

Frage 20:
Unter Bruchlast versteht man
① die Last, bei der bleibende Verformungen auftreten
② die Last, bei der das Gerät bricht
③ das Lastvielfache, bei dem das Gerät bricht
④ das Lastvielfache, bei dem bleibende Verformungen auftreten

Frage 21:
Bei einer Querlage von 60 Grad beträgt das Lastvielfache
① 1,5
② 0,5
③ 2,0
④ 1,0

Frage 22:
Wie ändern sich die aerodynamischen Verhältnisse bei Annäherung an den überzogenen Flugzustand am Profil? Die
① Druckverhältnisse ändern sich in der Nähe des kritischen Anstellwinkels
② Geschwindigkeit der Luftströmung vergrößert sich auf der Profiloberseite
③ Strömung an der Unterseite des Profils reißt ab
④ Luftströmung vermag der Profilwölbung auf der Oberseite nicht mehr zu folgen, es kommt zur Grenzschichtablösung (Wirbelbildung)

Frage 23:
Was ist der Staupunkt? Der
① Punkt eines Profils, an dem sämtliche Kräfte angreifen
② Punkt eines Profils, an dem Auftrieb und Widerstand angreifen
③ Schwerpunkt der Gesamtzuladung, der sich bei optimaler Beladung aus der Massen- und Schwerpunktberechnung ergibt
④ Punkt im Bereich der Profilnase, an dem sich die Luft staut und sich die Strömung nach oben und unten teilt

Frage 24:
Mit welchem festen Propeller erreicht man beim Start die größte Beschleunigung? Mit einem
① Propeller kleiner Steigung
② Propeller großer Steigung
③ Holz-Propeller
④ Metall-Propeller

Frage 25:
Der Auslösesplint eines Rettungssystemverschlusses
① ist ein unwichtiges Bauteil
② muss aus Messing sein
③ muss aus V2a- oder V4a-Stahl sein
④ muss vor jedem Flug gecheckt werden

Frage 26:
Die Riemenspannung des Untersetzungsgetriebes ist äußerst stramm eingestellt. Kann deshalb etwas kaputtgehen?
① Nein
② Ja, die Luftschraube, weil Störungen am Motor direkter übertragen werden
③ Nein, die Riemenspannung hat keinerlei Auswirkung auf die Lager
④ Ja, die Kurbelwellenlager

Frage 27:
Im Steigflug erreicht die Zylinderkopftemperaturanzeige den Höchstwert. Man muss nun
① die Motorleistung reduzieren
② in den Reiseflug übergehen
③ mit größerer Geschwindigkeit in flacherem Winkel steigen
④ den Flug sofort abbrechen

Frage 28:
Beim Betätigen des Anlassers wird festgestellt, dass dieser den Motor nicht ganz durchzudrehen vermag. Welche der folgenden Ursachen ist möglich?
① Die Batterie ist fast entladen
② Der Generator erzeugt noch zu wenig elektrischen Strom
③ Ein Magnet ist defekt
④ Die Zündung ist nicht eingeschaltet

Frage 29:
Bei einer konventionell aufgebauten Magnetzündanlage wird der Zündzeitpunkt eingestellt
① durch Verdrehen des Zündschalters
② durch Verstellen des Verteilers
③ durch Verdrehen des Unterbrechers oder des Unterbrechernockens
④ durch Verdrehen der Magnete

Frage 30:
Was geschieht, wenn das Kurzschlusskabel der Zündanlage unterbrochen ist? Der Motor
① springt auch bei eingeschaltetem Zündschalter nicht an
② läuft auch bei ausgeschaltetem Zündschalter weiter
③ läuft unrund, da den Zündkerzen nicht die volle Spannung zugeführt wird
④ läuft ungleichmäßig, da der richtige Zündzeitpunkt nicht mehr exakt eingehalten wird

Frage 31:
Die Oktanzahl eines Kraftstoffs gibt Auskunft über die
① chemische Zusammensetzung
② Zündwilligkeit
③ Flammfrontgeschwindigkeit
④ Klopffestigkeit

Frage 32:
Wodurch äußert sich der Beginn einer Vergaservereisung? Durch
① Drehzahlabfall, unruhigen Motorlauf
② plötzlichen Drehzahlanstieg
③ hohen Kraftstoffverbrauch
④ Abfall der Öltemperatur

Frage 33:
Die Leistung eines Motors lässt mit zunehmender Höhe nach, weil
① die Temperatur abnimmt
② der prozentuale Sauerstoffgehalt der Luft abnimmt
③ die Luftdichte abnimmt
④ der Sauerstoff der Luft teilweise zerfällt

Frage 34:
Die Anzeige des Fahrtmessers beruht auf der Messung
① des statischen Druckes allein
② der Differenz zwischen Gesamtdruck und statischem Druck
③ des Gesamtdruckes allein
④ des Windfahneneffektes

Frage 35:
Wie verändert sich mit zunehmender Höhe die Fahrtmesseranzeige gegenüber der wahren Eigengeschwindigkeit? Sie
① nimmt zu
② verändert sich nicht
③ ist überhaupt nicht messbar
④ nimmt ab

Frage 36:
Ein Höhenmesser kann trotz richtiger Druckeinstellung falsch anzeigen
① bei Temperaturabweichung von der Standardatmosphäre
② beim Überfliegen von Hindernissen
③ beim Überfliegen von großen Gewässern
④ bei Thermik

Frage 37:
Bei Einstellung des QNH auf der Druckskala zeigt der Höhenmesser bei der Landung
① Platzhöhe über mittlerem Meeresspiegel
② 0 m GND
③ Platzhöhe über dem 1013,2 hPa-Niveau
④ Druckhöhe des Platzes über dem Standardwert

Frage 38:
Ein Höhenmesser zeigt bei einem eingestellten QNH-Wert von 1013,2 hPa und »3500« auf der Hauptskala Folgendes an:
① FL 35
① Flughöhe 3500 ft GND
① FL 35 und Flughöhe 3500 ft MSL
① Flughöhe 3500 ft MSL

Frage 39:
Wie wird bei einem mechanischen Bremssystem die Kraft von den Bremspedalen bzw. vom Bremshebel auf die Bremsbacken übertragen? Durch
① Luftdruck
② Öldruck
③ Kabel und Stangen
④ einen Elektromotor

Frage 40:
Mit welchem Ruder kann ein Bug- oder Heckrad gekoppelt sein? Mit dem
① Höhenruder
② Querruder
③ Seitenruder
④ Trimmruder

Navigation

Frage 1:
Welchen Zeitraum benötigt die Sonne, um zwischen den Meridianen 5 Grad E und 10 Grad W durchzulaufen?
① 15 Minuten
② 55 Minuten
③ 15 Stunden
④ 1 Stunde

Frage 2:
Sie haben in Wien genau SR. In München haben Sie zur gleichen Zeit
① SS
② bereits nach SR
③ auch genau SR
④ noch vor SR

Frage 3:
Der Äquator ist
① ein Meridian rechtwinkelig zur Erdachse
② ein Kleinkreis
③ ein Großkreis
④ ein Meridian

Frage 4:
Der 0-Meridian wird noch bezeichnet als
① Polmeridian
② Breitenkreis
③ westlicher Meridian
④ Greenwichmeridian

Frage 5:
Bei Positionsangaben wird immer
① Breite und Länge mit dem Buchstaben B und L gekennzeichnet
② zuerst die Länge und dann die Breite genannt
③ zuerst die Breite und dann die Länge genannt
④ Keine Antwort ist richtig

Frage 6:
Nennen Sie den Abstand zweier benachbarter Breitenkreise – z. B. 50 N und 51 N
① 60 NM
① Keine Antwort ist richtig
① 111 NM
① 60 km

Frage 7:
25 NM entsprechen ca.
① 11,25 km
② 12,5 km
③ 55 km
④ 45 km

Frage 8:
50 km/h entsprechen ca.
① 110 Kts
① 27,5 Kts
① 90 Kts
① 22,5 Kts

Frage 9:
100 km/h entsprechen
① ca. 275 m/s
② 55 m/s
③ 22,5 m/s
④ Keine Antwort ist richtig

Frage 10:
Berechnen Sie, wie viele cm 105 km auf einer Karte 1:500 000 ergeben
① Keine Antwort ist richtig
② 10,5 cm
③ 21 cm
④ 52,5 cm

Frage 11:
Ermitteln Sie aus der ICAO-Karte 1:500 000. Der Bahnhof von Geisenhausen (4828 N 1215 E) liegt
① westlich der Ortschaft
② südlich der Ortschaft
③ östlich der Ortschaft
④ nördlich der Ortschaft

Frage 12:
Ortschaften unter 5000 Einwohner sind in der ICAO-Karte 1:500 000
① Keine Antwort ist richtig
② nicht eingezeichnet
③ nur in dünn besiedeltem Gebiet eingezeichnet
④ immer eingezeichnet

Frage 13:
Welche für UL wesentlichen Angaben sind auf der ICAO-Karte 1:500 000 nicht zu finden
① Eisenbahnen
② Naturschutzgebiete
③ Landschaftsmerkmale
④ Höhenangaben

Frage 14:
Die Pistenrichtung von Landeplätzen ist aus der ICAO-Karte
① Keine Antwort ist richtig
② nicht ersichtlich
③ ersichtlich
④ nicht immer ersichtlich

Frage 15:
In der ICAO-Luftfahrtkarte 1:500 000 sind Orte mit Segelflugbetrieb
① Keine Antwort ist richtig
② nicht immer eingezeichnet
③ immer eingezeichnet
④ nicht eingezeichnet

Frage 16:
Welches der nachstehenden Sichtnavigationsmerkmale würden Sie normalerweise als Auffanglinie bevorzugen
① Eisenbahn
② Bundesstraße
③ Fernsehturm
④ kleiner Bach

Frage 17:
Die durch die Metallteile des LFZ entstehende Ablenkung der Magnetnadel heißt
① Deviation
② Deklination
③ Inklination
④ Variation

Frage 18:
Die durch die unterschiedliche Lage von Magnetpol und geografischem Pol bedingte Ablenkung der Magnetnadel von TN wird bezeichnet mit
① Drift
② Deviation
③ Variation
④ Inklination

Frage 19:
Bei einem Flug in der Flug-UEZ über dem Bayerischen Wald haben Sie die Orientierung verloren. Sie fliegen – da kein Notlandeplatz in Sicht
① Kurs 180 Grad
② Kurs 240 Grad
③ Kurs 270 Grad
④ Kurs 210 Grad

Frage 20:
Die Meridiane als Bezugsrichtung geben
① Keine Antwort ist richtig
② TN
③ CN
④ MN

Frage 21:
CH (oder Compass Heading) ist der Winkel zwischen
① der Längsachse des LFZ und Nord
② der Längsachse des LFZ und TN
③ der Längsachse des LFZ und CN
④ der Längsachse des LFZ und MN

Frage 22:
TC ist der Winkel zwischen
① Course und Kompassnord
② Track und Kompassnord
③ Course und mag. Nord
④ Course und geogr. Nord

Frage 23:
Aus einer ICAO-Karte ermitteln Sie vor dem Flug
① den TT oder True Track
② den CT oder Compass Track
③ den CC oder Compass Course
④ den TC oder True Course

Frage 24:
Der Winkel zwischen Heading und Track wird bezeichnet
① mit Drift oder DA
② Inklinationswinkel
③ Deviationswinkel
④ Variation

Frage 25:
TC = 125 Grad – VAR = 7 Grad W – DEV = –3 Grad – WCA = +24 Grad – gesucht CH
① 145 Grad
② 097 Grad
③ 156 Grad
④ 159 Grad

Frage 26:
Ein UL legt eine Strecke von 15 cm auf der ICAO-Karte in 90 Min. zurück. Berechnen Sie die GS (Ground Speed).
① 22,5 km/h
② 60 km/h
③ 10,3 Kts
④ 27,5 Kts

Frage 27:
Wann haben Sie einen negativen WCA?
① Wenn der Wind von Norden kommt
② Wenn der Wind von Süden kommt
③ Wenn der Wind von links kommt
④ Wenn der Wind von rechts kommt

Frage 28:
TC = 53 Grad – WCA = –10 Grad – MC = 54 Grad – CC = 60 Grad. Gesucht CH
① 50 Grad
② 43 Grad
③ 44 Grad
④ 70 Grad

Frage 29:
Der Wind-Vektor im Winddreieck hat als Länge
① die TAS (True Airspeed)
② die IAS (Indicated Airspeed)
③ die WD (Windspeed)
④ die GS (Groundspeed)

Frage 30:
Der Winkel zwischen Ground-Vektor und Air-Vektor im Winddreieck ist
① der Grundkurs TT
② der WCA
③ der Steuerkurs TH
④ die Windrichtung WD

Frage 31:
TAS = 50 km/h – WS = 5,5 Kts – TH = 090 Grad – WD = 300 Grad – ermittle mit dem Winddreieck GS
① 15 Grad
② 5 Grad
③ 30 Kts
④ 60 km/h

Frage 32:
TC = 70 Grad – TAS = 31 Kts – WS = 7 Kts – WD = 280 Grad – ermitteln Sie mit dem Winddreieck WCA
① –6 Grad
② –15 Grad
③ 11 Grad
④ 15 Grad

Frage 33:
TAS = 35 Kts – WS = 7 Kts – WD = 190 Grad – TC = 217 Grad – Verbrauch 8,5 Ltr./Std. Flugstrecke 63 km – gesucht voraussichtlicher Treibstoffbedarf
① 12 Ltr.
② 8 Ltr.
③ 10 Ltr.
④ aus den obigen Angaben nicht ermittelbar

Frage 34:
Flug am Sonntag von Landshut (4831 N 1202 E) nach Vogtareuth (4757 N 1212 E). CTR Erding ist nicht aktiv. Bester Kurs?
① Flug unmöglich wegen TRA 208
② 168 Grad
③ Flug unmöglich wegen TMA Sektor A München
④ Landshut – Velden – Halfing

Frage 35:
Wind 200 Grad 7 Kts. Welche Landerichtung erwarten Sie in Neumarkt/Oberpfalz? (Neumarkt ist nicht in der ICAO-Karte München!)
① Piste 09
② Piste 06
③ Piste 200
④ Piste 27

Frage 36:
In der AIP finden Sie folgende Angabe zu einem Flugplatz RWY 27/TKOF 875M/LDG 700M – RWY 09/TKOF 700M/LDG875M. Für eine Landung nach Westen
① haben Sie 700 m
② haben Sie 900 m
③ haben Sie 875 m
④ haben Sie 270 m

Frage 37:
TAS = 60 km/h. Ausfliegbarer Treibstoffvorrat = 15 Ltr. Verbrauch 6 Ltr./h. WD = wechselnd. WS = max. 10 Kts. Ihr Aktionsradius bei 1/2 Stunde Reserve ist
① 84 km
② 120 km
③ 150 km
④ 110 km

Frage 38:
Bei einem TH von 270 Grad und einem WCA von –10 Grad haben Sie einen Umkehrkurs von
① 90 Grad
② 70 Grad
③ Keine Antwort ist richtig
④ 110 Grad

Frage 39:
Flugzeit bis zum Kontrollpunkt A ist 35 Minuten. Strecke bis zum Kontrollpunkt A ist 30 km. Strecke zum Zielflugplatz = 80 km. Gesamtflugzeit voraussichtlich?
① Ca. 60 Minuten
② Ca. 2 Stunden
③ Ca. 1 Std. 33 Min.
④ Ca. 68 Min.

Frage 40:
Auf der ICAO-Karte 1:500 000 legen Sie in 12 Min. 3 cm zurück. Entfernung zum Zielplatz ges. = 60 km. Voraussichtliche Flugzeit?
① 60 Min.
② Keine Antwort ist richtig
③ 48 Min.
④ 75 Min.

Meteorologie

Frage 1:
In welchem Bereich der Atmosphäre spielt sich das Wettergeschehen ab?
① Tropopause
② Mesosphäre
③ Stratosphäre
④ Troposphäre

Frage 2:
Welche Bezeichnung trägt die Obergrenze der Sphäre, in der sich das Wettergeschehen abspielt, und wie hoch liegt sie in der Standardatmosphäre?
① Stratopause, 20 km MSL
② Tropopause, 20 km MSL
③ Stratopause, 36 000 ft MSL
④ Tropopause, 36 000 ft MSL

Frage 3:
In welcher ungefähren Höhe beträgt der atmosphärische Druck die Hälfte des Druckes vom Meeresniveau?
① 1500 m MSL
② 2500 m MSL
③ 5500 m MSL
④ 7000 m MSL

Frage 4:
Die relative Luftfeuchte ist definiert als
① der Wasserdampfgehalt in Gramm pro Kubikmeter feuchter Luft
② der Wasserdampfgehalt in Gramm pro Kilogramm trockener Luft
③ das Verhältnis des tatsächlich vorhandenen Wasserdampfgehalts zur absoluten Feuchtigkeit, ausgedrückt in Prozent
④ das Verhältnis des tatsächlich vorhandenen Wasserdampfgehalts zum maximal möglichen, ausgedrückt in Prozent

Frage 5:
Wie verändert sich die barometrische Höhenstufe in der Vertikalen?
① Bis 500 hPa ändert sie sich nicht, dann verdoppelt sie sich
② Sie ist mit der Höhe abnehmend
③ Sie ist mit der Höhe zunehmend
④ Sie ist bis 500 hPa zunehmend, dann abnehmend

Frage 6:
Wie verhalten sich Temperatur und Taupunkttemperatur in absinkender Luft?
① Die Differenz zwischen Temperatur und Taupunkttemperatur wird größer
② Der Spread verringert sich
③ Der Spread bleibt gleich
④ Temperatur und Taupunkttemperatur ändern sich

Frage 7:
Der Segelflugwetterbericht gibt labile Schichtung an. Am Morgen ist starker Tau auf den Wiesen und keinerlei Thermik zu erkennen. Ist die Entwicklung von Thermik tagsüber noch möglich?
① Die Taubildung lässt tagsüber keine Thermikentstehung zu
② Der Segelflugwetterbericht ist vermutlich falsch
③ Infolge der nächtlichen Abkühlung hat sich eine so starke Bodeninversion gebildet, dass sich trotz labiler Schicht oberhalb der Bodeninversion keine Bodeninversion entwickeln kann
④ Bei zunehmender Einstrahlung und bodennaher Erwärmung wird die Bodeninversion aufgelöst und es ist dann auf alle Fälle mit Thermik zu rechnen

Frage 8:
Eine Bodeninversion entsteht dadurch, dass
① kältere Luft herangeführt wird
② der Erdboden – und damit auch die aufliegende Luftschicht – sich durch Ausstrahlung abkühlt

③ der Erdboden nachts langwellige Wärmestrahlung abgibt, die die darüber liegende Luftschicht erwärmt
④ ausschließlich absinkende und sich erwärmende Luft den Erdboden noch nicht ganz erreicht hat

Frage 9:
Ist es möglich, dass bei einer winterlichen Hochdrucklage über Deutschland die Temperatur in München –5 Grad Celsius, in Nürnberg –10 Grad Celsius und auf dem Wendelstein dagegen +5 Grad Celsius beträgt?
① Unmöglich, da die Temperatur immer mit der Höhe abnimmt
② Nur bei feuchtlabiler Schichtung möglich
③ Nein, da keine adiabatische Temperaturabnahme gegeben ist
④ Ja, bei einer ausgeprägten Inversionswetterlage

Frage 10:
In welcher Antwort sind nur Bezeichnungen für Quellwolken enthalten?
① Ac, Sc, Cb, Cc
② Cu, Ci, Sc, Ac
③ Cc, Ac, Cu, Cb
④ Cb, Cu, As, Sc

Frage 11:
Cirrus (Ci) und Cirrostratus (Cs) sind insbesondere charakterisiert durch
① Schleier- und Hakenform
② eine dunkel erscheinende Form
③ eine ausgeprägte Wellenstruktur
④ Vorkommen im mittleren und tiefen Niveau

Frage 12:
Gefrierender Regen entsteht
① generell bei Temperaturen um den Gefrierpunkt
② durch Schmelzen von Schneeflocken, die in der Regel in einer bodennahen Kaltluftschicht gefrieren
③ durch Abkühlung von Regentropfen innerhalb einer Kaltluftschicht unter 0 Grad Celsius, die beim Auftreffen auf Gegenstände sofort gefrieren
④ durch Schmelzen von Hagelkörnern, die dann in eine Kaltluftschicht mit Temperaturen unter 0 Grad Celsius fallen

Frage 13:
Wann setzt die Bildung von Strahlungsnebel bevorzugt ein?
① Nur nach vorangegangener starker Sonneneinstrahlung
② Bei wolkenlosem Himmel und schwachem Wind nach SS und kleinem Spread
③ Bei starkem Wind in einer langen klaren Nacht
④ Bei bewölktem Himmel, geringer Luftbewegung, großem Spread

Frage 14:
Welche Geländeformen begünstigen die Dunst- und Nebelbildung?
① Hügeliges Gelände mit ausgedehnten Sandflächen, die am Tage viel Wärme speichern
② Schnee- und eisbedeckte Ebenen mit kaltem Nordwind
③ Talbecken und Senken mit feuchtem Untergrund
④ Sonnenabgewandte Hänge mit Absinkbewegungen der aufliegenden Luft

Frage 15:
Wodurch kann eine stabile Luftmasse labil werden?
① Abkühlung unten und Erwärmung oben
② Abkühlung oben und Erwärmung unten
③ Erwärmung unten und Erwärmung oben
④ Abkühlung oben und Abkühlung unten

Frage 16:
Was vermindert die Stabilität einer Luftmasse?
① Erwärmung vom Boden aus
② Absinkende Luft
③ Abkühlung von unten
④ Verminderung des Wasserdampfes

Frage 17:
In ihrem Erscheinungsbild sind labile Luftschichten zu erkennen an
① Quellbewölkung, starker vertikaler Luftbewegung, großtropfigem Schauerniederschlag
② Schichtbewölkung, Dunstschichten und feintropfigem Dauerregen
③ Quellbewölkung, geringer vertikaler Luftbewegung, feintropfigem Regen
④ Dunstschichten an Temperaturumkehrschichten

Frage 18:
In welchen Zustandsformen kommt das Wasser in der Atmosphäre vor?
① Flüssig, fest
② Gasförmig, fest
③ Gasförmig, flüssig, fest
④ Flüssig, gasförmig

Frage 19:
Welche Zustandsänderung setzt Wärme frei?
① Fest – flüssig
② Gasförmig – flüssig
③ Flüssig – gasförmig
④ Fest – gasförmig

Frage 20:
Welche Entstehungsart von Vereisung ist die schnellste und gefährlichste? Vereisung durch
① Schneeregen
② gefrierenden Regen
③ Eiskristalle
④ Raureif

Frage 21:
Beim Flugwetterdienst erfolgen die Windgeschwindigkeitsangaben in
① Beaufortstärken
② MPH
③ Kt, km/h
④ ft/min

Frage 22:
In Gebieten, in denen auf der Bodenwetterkarte die Isobaren sehr weit auseinander liegen, kann man welchen Wind erwarten?
① Auffrischenden Wind
② Starken Wind
③ Böigen Wind
④ Schwachen Wind

Frage 23:
Auf der Nordhalbkugel ändert der Wind vom Boden bis zur Reibungshöhe seine Richtung. In welche Richtung dreht er? Nach
① Westen
② links
③ Osten
④ rechts

Frage 24:
Beim Überqueren eines Gebirges wird die Wetterwirksamkeit einer Front
① in Lee abgeschwächt und in Luv verstärkt
② nicht beeinflusst
③ in Lee verstärkt und in Luv abgeschwächt
④ zu beiden Seiten in der Nähe des Gebirgskammes verstärkt

Frage 25:
Am Alpenrand herrscht starker Föhn. Die Alpenkette ist klar zu sehen und nahezu wolkenfrei. Ist ein Flug mit Erdsicht nach Venedig möglich?
① Bei Föhn immer
② Nur bei starkem Föhn möglich
③ Nicht möglich, da nur im Alpenvorland Föhn herrscht, während es im Inntal zu lang anhaltendem Nebel kommt
④ Nein, da auf der Alpensüdseite Stau mit vielfach aufliegenden Wolken herrscht

Frage 26:
Zu welcher Tageszeit weht der Talwind?
① Vor Sonnenaufgang
② Nachts
③ Nach Sonnenuntergang
④ Tagsüber

Frage 27:
In einem abgestellten Luftfahrzeug zeigt der Höhenmesser abends 350 ft, am nächsten Morgen 400 ft. Was ist dafür die Ursache?
① Der Luftdruck ist über Nacht gefallen
② Die Höhenmesserberichtigung wurde vorgenommen
③ Der Luftdruck ist über Nacht gestiegen
④ Es muss ein Defekt am Höhenmesser vorliegen

Frage 28:
Welche Schlechtwetterverhältnisse sind für ein winterliches Hochdruckgebiet charakteristisch?
① Nebel, Hochnebel, gelegentlich geringer Niederschlag
② Horizontal ausgedehnte Bewölkung mit Dauerregen
③ Schlechte Sicht durch Dauerschneefall
④ Vertikal mächtige Wolken mit tiefen Untergrenzen

Frage 29:
Welche Wettererscheinungen sind bei Durchzug einer Zyklone der Reihenfolge nach zu beobachten?
① Aufklaren nach längerem Regen, Quellbewölkung, steigender Luftdruck, Schauertätigkeit
② Hohe Bewölkung, steigender Luftdruck, böiger Westwind, Schauer
③ Absinkende Bewölkung, Druckabfall, Niederschläge, Auflockern, Druckanstieg mit Winddrehung, Quellbewölkung
④ Absinkende Bewölkung, Temperatursturz, Niederschläge, Aufklaren, Schauer

Frage 30:
Welche Wettererscheinungen sind für eine heranziehende Warmfront der Idealzyklone typisch?
① Wolkenaufzug, absinkende Wolkenuntergrenze, schauerartige Niederschläge, gute Sichtverhältnisse
② Wolkenaufzug und Wolkenverdichtung, absinkende Wolkenuntergrenze, einsetzender Dauerniederschlag, auffrischender Wind um Süd
③ Wolkenaufzug mit Ci, Cs, As und Landregen aus Ns, außerhalb des Niederschlags gute Sicht, böiger Nordwestwind
④ Bewölkungsaufzug Ci, Cs, Ac, St, Sc und eingelagerte Cb

Frage 31:
Welches Wettergeschehen ist in der kalten Jahreszeit innerhalb eines Warmsektors zu erwarten?
① Quellwolken ohne Niederschlag
② Mittelhohe Schichtwolken, anhaltender Schneefall, mäßige Sicht
③ Hochreichende Quellbewölkung, Schneeschauer, sehr gute Sicht
④ Meist niedrige Schichtbewölkung, leichter Regen, mäßige Sicht

Frage 32:
An einer Kaltfront am Boden bewegt sich
① eine kalte Luftmasse gegen Warmluft und drückt diese nach oben
② eine warme Luftmasse gegen Kaltluft und drückt diese nach oben
③ die wärmere Luftmasse immer nach Westen
④ eine feuchte Luftmasse über eine warme, trockene Luftmasse

Frage 33:
Mit welcher Bewölkung muss man bei einer ausgeprägten Okklusion rechnen?
① Nur Schichtbewölkung, hochreichend
② Hochnebel
③ Schicht- und Quellwolken mit unterschiedlichen Obergrenzen
④ Nur Quellbewölkung mit geringer Vertikalerstreckung

Frage 34:
Wodurch wird die Bodensicht beeinflusst?
① Luftdruck
② Feuchtigkeit
③ Temperatur
④ Mondphase

Frage 35:
Nach der Landung zeigt der Höhenmesser die Platzhöhe an. Er war eingestellt auf
① QFF
② QFE
③ QNE
④ QNH

Frage 36:
Für welchen der nachstehenden Flüge ist eine Wetterberatung nicht erforderlich?
① Flug in der Platzrunde
② Nachtflug
③ Schleppflug zu einem anderen Flugplatz
④ Überlandflug

Frage 37:
Wie groß ist die in der ICAO-Standardatmosphäre angenommene Temperaturabnahme mit der Höhe?
① 0,65 Grad C/100 m
② 1 Grad C/100 m
③ 2 Grad C/1000 m
④ 2 Grad C/100 m

Frage 38:
Was zeigt der Höhenmesser im Fluge an, wenn das QNH in der Druckskala eingestellt ist? Die
① Höhe über dem Platz
② Höhe über 1013,2 hPa
③ Flugplatzhöhe
④ Höhe über MSL

Frage 39:
Wie wird der gemessene und mit Hilfe der Standardatmosphäre auf Meereshöhe (MSL) reduzierte Luftdruck bezeichnet?
① QFF
② QFE
③ QNH
④ QNE

Frage 40:
In welchen Fällen ist z. B. das QFE größer als das QNH?
① Das ist überhaupt nicht möglich
② Das ist nur bei hochgelegenen Flugplätzen der Fall
③ Wenn der Flugplatz bzw. die Landebahn unter Meereshöhe liegt
④ Wenn die Temperaturabweichung zur ISA um plus/minus 20 Grad Celsius differiert

Verhalten in besonderen Fällen

Frage 1:
Nach starkem Regen landen Sie mit einem offenen UL ohne Schutzblech auf einem Grasplatz. Womit müssen Sie rechnen?
① Schleudergefahr
② Tiefes Einsinken der Räder – Überschlaggefahr
③ Keine Antwort ist richtig
④ Schlagartige Sichtverschlechterung durch Spritzwasser

Frage 2:
Was macht den richtigen Landeanflug auf einen gleichmäßig mit einer dünnen Schneedecke bedeckten Landeplatz so schwierig?
① Beim Aufsetzen ist mit Schleudergefahr zu rechnen
② Es ist mit starkem Sinken (Fallwinden) zu rechnen
③ Beim Aufsetzen kann es zum Überschlag kommen
④ Höhenschätzungen sind dabei sehr schwer möglich

Frage 3:
Welcher Grundsatz steht bei Unfällen mit Luftfahrzeugen an erster Stelle?
① LBA benachrichtigen
② Unfallort absperren und sichern
③ Menschenrettung hat Vorrang
④ Fotografieren und Skizzen anfertigen

Frage 4:
Mit einem aerodynamisch gesteuerten UL achten Sie im Winter vor dem Start besonders auf
① eine vorschriftsmäßige Wetterberatung durch AFWA
② die richtige Motorleistung
③ entsprechende Kleidung des Piloten
④ die beweglichen Teile der Ruderanlage, Eis kann Ruder blockieren

Frage 5:
Im Endanflug müssen Sie vor der Piste eine Baumreihe überfliegen. Womit rechnen Sie und wie reagieren Sie?
① Turbulenzen, mit reduzierter Fahrt kurz anfliegen
② Sichtbehinderung, mit normaler Fahrt hoch anfliegen
③ Turbulenzen, mit erhöhter Fahrt hoch anfliegen
④ Turbulenzen, Landung entgegen der vorgeschriebenen Landerichtung

Frage 6:
Welche der nachstehenden Gefahren wirkt sich bei einer Landung auf einem mit Schnee bedeckten Landeplatz am ungünstigsten aus?
① Das Ausbrechen des Luftfahrzeugs
② Die Sichtbeeinträchtigung durch hochfliegenden Schnee
③ Das Einfrieren der Bremsen
④ Das Verschätzen beim Abfangen

Frage 7:
Wie ist eine Notwasserung in Ufernähe bei Windstille durchzuführen, wenn das Ufer zum Landen nicht geeignet ist?
① Rechtwinklig zum Ufer gegen die offene See
② Rechtwinklig zum Ufer gegen das Land
③ Gegen die Strömung, um den Reibungswiderstand zu erhöhen
④ Parallel zum Ufer

Frage 8:
Warum werden so genannte Halbbahnmarkierungen aufgestellt?
① Hier muss bei der Landung aufgesetzt werden
② Dient als Anhaltspunkt für einen möglichen Startabbruch
③ Dient als Anhaltspunkt, um ab Bahnmitte starten zu können, wenn die Startstrecke ausreichend ist
④ Ab Halbbahnmarkierung muss in der Startphase Vollgas gegeben werden

Frage 9:
Wie verhält sich der Luftfahrzeugführer nach einer Notlandung in schwierigem Gelände, wenn eine Rettungsaktion über Funk bereits eingeleitet worden ist? Er
① geht den Rettungsmannschaften entgegen, um geeignete Wege zu finden
② versucht, die nächste Ortschaft zu Fuß zu erreichen
③ entfernt sich nicht mehr als 10 km von der Unfallstelle
④ bleibt beim Luftfahrzeug, um auf die Retter zu warten

Frage 10:
Sie sind während des Steigfluges in einen überzogenen Flugzustand geraten, wobei der Tragflügel links leicht hängt. Sie beenden den überzogenen Flugzustand wie folgt:
① Links Seitenruder geben, leicht drücken, Fahrt aufholen und Ruder wieder in Normalstellung bringen
② Rechts Querruder geben, leicht drücken, Fahrt aufholen und Ruder wieder in Normalstellung bringen
③ Rechts Seitenruder geben, leicht drücken, Fahrt aufholen und Ruder wieder in Normalstellung bringen
④ Quer- und Seitenruder gleichmäßig nach rechts geben, etwas ziehen, um Fahrt aufzuholen, und dann Ruder wieder in Normalstellung bringen

Frage 11:
Bei einer hohen Temperatur rechnen Sie mit einer
① Verlängerung der Startstrecke
② Keine Antwort ist richtig
③ Verkürzung der Startstrecke
④ gleich bleibenden Startstrecke

Frage 12:
Beim Start versuchen Sie
① Keine Antwort ist richtig
② auch auf Kosten der Geschwindigkeit rasch Höhe zu gewinnen
③ nach dem Abheben zuerst Geschwindigkeit aufzunehmen
④ möglichst erst mit der Reisegeschwindigkeit abzuheben

Frage 13:
Welchen Luftraum im Tal müssen Sie vermeiden, wenn der Wind quer zum Tal weht?
① Den Luftraum in der Talmitte
② Die Leeseite der Berge
③ Die Luvseite der Berge
④ Den Luftraum oberhalb der Bergkämme

Frage 14:
Kurz vor Ihnen startet ein 2-motoriges Luftfahrzeug. Worauf müssen Sie besonders achten?
① Keine Antwort ist richtig
② Vor dem Start einige Zeit warten, um Zusammenstoß zu vermeiden
③ Vor dem Start einige Zeit warten, bis die Wirbel abklingen
④ Wenn der Platz für dieses Luftfahrzeug zugelassen ist, ist er für UL gesperrt

Frage 15:
Ihr Fluglehrer leiht Ihnen sein UL. Ihr Verhalten:
① Fallschirm kontrollieren
② Wie immer vor Abflug gesamten Außencheck durchführen
③ Nach der Landung gesamten Check durchführen
④ Schnell wegfliegen, bevor er es sich anders überlegt

Frage 16:
Die Motorleistung Ihres UL sinkt mit steigender Höhe unter anderem wegen
① der geringeren Luftdichte bei steigender Höhe
② Keine Antwort ist richtig
③ der höheren Luftdichte bei steigender Höhe
④ dem geringeren %-Anteil an Sauerstoff bei steigender Höhe

Frage 17:
Bei einem Überlandflug sehen Sie eine Gewitterfront und bekommen die ersten harten Böen. Wie entscheiden Sie sich?
① Sofort eine Sicherheitsaußenlandung durchführen
② Die Front durchfliegen
③ Sofort umkehren
④ Der Front ausweichen

Frage 18:
Ihren Zielflugplatz oder einen Ausweichplatz können Sie wegen Gegenwind vor Einbruch der Dunkelheit nicht mehr erreichen. Ihre Reaktion?
① Weiterfliegen und bei Dunkelheit landen
② Über Funk beim Zielflugplatz um Landebahnbefeuerung bitten
③ Sicherheitsaußenlandung durchführen oder rechtzeitig umkehren
④ Solange es hell ist, weiterfliegen und dann außenlanden

Frage 19:
Wovon sind die Stärke und die Langlebigkeit von Wirbelschleppen in erster Linie abhängig?
① Nur von der Größe des vorausfliegenden Flugzeugs
② Von der Spannweite, der Fluggeschwindigkeit und dem Gewicht des vorausfliegenden Flugzeugs
③ Nur von der Fluggeschwindigkeit des vorausfliegenden Flugzeugs
④ Keine Antwort ist richtig

Frage 20:
Beim Landeanflug ist in der Aufsetzzone mit starken Verwirbelungen zu rechnen. Wie hat der UL-Pilot den Anflug durchzuführen?
① Tiefer Anflug
② Hoher Anflug
③ Anflug mit hoher Geschwindigkeit
④ Normaler Anflug

Frage 21:
Im militärischen Tieffluggebiet ist mit vermehrten Tiefflügen zu rechnen. Der Luftfahrzeugführer
① gibt sich immer bei Annäherung von Strahlflugzeugen durch auffällige Flugbewegungen zu erkennen
② setzt seinen Flug normal fort, da Militärflugzeuge ausweichen
③ führt verstärkte Luftraumbeobachtung durch und verlässt dieses Gebiet so schnell wie möglich
④ führt eine Außenlandung durch, da er sich in einem Sperrgebiet befindet

Frage 22:
Während eines Fluges stellen sich bei Ihnen ungewohnte Ermüdung und starke Übelkeit mit Erbrechen ein. Ihre Reaktion:
① In möglichst ruhiger Luft weiterfliegen
② Den höchstgelegenen Flugplatz anfliegen
③ Motor abschalten und notlanden
④ Eine Sicherheitsaußenlandung durchführen

Frage 23:
Welchen Einfluss hat Alkohol, den man in größeren Mengen etwa 12 Stunden vor dem Flug genossen hat?
① Keinen Einfluss auf die körperliche Leistungsfähigkeit, da er bereits abgebaut wurde
② Eine verstärkte Schweißbildung und dadurch erhöhte Reaktionsfähigkeit
③ Keinen Einfluss, wenn durch entsprechende Mittel der verbleibende Blutalkohol abgebaut wurde
④ Eine verminderte körperliche und geistige Leistungsfähigkeit

Frage 24:
Sie bemerken bei einem Überlandflug ein extremes Absinken der Motorleistung. Aufgrund der Wetterlage ist eine Vergaservereisung nicht auszuschließen.
① Durch Ändern der Flughöhe Vereisung beheben
② Versuchen, zum nächsten Platz durchzukommen
③ Durch Änderung der Motordrehzahl Vereisung beheben
④ Sicherheitsaußenlandung einleiten

Frage 25:
Bei einer Notlandung sehen Sie, dass eine Baumberührung unvermeidbar ist. Ihre Reaktion:
① Sofort Schirm ziehen
② Unter Einsatz aller Mittel (Steilkurve) ausweichen
③ Möglichst den Baum nur streifen
④ Den Baum zentral anfliegen und auf oder in dem Baum zentral landen

Frage 26:
Sie haben am Boden einen Vergaserbrand. Ihre Reaktion:
① Benzinhahn zu, Motor aus
② Motor aus, Feuerlöscher holen
③ Sofort aus dem Bereich des Gerätes, Explosionsgefahr
④ Benzinhahn zu, Vollgas

Frage 27:
Aufgrund der Geländegegebenheit erwarten Sie bei einer unvermeidbaren Notlandung ein Überschlagen. Ihre Reaktion:
① Vorher Gurte straffziehen, im Aufschlag festhalten und einstemmen
② Gurte aufmachen, um bei Brand Maschine verlassen zu können
③ Vorher Gurte straffziehen, im Aufschlag Körper locker machen
④ Gurte lockern und Körper möglichst einrollen

Frage 28:
Bei starker Thermik stellen Sie fest, dass Sie im Endanflug zu hoch sind. Ihre Reaktion:
① Durchstarten
② Durch wesentlich erhöhte Fahrt Höhe abbauen
③ Mit Stall Höhe abbauen
④ Durch eine Steilkurve Höhe abbauen

Frage 29:
Nach einer kontrollierten Außenlandung benachrichtigen Sie sofort
① das LBA
② die nächste Polizeidienststelle
③ den Zielflugplatz
④ das örtlich zuständige Luftamt

Frage 30:
Sie wollen eine Sicherheitsaußenlandung durchführen. Wie verhalten Sie sich?
① Im Direktanflug landen
② Vor der Landung Landegebiet in geringer Höhe überfliegen
③ Platzrunde fliegen und dann landen
④ Schirm ziehen

Frage 31:
Kurz nach dem Start (Höhe ca. 10 m) haben Sie einen Motorausfall. Ihre Reaktion:
① Keine Antwort ist richtig
② Einkurven und zurück zum Platz
③ Durch Stall mit möglichst kurzer Sinkstrecke geradeaus landen
④ Leicht Fahrt aufnehmen und geradeaus landen

Frage 32:
Wie wird Trudeln beendet, wenn keine anders lautenden Maßnahmen im Flughandbuch angegeben sind?
① Seitenruder entgegen der Drehrichtung, Quer- und Höhenruder normal
② Höhenruder ziehen, Querruder entgegen der Drehrichtung
③ Höhenruder normal, Querruder in Drehrichtung
④ Seitenruder in Drehrichtung, Querruder entgegen Drehrichtung, Höhenruder normal

Frage 33:
Ein Luftfahrzeug ist im Begriff, infolge Strömungsabriss abzukippen. Wie hat sich der Luftfahrzeugführer zu verhalten?
① Luftfahrzeug mit Seitenruder in horizontaler Lage halten
② Höhenruder leicht ziehen und mit Hilfe der Querruder ein seitliches Abkippen verhindern
③ Höhenruder nachlassen, Seitenruder entgegen Abkipprichtung
④ Alle Ruder in Neutralstellung bringen

Frage 34:
Mit welchem Ruder wird überwiegend im Langsamflug korrigiert? Mit
① dem Querruder
② dem Seitenruder
③ dem Höhenruder
④ Quer- und Höhenruder

Frage 35:
Bei welcher Fluglage des Luftfahrzeugs wird der Langsamflug kritischer?
① Kopflastiger Trimmung
② Normallastiger Trimmung
③ Nicht getrimmt
④ Schwanzlastiger Trimmung

Frage 36:
Beim Start stellen Sie fest, dass ein Instrument nicht richtig befestigt ist. Ihre Reaktion:
① Auf sichere Höhe gehen und dann Abhilfe schaffen
② Sofort zum Platz zurück einkurven
③ Im Startvorgang versuchen, die Sache in Ordnung zu bringen
④ Keine angegebene Lösung ist richtig

Frage 37:
Ihr Freund ist in unwegsamem Gelände abgestürzt. Ein Arzt leistet erste Hilfe. Zur Bergung benachrichtigen Sie
① einen SAR-Hubschrauber (sie haben Bergungswinden)
② den Zielflugplatz
③ einen Rettungshubschrauber der Verkehrswacht
④ die Polizei

Frage 38:
Ein UL ist im Hochwald auf einem Baum gelandet. Zur Hilfeleistung landen Sie
① in der nächstgelegenen Lichtung
② am nächstgelegenen Flugplatz
③ möglichst nahe auf einem anderen Baum
④ bei der nächsten bewohnten Siedlung, um Hilfskräfte zu finden

Frage 39:
Bei einer Notlandung im steilen Gelände landen Sie
① mit dem Hang
② gegen den Wind
③ gegen den Hang
④ quer zum Hang

Frage 40:
Bei einer Außenlandung mit Personenschaden ist sofort zu benachrichtigen:
① der Zielflugplatz und das örtlich zuständige Luftamt
② die BFS
③ der Zielflugplatz und die nächste Polizeidienststelle
④ der Startflugplatz und das LBA

Luftrecht

Frage 1:
Die Abkürzung ICAO bedeutet:
① Internationale Vereinigung zur Unterrichtung der Luftfahrer
② Internationale Charterflugorganisation
③ Internationale Vereinigung von Flugzeugführern
④ Internationale Zivilluftfahrtorganisation

Frage 2:
In den Nachrichten für Luftfahrer (NFL II) werden veröffentlicht:
① neue Flugplätze und Anflugverfahren
② Nachrichten des Luftfahrt-Bundesamtes
③ Bekanntmachungen über Luftfahrtgerät und Luftfahrtpersonal
④ Bekanntmachungen der Bundesanstalt für Flugsicherung

Frage 3:
Ein Luftfahrzeugführer beabsichtigt eine Landung auf einem Militärflugplatz der Bundeswehr. Unter welchen Voraussetzungen ist dies zulässig?
① Nur mit Erlaubnis der Landesluftfahrtbehörde
② An Sonn- und Feiertagen ohne besondere Erlaubnis
③ Nur mit Erlaubnis des Flugplatzkommandanten
④ Nur mit Erlaubnis der zivilen und der militärischen Luftfahrtbehörden

Frage 4:
Für geeignete Maßnahmen zur Aufrechterhaltung der Sicherheit und Ordnung an Bord eines Luftfahrzeugs hat während des Starts zu sorgen:
① der Beauftragte für Luftaufsicht
② der Fluglotse der Bundesanstalt für Flugsicherung
③ der Flugleiter
④ der verantwortliche Luftfahrzeugführer

Frage 5:
Luftfahrzeuge dürfen nur innerhalb bestimmter Betriebsgrenzen betrieben werden. Angaben darüber kann der Luftfahrzeugführer entnehmen aus dem
① Bordbuch
② Luftfahrthandbuch
③ Flughandbuch
④ Lufttüchtigkeitszeugnis

Frage 6:
Ein Flug führt über die Umgebung des Flugplatzes hinaus und wird damit als Überlandflug bezeichnet, wenn
① der Luftfahrzeugführer den Verkehr in der Platzrunde nicht mehr beobachten kann
② der Luftfahrzeugführer die Start- und Landebahn nicht mehr sehen kann
③ vom Flugplatz aus das Luftfahrzeug nicht mehr gesehen werden kann
④ der Luftfahrzeugführer von der vorgeschriebenen Platzrunde abweicht

Frage 7:
Störungen bei dem Betrieb eines UL sind innerhalb von 3 Tagen dem zuständigen Verband anzuzeigen vom
① Luftfahrzeugführer
② Eigentümer
③ luftfahrttechnischen Betrieb
④ Halter

Frage 8:
Wird bei Antritt eines Fluges festgestellt, dass der Drehzahlmesser eines UL nicht betriebsbereit ist, darf der Flug durchgeführt werden:
① nur zu einem Flugplatz mit luftfahrttechnischem Betrieb
② uneingeschränkt
③ nur zur Kontrolle der Betriebsbereitschaft des Gerätes
④ nein

Frage 9:
Das Recht der Gesetzgebung auf dem Gebiet des Luftverkehrs
① haben ausschließlich die Länder
② haben Bund und Länder gemeinsam
③ hat die Landesluftfahrtbehörde
④ hat ausschließlich der Bund

Frage 10:
Ein UL-Pilot beobachtet links vor seinem UL, dessen Motor in Betrieb ist, in nahezu gleicher Höhe ein Flugzeug, das ein Reklamebanner schleppt. Die Flugrichtungen der beiden Luftfahrzeuge kreuzen sich. Wer ist verpflichtet auszuweichen? Der
① Luftfahrzeugführer des höher oder schneller fliegenden Luftfahrzeugs
② Luftfahrzeugführer des Flugzeugs und des UL
③ Luftfahrzeugführer des von rechts kommenden UL
④ Luftfahrzeugführer des von links kommenden Flugzeugs

Frage 11:
Ein UL im motorlosen Gleitflug kreuzt in annähernd gleicher Höhe die Flugrichtung eines Flugzeugs. Das Flugzeug kommt von rechts. Auszuweichen
① hat das Flugzeug
② hat das UL
③ haben beide Luftfahrzeuge
④ hat das Luftfahrzeug mit der höheren Fluggeschwindigkeit

Frage 12:
Was gilt als »Nacht« im Sinne der Luftverkehrsvorschriften? Der Zeitraum zwischen
① Sonnenuntergang und Sonnenaufgang
② einer Stunde nach Sonnenuntergang und einer Stunde vor Sonnenaufgang
③ einer halben Stunde nach Sonnenuntergang und einer halben Stunde vor Sonnenaufgang
④ einer halben Stunde vor Sonnenuntergang und einer halben Stunde nach Sonnenaufgang

Frage 13:
Welche Bedeutung hat ein rotes Dauersignal, das auf ein Luftfahrzeug im Flug gerichtet wird?
① Nicht landen, Flugplatz unbenutzbar
② Platzrunde fortsetzen, anderes Luftfahrzeug hat Vorflug
③ Ungeachtet aller früheren Anweisungen und Freigaben zurzeit nicht landen
④ Zwecks Landung zurückkehren oder Anflug fortsetzen

Frage 14:
Starts und Landungen von motorgetriebenen Luftfahrzeugen außerhalb genehmigter Landeplätze sind möglich mit
① Flugverkehrsfreigabe und Zustimmung des Grundstückseigentümers
② Erlaubnis der zuständigen Polizeibehörde und der Luftfahrtbehörde
③ Erlaubnis der Landesluftfahrtbehörde und Zustimmung des Grundstückseigentümers
④ Erlaubnis der Bundesanstalt für Flugsicherung und Zustimmung des Grundstückseigentümers

Frage 15:
Richtungsänderungen in der Platzrunde, beim Landeanflug und nach dem Start sind normalerweise auszuführen:
① nach Norden
② in Linkskurven
③ nach Süden
④ in Rechtskurven

Frage 16:
Wann befindet sich ein Luftfahrzeugführer im »Gegenanflug 16«, wenn der Flugplatz folgende Start- und Landebahnen aufweist: 07/25 und 16/34 (eine von den Vorschriften der Luftverkehrs-Ordnung abweichende Platzrundenführung ist nicht vorgesehen)? Wenn er einen Kurs von
① 340 Grad steuert und der Flugplatz links vom LFZ liegt
② 340 Grad steuert und der Flugplatz rechts vom LFZ liegt
③ 160 Grad steuert und der Flugplatz links vom LFZ liegt
④ 160 Grad steuert und der Flugplatz rechts vom LFZ liegt

Frage 17:
Ein UL-Pilot ohne Instrumentenflugberechtigung darf einen Überlandflug bei Nacht durchführen, wenn
① Nachtflüge sind nicht erlaubt
② er eine Nachtflugeinweisung erhalten hat
③ er eine Überprüfung durch einen Sachverständigen für Nachtflug erhalten hat
④ das UL Positionsbeleuchtung hat

Frage 18:
Das zum Luftverkehr zugelassene UL unterliegt einer umfassenden Nachprüfung in Zeitabständen von
① 6 Monaten
② 9 Monaten
③ 12 Monaten
④ 24 Monaten

Frage 19:
Für Flüge ab bestimmten Höhen sind Halbkreisflugregeln vorgesehen. Inwieweit sind diese Halbkreisflugregeln verbindlich?
① Nach den Halbkreisflugregeln muss nur im kontrollierten Luftraum geflogen werden
② Nach den Halbkreisflugregeln muss oberhalb 5000 ft MSL und 2000 ft GND geflogen werden
③ Nach den Halbkreisflugregeln soll ab 3000 ft MSL geflogen werden
④ Die Einhaltung der Halbkreisflugregeln liegt im Ermessen des Luftfahrzeugführers

Frage 20:
Bei Flügen nach Sichtflugregeln in und unterhalb einer Höhe von 5000 ft MSL und 2000 ft GND ist der Höhenmesser einzustellen auf:
① 1013,2 Hektopascal
② QNH des zur Flugstrecke nächstgelegenen Flughafens mit Flugverkehrskontrollstelle
③ QFE des nächstgelegenen Landeplatzes mit Flugverkehrskontrollstelle
④ QFF des nächstgelegenen Militärflugplatzes

Frage 21:
Ist für einen Flug nach Sichtflugregeln (VFR) außerhalb des kontrollierten Luftraums in einer Höhe von weniger als 900 Metern (3000 Fuß) über Grund oder Wasser ein bestimmter Wolkenabstand vorgeschrieben?
① Ja, mindestens 1,5 km in waagerechter Richtung
② Ja, mindestens 1,5 NM in waagerechter Richtung
③ Nein, das Luftfahrzeug darf aber Wolken nicht berühren
④ Ja, mindestens 1,5 km in waagerechter und mindestens 1000 ft in senkrechter Richtung

Frage 22:
Die anerkannten Stellen können einen Befähigungsnachweis für UL-Piloten widerrufen, wenn
① dem Luftfahrzeugführer nachgewiesen wird, dass er ständig im Straßenverkehr auffällt
② die Clubkameraden das fliegerische Können des Luftfahrzeugführers bezweifeln
③ der UL-Pilot dem Ausbildungsleiter der anerkannten Stelle durch ständiges Nörgeln auffällt
④ dieser aufgrund mangelnden Könnens eine Gefahr für die Sicherheit des Luftverkehrs darstellt

Frage 23:
Die für die Verlängerung des Befähigungsnachweises für UL-Piloten nachzuweisenden Flugstunden ermäßigen sich bei einer Gesamtflugzeit von mehr als 250 Stunden
① auf 16 Stunden
② auf 18 Stunden
③ auf 20 Stunden
④ nicht

Frage 24:
Für die Verlängerung der Gültigkeit des Befähigungsnachweises ist zuständig:
① die anerkannten Stellen (Verbände)
② die Landesluftfahrtbehörde
③ das Luftfahrt-Bundesamt
④ der Bundesminister für Verkehr

Frage 25:
Bei der Außenlandung eines UL entsteht geringer Flurschaden. Der UL-Pilot muss
① den Schaden bar bezahlen
② dem Berechtigten nur die Landung anzeigen
③ den Schaden der Versicherung, dem Halter und der Bundesanstalt für Flugsicherung melden
④ dem Berechtigten Auskunft über sich, den Halter und die Versicherung erteilen

Frage 26:
Auf einem Flugplatz mit CTR sind die meteorologischen Mindestwerte für einen Flug nach VFR nicht mehr gegeben. Wofür benötigt ein Pilot eine Flugverkehrsfreigabe für einen Sonderflug nach VFR?
① Nur für einen Einflug in die CTR und für die Landung
② Nur für das Durchfliegen der CTR
③ Nur für Start und Landung
④ Für Start, Landung und für den Einflug in die CTR

Frage 27:
Zwei gleichberechtigte Luftfahrzeuge nähern sich auf Gegenkurs. Wer muss ausweichen?
① Das schnellere Luftfahrzeug
② Das höher fliegende Luftfahrzeug
③ Jedes Luftfahrzeug nach rechts
④ Das langsamer fliegende Luftfahrzeug

Frage 28:
Nach Einflug in eine Kontrollzone fällt der Funk aus. Wie hat sich der Luftfahrzeugführer zu verhalten?
① Entsprechend der erteilten Flugverkehrsfreigabe weiterfliegen und die Lichtsignale der Flugplatzkontrolle abwarten
② Die Kontrollzone auf dem kürzesten Weg verlassen, landen und die Flugsicherung benachrichtigen

③ In die Platzrunde einfliegen und landen
④ Den Flugplatz quer zur Landebahn überfliegen und auf Lichtsignale warten

Frage 29:
Luftfahrtgeräte, die der Verkehrszulassung bedürfen, sind u. a.
① Motorsegler, Segelflugzeuge, Hängegleiter
② bemannte Ballone, Hängegleiter, Flugmodelle
③ Flugzeuge, Drehflügler, Segelflugzeuge
④ Ultraleichtflugzeuge und Startwinden für Segelflugzeuge

Frage 30:
Wann hat der Eigentümer eines UL dem zuständigen Verband unverzüglich einen Halterwechsel anzuzeigen?
① Wenn er keinen Luftfahrerschein mehr besitzt
② Grundsätzlich
③ Wenn das Luftfahrzeug verpfändet wurde
④ Wenn das Luftfahrzeug für Ausbildungszwecke zum Einsatz kommen soll

Frage 31:
Ein Luftfahrzeugführer, der einen Flugplan aufgegeben hat, muss keine Landemeldung abgeben, wenn er
① im Ausland gelandet ist
② eine Außenlandung aufgrund einer technischen Störung gemacht hat
③ auf einem Verkehrslandeplatz gelandet ist
④ auf einem Flugplatz mit Flugverkehrskontrollstelle gelandet ist

Frage 32:
Ein Luftfahrzeugführer unterbricht einen Flug mit Flugplan und landet auf einem anderen Flugplatz. Wen muss er umgehend anrufen?
① Den nächsten Flugberatungsdienst
② Niemanden
③ Die zuständige Landesluftfahrtbehörde
④ Die nächste Polizeidienststelle

Frage 33:
Ein Luftfahrzeugführer hat die Absicht, einen Flug zu nichtgewerblichen Zwecken in ein Land durchzuführen, das der ICAO angehört. Unter welchen Voraussetzungen ist dies zulässig?
① Nur mit einer Einflugerlaubnis der zuständigen ausländischen Luftfahrtbehörde
② Nur mit einer Ausflugerlaubnis des Bundesministers für Verkehr
③ Nach Aufgabe eines Flugplanes
④ Nur mit Ausflugerlaubnis des Luftfahrt-Bundesamtes

Frage 34:
Sind Nachtflüge mit UL erlaubt?
① Ja, wenn der UL-Pilot eine Gesamtflugerfahrung von 75 Stunden nachweist und je 10 Nachtstarts und Nachtlandungen mit Fluglehrer durchgeführt hat
② Nein
③ Nur in der Umgebung eines Flugplatzes
④ Außerhalb der Umgebung eines Flugplatzes

Frage 35:
Bei Luftfahrzeugen im Endanflug hat
① das höher fliegende Luftfahrzeug Vorflugrecht
② das tiefer fliegende Luftfahrzeug eine lange Landung zu machen
③ in jedem Fall das mehrsitzige Luftfahrzeug Vorflugrecht
④ das tiefer fliegende Luftfahrzeug Vorflugrecht

Frage 36:
Ein Luftfahrzeugführer führt einen Gefälligkeitsflug durch. Bei einer Außenlandung wird der Fluggast verletzt. Der Luftfahrzeugführer haftet bei schuldhaftem Verhalten für diesen Fluggast
① in unbegrenzter Höhe
② bis zu einem Betrag von 160 000 €!
③ überhaupt nicht
④ in Höhe der Haftpflichtversicherung

Frage 37:
Was hat ein Ultraleichtpilot bei Flügen ins Ausland (ICAO-Staaten) bzw. Landungen im Ausland zu beachten?
① Die Luftverkehrsregeln des Staates, über dessen Gebiet geflogen wird
② Die deutschen Luftverkehrsregeln
③ Die Luftverkehrsregeln des Staates, der das Luftfahrzeug zum Verkehr zugelassen hat
④ Die internationalen Luftverkehrsregeln der ICAO

Frage 38:
Eine Folge von Leuchtgeschossen, die in Abständen von 10 Sekunden abgefeuert werden und von denen sich jedes in rote und grüne Lichter zerlegt, zeigt an:
① ein Notsignal
② ein Dringlichkeitssignal
③ es wird ein militärisches Manövergebiet überflogen. Die Signale haben keine weitere Bedeutung
④ das Luftfahrzeug befindet sich in einem Gefahrengebiet oder unbefugt in einem Gebiet mit Flugbeschränkungen

Frage 39:
Flugzeit am Doppelsteuer in der UL-Ausbildung kann bei Fluglehrer und Flugschüler in folgender Weise auf nachzuweisende Flugzeiten angerechnet werden:
① bei beiden zur Hälfte
② einmal in beliebiger Aufteilung
③ volle Anrechnung bei beiden
④ es zählt bei jedem nur die Zeit, in der er das UL geführt hat

Frage 40:
Wer ein Luftfahrzeug führt, obwohl er infolge des Trinkens von Alkohol in der Wahrnehmung seiner Aufgaben behindert ist, handelt
① strafbar
② leichtsinnig, aber nicht strafbar
③ ordnungswidrig
④ fahrlässig

Lösungsschema

Frage	1	2	3	4	Frage	1	2	3	4
Frage 1				●	Frage 21			●	
Frage 2				●	Frage 22				●
Frage 3			●		Frage 23				●
Frage 4				●	Frage 24	●			
Frage 5			●		Frage 25				●
Frage 6	●				Frage 26				●
Frage 7				●	Frage 27			●	
Frage 8		●			Frage 28	●			
Frage 9				●	Frage 29			●	
Frage 10			●		Frage 30		●		
Frage 11	●				Frage 31				●
Frage 12			●		Frage 32	●			
Frage 13		●			Frage 33			●	
Frage 14			●		Frage 34		●		
Frage 15		●			Frage 35				●
Frage 16	●				Frage 36	●			
Frage 17	●				Frage 37	●			
Frage 18			●		Frage 38				●
Frage 19		●			Frage 39			●	
Frage 20		●			Frage 40			●